乙種第4類
危険物取扱者
合格テキスト&問題集

はじめに

　一定数量以上の危険物を貯蔵し、又は取扱う化学工場、ガソリンスタンド、石油貯蔵タンク等の施設には、危険物を取扱うために必ず危険物取扱者を置かなければならないと法令で義務づけられています。そのため、引火性液体であるガソリンや灯油等を扱うことのできる乙種第4類の危険物取扱者の試験は、毎年多くの受験者が挑戦する人気のある国家試験です。

　甲種危険物取扱者試験を受験するには一定の資格が必要とされますが、乙種第4類にその条件はありません。つまり、乙種第4類はだれでも受験できる試験なのです。合格率は例年30～40%程度ですが、必ずしも難しい試験ではなく、学習方法しだいでは1回の受験で十分合格できます。
　危険物取扱者の試験は、3つの分野に分かれていますが、それぞれの分野で6割以上の点数をとる必要があり、合格するには不得意分野をなくすことが第一条件となります。

　本書は、乙種第4類危険物取扱者試験をこれから受験される方がたのために最新の出題傾向を分析し、合否の境界になるといわれる物理・化学分野の確認学習が、効率よくすすめられる受験対策参考書としてつくられました。
　受験者の皆さんが、本書で繰り返し勉強されることによって、一人でも多く試験に合格されることを願っています。

著　者

もくじ

◆ 本書を使った合格学習法 ・・・・・・・・・・・・・・・・ 6
◆ 危険物取扱者（乙種第4類）試験の受験案内 ・・・・・・・・ 7

PART 1 危険物に関する法令

Lesson1　危険物とは何か ・・・・・・ 12
　1 危険物の定義と種類 ・・・・・・・・ 12
　2 指定数量と倍数計算 ・・・・・・・・ 16
　3 危険物の規制と法令 ・・・・・・・・ 22
　4 危険物施設の区分 ・・・・・・・・・ 26

Lesson2　各種申請と届出 ・・・・・・ 32
　1 各種申請手続き ・・・・・・・・・・ 32
　2 各種届出手続き ・・・・・・・・・・ 38

Lesson3　危険物取扱者制度 ・・・・・ 40
　1 危険物取扱者 ・・・・・・・・・・・ 40
　2 危険物取扱者免状 ・・・・・・・・・ 42
　3 保安講習 ・・・・・・・・・・・・・ 46
　4 人的な保安管理体制 ・・・・・・・・ 48

Lesson4　予防と点検 ・・・・・・・・ 54
　1 定期点検 ・・・・・・・・・・・・・ 54
　2 予防規程その他 ・・・・・・・・・・ 58

Lesson5　製造所等の構造と設備 ・・・ 62
　1 保有空地と保安距離 ・・・・・・・・ 62
　2 製造所等の基準 ・・・・・・・・・・ 66

　3 屋内貯蔵所 ・・・・・・・・・・・・ 70
　4 屋外貯蔵所 ・・・・・・・・・・・・ 72
　5 屋外タンク貯蔵所 ・・・・・・・・・ 74
　6 屋内タンク貯蔵所 ・・・・・・・・・ 78
　7 地下タンク貯蔵所 ・・・・・・・・・ 80
　8 移動タンク貯蔵所 ・・・・・・・・・ 82
　9 簡易タンク貯蔵所 ・・・・・・・・・ 84
　10 給油取扱所 ・・・・・・・・・・・・ 86
　11 販売取扱所とその他の取扱所 ・・・・ 90

Lesson6　危険物の安全管理 ・・・・・ 92
　1 消火設備 ・・・・・・・・・・・・・ 92
　2 標識・掲示板その他 ・・・・・・・・ 96

Lesson7　貯蔵・取扱い・運搬・移送の基準
　　　　　　　　　　　　　・・・・・・ 100
　1 貯蔵及び取扱いの基準 ・・・・・・・ 100
　2 移送及び運搬の基準 ・・・・・・・・ 108

Lesson8　行政命令等 ・・・・・・・・ 112
　1 措置命令 ・・・・・・・・・・・・・ 112
　2 使用停止命令その他 ・・・・・・・・ 114

PART 2 基礎的な物理学及び基礎的な化学

Lesson1　基礎的な物理学 ・・・・・・ 120
　1 物質の三態と状態変化 ・・・・・・・ 120
　2 水と空気 ・・・・・・・・・・・・・ 124

　3 熱量と比熱 ・・・・・・・・・・・・ 128
　4 熱の移動と熱膨張 ・・・・・・・・・ 130
　5 温度と湿度 ・・・・・・・・・・・・ 132

4

6　比重と密度・圧力 ‥‥‥‥‥ 134
　7　電気と静電気 ‥‥‥‥‥‥‥ 136

Lesson2　基礎的な化学‥‥‥‥ 138
　1　いろいろな物質の変化 ‥‥‥ 138
　2　物質の種類 ‥‥‥‥‥‥‥‥ 140
　3　原子と分子 ‥‥‥‥‥‥‥‥ 142
　4　原子量と分子量 ‥‥‥‥‥‥ 144
　5　化学の基本法則 ‥‥‥‥‥‥ 146
　6　化学式と化学反応式 ‥‥‥‥ 150
　7　熱化学 ‥‥‥‥‥‥‥‥‥‥ 152
　8　反応の速さと化学平衡 ‥‥‥ 154
　9　溶液 ‥‥‥‥‥‥‥‥‥‥‥ 156
　10　酸・塩基・中和 ‥‥‥‥‥‥ 158
　11　酸化と還元 ‥‥‥‥‥‥‥‥ 160
　12　元素の分類と性質 ‥‥‥‥‥ 162
　13　有機化合物 ‥‥‥‥‥‥‥‥ 166

Lesson3　燃焼理論‥‥‥‥‥‥ 170
　1　燃焼の定義と原理 ‥‥‥‥‥ 170
　2　引火点と発火点 ‥‥‥‥‥‥ 174
　3　燃焼範囲 ‥‥‥‥‥‥‥‥‥ 176
　4　危険物の物性 ‥‥‥‥‥‥‥ 178
　5　自然発火 ‥‥‥‥‥‥‥‥‥ 180
　6　混合危険 ‥‥‥‥‥‥‥‥‥ 182
　7　水分との接触による発火 ‥‥ 184
　8　爆発 ‥‥‥‥‥‥‥‥‥‥‥ 186

Lesson4　消火理論‥‥‥‥‥‥ 188
　1　消火理論 ‥‥‥‥‥‥‥‥‥ 188
　2　消火（薬）剤 ‥‥‥‥‥‥‥ 190
　3　危険物施設の消火設備 ‥‥‥ 192
　4　消火器具の設置基準 ‥‥‥‥ 198

PART 3　危険物の性質並びにその火災予防及び消火の方法

Lesson1　危険物の分類と性質‥‥ 202
　1　危険物の分類 ‥‥‥‥‥‥‥ 202
　2　第1類の危険物 ‥‥‥‥‥‥ 206
　3　第2類の危険物 ‥‥‥‥‥‥ 208
　4　第3類の危険物 ‥‥‥‥‥‥ 210
　5　第4類の危険物 ‥‥‥‥‥‥ 212
　6　第5類の危険物 ‥‥‥‥‥‥ 214
　7　第6類の危険物 ‥‥‥‥‥‥ 216

Lesson2　第4類危険物‥‥‥‥ 218
　1　第4類危険物の特性 ‥‥‥‥ 218
　2　火災予防の方法 ‥‥‥‥‥‥ 222
　3　消火の方法 ‥‥‥‥‥‥‥‥ 224
　4　第4類危険物 各論 ‥‥‥‥‥ 226
　5　事故事例 ‥‥‥‥‥‥‥‥‥ 239

◆模擬問題 ‥‥‥‥‥‥‥‥‥‥‥‥ 243
◆模擬問題の解答と解説 ‥‥‥‥‥‥ 253
◆巻末資料集 ‥‥‥‥‥‥‥‥‥‥‥ 258
◆索　引 ‥‥‥‥‥‥‥‥‥‥‥‥‥ 268

本書を使った合格学習法

　本書は、乙種第4類危険物取扱者試験の合格を目指して学習に取組んでいる方がたのためにつくられました。危険物に関する幅広い知識を短期間で確実に身につけられるよう、以下の工夫を施しています。

重要事項を出題頻度でランク付け。予備知識ゼロでも学習しやすい

　毎回必ず出題される項目はほぼ決まっています。本書では過去の出題傾向を徹底分析し、科目ごとに頻出度の高い重要事項を精選。イラストや図表を多用し、理解しやすいようレイアウトも工夫しています。

項目ごとの練習問題で理解度を知り、フィードバック学習もラクラクできる

　それぞれの解説項目を見開き単位にまとめ、最後に練習問題を載せました。きちんと理解できたかどうかを、その場で細かくスピードチェックできるので、知識が確実に身につきます。

模擬試験で本番前の実力チェック。合格のコツをつかめる

　巻末に模擬問題を収録しました。2時間で35問の本試験のつもりで、電卓を使わずに取組んでください。どの科目も6割以上の得点を目指しましょう。

危険物取扱者（乙種第4類）試験の受験案内

❶ 乙種危険物取扱者とは

　国家試験である乙種危険物取扱者試験に合格し、都道府県知事から免状の交付を受けている者をいいます。免状の交付を受けると、消防法で定められている危険物の製造所・貯蔵所及び取扱所で危険物を取扱えるほか、危険物の取扱作業について保安の監督及び定期点検が行えるようになります。

　乙種第4類危険物取扱者が活躍できるのは、次の場所です。

- ガソリンスタンド
- 化学工場
- 危険物製造所
- タンクローリー
- 集中ボイラー管理
- 塗料販売店　　など

❷ 試験の実施機関及び申請について

　危険物取扱者の資格取得試験は（財）消防試験研究センターが都道府県別に実施しています。受験願書の提出先・試験の実施場所・日時等は、都道府県によって異なるので、各支部（10ページに一覧掲載）に問い合わせるか、下記のホームページで確認する必要があります。

（財）消防試験研究センター　https://www.shoubo-shiken.or.jp

合格までの流れは次のとおりです。

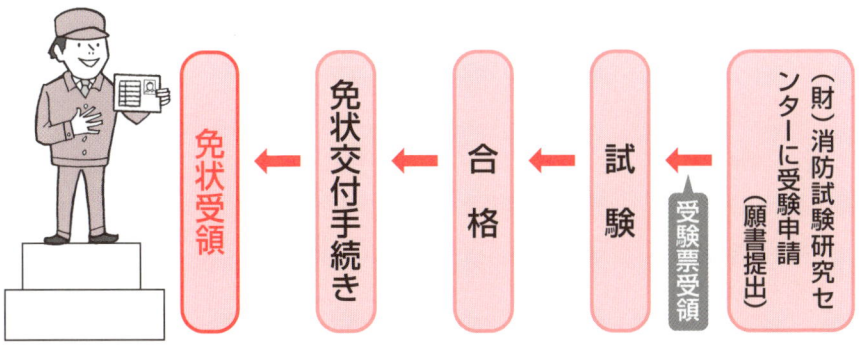

（財）消防試験研究センターに受験申請（願書提出）→ 受験票受領 → 試験 → 合格 → 免状交付手続き → 免状受領

❸ 試験内容

試験科目（問題数）	試験時間	解答の形式	合格基準
①危険物に関する法令（15問） ②基礎的な物理学及び基礎的な化学（10問） ③危険物の性質並びにその火災予防及び消火の方法（10問）	2時間	5肢択一式	3科目それぞれ6割の正解 ※①〜③の1科目でも6割に満たないものがあると、他の2科目が100点でも不合格となる。

❹ 受験願書の提出方法

　受験申請方法は、電子申請（インターネットからの受験申請）と書面申請（願書による受験申請）の2通りあります。ここでは書面申請の方法について述べます。

①受験願書等を入手し、受験申請に必要な書類を作成する。
　●受験願書等は、各地の消防試験研究センター及び各消防署にあります。
　●全国どこの都道府県でも、何回でも受験できます。

②専用封筒に入れ、受付期間内に消防試験研究センターへ郵送又は持参する。
　●専用封筒を用い、特定記録（締切当日の消印有効）で郵送します。
　　※直接持参する場合は各消防試験研究センターへ。
　　　受付時間は土・日・休日を除く9時から17時。

③受験票は試験日の約1週間前までに送られてくる。
　●受験票が届かない場合は、各消防試験研究センターへ連絡してください。

④試験当日は受験票や筆記具等を持参して、集合時間までに試験会場へ行く。
　●試験開始時間及び試験場所については、受験票に記載されています。
　●電卓は禁止なので、持参しても使用できません。

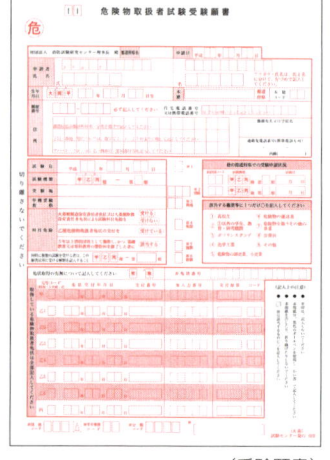

（受験願書）

❺ 受験申請に必要な書類

①受験願書
②火薬類免状による科目免除を受ける者は、「火薬類免状」のコピー
③郵便振替払込受付証明書（受験願書添付用で、受験願書とともに配付されます）
④すでに「危険物取扱者免状」を取得している者は、既得免状のコピー

❻ 受験手数料と納入方法

　乙種第4類危険物取扱者試験の手数料は所定の振込用紙で振り込み、郵便振替払込受付証明書（受験願書添付用）を受験願書に貼付します。本人用の受領書では受け付けてもらえないので注意が必要です。

❼ 試験結果の発表と合格者の免状交付申請について

①合格発表日は都道府県によって異なる。中央試験センターでは試験当日に発表が行われる（受験者が多い場合は当日発表がないことも）。試験の合格者受験番号掲示日の正午以降（当日発表の場合は翌日の正午以降）は、消防試験研究センターのホームページでも確認できる。

②免状交付申請の手続きは、合格発表後に引続き行われる。免状交付手数料が必要。
③免状の交付は、指定された日（約2週間後）に各消防試験研究センターで行われるが、郵送手続きを免状交付申請と同時に行えば、郵送での受領もできる（ただし郵送料が必要）。

※受験手数料等は変わる場合があるので、消防試験研究センターのHP等で必ず確認しましょう。

■問合せ先（財）消防試験研究センター本部・支部一覧

名称	郵便番号	所在地	電話番号
本部	〒100-0013	東京都千代田区霞が関1-4-2　大同生命霞が関ビル19階	03-3597-0220
北海道支部	〒060-8603	札幌市中央区北5条西6-2-2　札幌センタービル12階	011-205-5371
青森県支部	〒030-0861	青森市長島2-1-5　みどりやビルディング4階	017-722-1902
岩手県支部	〒020-0015	盛岡市本町通1-9-14　MEZY本町通ビル5階	019-654-7006
宮城県支部	〒981-8577	仙台市青葉区堤通雨宮町4-17　県仙台合同庁舎5階	022-276-4840
秋田県支部	〒010-0001	秋田市中通6-7-9　秋田県畜産会館6階	018-836-5673
山形県支部	〒990-0041	山形市緑町1-9-30　緑町会館6階	023-631-0761
福島県支部	〒960-8043	福島市中町4-20　エスケー中町ビル2階	024-524-1474
茨城県支部	〒310-0852	水戸市笠原町978-25　茨城県開発公社ビル4階	029-301-1150
栃木県支部	〒320-0032	宇都宮市昭和1-2-16　県自治会館1階	028-624-1022
群馬県支部	〒371-0854	前橋市大渡町1-10-7　群馬県公社総合ビル5階	027-280-6123
埼玉県支部	〒330-0062	さいたま市浦和区仲町2-13-8　ほまれ会館2階	048-832-0747
千葉県支部	〒260-0843	千葉市中央区末広2-14-1　ワクボビル3階	043-268-0381
中央試験センター	〒151-0072	東京都渋谷区幡ヶ谷1-13-20	03-3460-7798
神奈川県支部	〒231-0015	横浜市中区尾上町5-80　神奈川中小企業センタービル7階	045-633-5051
新潟県支部	〒950-0965	新潟市中央区新光町10-3　技術士センタービルⅡ7階	025-285-7774
富山県支部	〒939-8201	富山市花園町4-5-20　富山県防災センター2階	076-491-5565
石川県支部	〒920-0901	金沢市彦三町2-5-27　名鉄北陸開発ビル7階	076-264-4884
福井県支部	〒910-0003	福井市松本3-16-10　福井県福井合同庁舎5階	0776-21-7090
山梨県支部	〒400-0026	甲府市塩部2-2-15　湯村自動車学校内	055-253-0099
長野県支部	〒380-0837	長野市大字南長野字幅下667-6　長野県土木センター1階	026-232-0871
岐阜県支部	〒500-8384	岐阜市藪田南1-5-1　第2松波ビル1階	058-274-3210
静岡県支部	〒420-0034	静岡市葵区常磐町1-4-11　杉徳ビル4階	054-271-7140
愛知県支部	〒453-0016	名古屋市中村区竹橋町36-31　2階	052-433-7707
三重県支部	〒514-0002	津市島崎町314　島崎会館1階	059-226-8930
滋賀県支部	〒520-0806	大津市打出浜2-1　コラボしが21 4階	077-525-2977
京都府支部	〒602-8054	京都市上京区出水通油小路東入丁子風呂町104-2　京都府庁西別館3階	075-411-0095
大阪府支部	〒540-0012	大阪市中央区谷町1-5-4　近畿税理士会館・大同生命ビル6階	06-6941-8430
兵庫県支部	〒650-0024	神戸市中央区海岸通3番地　シップ神戸海岸ビル14階	078-385-5799
奈良県支部	〒630-8115	奈良市大宮町5-2-11　奈良大宮ビル5階	0742-32-5119
和歌山県支部	〒640-8137	和歌山市吹上2-1-22　日赤会館6階	073-425-3369
鳥取県支部	〒680-0011	鳥取市東町1-271　鳥取県庁第2庁舎8階	0857-26-8389
島根県支部	〒690-0886	松江市母衣町55　島根県林業会館2階	0852-27-5819
岡山県支部	〒700-0824	岡山市北区内山下2-11-16　小山ビル4階	086-227-1530
広島県支部	〒730-0013	広島市中区八丁堀14-4　JEI広島八丁堀ビル9階	082-223-7474
山口県支部	〒753-0072	山口市大手町7-4　KRYビル5階（県庁前）	083-924-8679
徳島県支部	〒770-0943	徳島市中昭和町1-3　山一興業ビル4階	088-652-1199
香川県支部	〒760-0066	高松市福岡町2-2-2　香川県産業会館4階	087-823-2881
愛媛県支部	〒790-0011	松山市千舟町4-5-4　松山千舟454ビル5階	089-932-8808
高知県支部	〒780-0823	高知市菜園場町1-21　四国総合ビル4階401号	088-882-8286
福岡県支部	〒812-0034	福岡市博多区下呉服町1-15　ふくおか石油会館3階	092-282-2421
佐賀県支部	〒840-0826	佐賀市白山2-1-12　佐賀商工ビル4階	0952-22-5602
長崎県支部	〒850-0032	長崎市興善町6-5　興善町イーストビル5階	095-822-5999
熊本県支部	〒862-0976	熊本市中央区九品寺1-11-4　熊本県教育会館4階	096-364-5005
大分県支部	〒870-0034	大分市都町1-2-19　大分都町第一生命ビルディング5階	097-537-0427
宮崎県支部	〒880-0805	宮崎市橘通東2-7-18　大淀開発ビル4階	0985-22-0239
鹿児島県支部	〒890-0064	鹿児島市鴨池新町6-6　鴨池南国ビル3階	099-213-4577
沖縄県支部	〒900-0029	那覇市旭町116-37　自治会館6階	098-941-5201

※所在地等は変わる場合があります。

PART 1

危険物に関する法令

Lesson 1 危険物とは何か

 1 危険物の定義と種類

「危険物」とは　　重要度 A

世の中には、毒物、火薬類、高圧ガスなど、危険なものが数多く存在しています。そしてこれらは、毒物及び劇物取締法、火薬類取締法、高圧ガス保安法といった法律によって厳しく規制されています。

では、**危険物取扱者が取扱う「危険物」**とは何でしょうか。それは**消防法**に規定されています。消防法上の危険物には、それ自体が発火又は引火しやすい危険性を有するものや、他の物質と混ざると燃焼を促進させるものなどが含まれます。

消防法第二条第7項は、「危険物」を次のように定義しています。

> **危険物とは、**消防法別表第一の品名欄に掲げる物品で、同表に定める区分に応じ同表の性質欄に掲げる性状を有するものをいう

つまり、危険物取扱者が取扱う「危険物」とは、世の中に存在するすべての危険物ではなく、次の**消防法別表第一**の品名で、性質欄に掲げる**性状を有するもののみ**を指します。性状を有するかどうかが不明なときは、政令の定める試験を実施し判定します。

したがって、この表から「危険物」は**第1類から第6類**に類別された**固体又は液体のみ**で、**気体は含まれない**ことが分かります。毒物や劇物、火薬、放射性物質などは含まれません。

■消防法別表第一に定める危険物

類別	性質	品名
第1類 酸化性固体	そのもの自体は燃焼しないが、**他の物質を強く酸化させる**性質を有する**固体**です。可燃物と混合したとき、熱や摩擦などによって分解し、きわめて激しい燃焼をおこさせる危険性があります。 可燃物 ＋ 塩素酸ナトリウム	1. 塩素酸塩類 2. 過塩素酸塩類 3. 無機過酸化物 4. 亜塩素酸塩類 5. 臭素酸塩類 6. 硝酸塩類 7. ヨウ素酸塩類 8. 過マンガン酸塩類 9. 重クロム酸塩類 10. その他のもので政令で定めるもの 11. 前各号に掲げるもののいずれかを含有するもの
第2類 可燃性固体	火炎により**着火しやすい固体**、又は比較的低温（40℃未満）で引火しやすい固体です。燃焼が速く、消火することが困難です。	1. 硫化リン 2. 赤リン 3. 硫黄 4. 鉄粉 5. 金属粉 6. マグネシウム 7. その他のもので政令で定めるもの 8. 前各号に掲げるもののいずれかを含有するもの 9. 引火性固体
第3類 自然発火性物質及び禁水性物質	自然発火性物質は**空気**にさらされることによって**自然発火**し、禁水性物質は**水**と接触して**発火**若しくは**可燃性ガスを発生**する物質（**固体又は液体**）です。 自然発火／水	1. カリウム 2. ナトリウム 3. アルキルアルミニウム 4. アルキルリチウム 5. 黄リン 6. アルカリ金属（カリウム及びナトリウムを除く）、及びアルカリ土類金属 7. 有機金属化合物（アルキルアルミニウム及びアルキルリチウムを除く） 8. 金属の水素化物 9. 金属のリン化物 10. カルシウム又はアルミニウムの炭化物 11. その他のもので政令で定めるもの 12. 前各号に掲げるもののいずれかを含有するもの

PART 1 危険物に関する法令

類別	性質	品名
第4類 引火性液体	引火する危険性の大きい液体です。	1．特殊引火物 2．第1石油類 3．アルコール類 4．第2石油類 5．第3石油類 6．第4石油類 7．動植物油類
第5類 自己反応性物質	加熱分解などの自己反応により、比較的低い温度で**多量の熱**を発生し、又は爆発的に反応が進行する物質（**固体又は液体**）です。加熱、摩擦、衝撃等で爆発することもあります。	1．有機過酸化物 2．硝酸エステル類 3．ニトロ化合物 4．ニトロソ化合物 5．アゾ化合物 6．ジアゾ化合物 7．ヒドラジンの誘導体 8．ヒドロキシルアミン 9．ヒドロキシルアミン塩類 10．その他のもので政令で定めるもの 11．前各号に掲げるもののいずれかを含有するもの
第6類 酸化性液体	そのもの自体は燃焼しないが、混在する**他の可燃物の燃焼を促進する**性質を有する**液体**です。	1．過塩素酸 2．過酸化水素 3．硝酸 4．その他のもので政令で定めるもの 5．前各号に掲げるもののいずれかを含有するもの

第4類危険物の品名の定義　重要度 A

●特殊引火物

1気圧で、**発火点が100℃以下**のもの、又は**引火点が－20℃以下で沸点が40℃以下**のもの（ジエチルエーテル、二硫化炭素など）をいう。

● **第1石油類**

1気圧で、引火点が21℃未満のもの（アセトン、ガソリンなど）をいう。

● **アルコール類**

1分子を構成する炭素の原子の数が、1個から3個までの飽和1価アルコール（変性アルコールを含む）をいう。

● **第2石油類**

1気圧で、引火点が21℃以上70℃未満のもの（灯油、軽油、塗料類など）をいう。

● **第3石油類**

1気圧で、引火点が70℃以上200℃未満のもの（重油、クレオソート油、塗料類など）をいう。

● **第4石油類**

1気圧で、引火点が200℃以上250℃未満のもの（ギヤー油、シリンダー油、塗料類など）をいう。

● **動植物油類**

動物の脂肉や植物の種子、果肉などから抽出したもので、1気圧で、引火点が250℃未満のものをいう。

練習問題

法令に定める危険物の説明として、正しいものは次のうちどれか。

(1) 第1石油類とは、1気圧における引火点が−20℃以下のものをいう。
(2) アルコール類とは、1分子を構成する炭素の原子の数が3個以上の飽和1価アルコール（変性アルコールを含む）をいう。
(3) 第2石油類とは、1気圧における引火点が21℃未満のものをいう。
(4) 第3石油類とは、1気圧における引火点が70℃以上200℃未満のものをいう。
(5) 第4石油類とは、1気圧における引火点が250℃以上のものをいう。

第4類危険物の品名の定義は完全に覚えること。
石油類は引火点の違いが重要なポイントになる。

 (4)

Lesson 1 危険物とは何か

2 指定数量と倍数計算

指定数量とは

重要度 A

　危険物であれば少量であっても法の規制を受けるかというと、そうではありません。危険物を貯蔵又は取扱う場合に、**政令で定められた基準量**に注意する必要があります。この基準量を**指定数量**といい、危険物ごとにその指定数量が定められています。

　次ページは類別、品名、性質に応じて指定数量を定めている危険物の規制に関する政令別表第三です。指定数量は、**危険性の高いものほど少なく、低い**ものほど**多く**なっています。たとえ少量でも規制しなければならないのは、危険性がそれだけ高いということだからです。

　また、**指定数量未満**の危険物の貯蔵又は取扱いについては、それぞれの**市町村の火災予防条例**でその基準が定められています。

たとえば
アルコール類の**指定数量**は**400ℓ**ですね

鉄粉は**500kg**ですね

POINT

指定数量とは	消防法の適用を受ける数量
	高い ← 危険性 → 低い
	少ない ← 指定数量 → 多い

- 指定数量**以上**の貯蔵、取扱い → **消防法**による規制
　　　　　　　　　　　　　　　　市町村長等の許可が必要
- 指定数量**未満**の貯蔵、取扱い → **市町村条例（火災予防条例）** による規制
　　　　　　　　　　　　　　　　消防長又は消防署長に届出

■危険物の規制に関する政令別表第三

類別	品名	性質(注)	指定数量
第1類		第1種酸化性固体	50kg
		第2種酸化性固体	300kg
		第3種酸化性固体	1,000kg
第2類	硫化リン		100kg
	赤リン		100kg
	硫黄		100kg
		第1種可燃性固体	100kg
	鉄粉		500kg
		第2種可燃性固体	500kg
	引火性固体		1,000kg
第3類	カリウム		10kg
	ナトリウム		10kg
	アルキルアルミニウム		10kg
	アルキルリチウム		10kg
		第1種自然発火性物質及び禁水性物質	10kg
	黄リン		20kg
		第2種自然発火性物質及び禁水性物質	50kg
		第3種自然発火性物質及び禁水性物質	300kg
第4類	特殊引火物		50ℓ
	第1石油類	非水溶性液体	200ℓ
		水溶性液体	400ℓ
	アルコール類		400ℓ
	第2石油類	非水溶性液体	1,000ℓ
		水溶性液体	2,000ℓ
	第3石油類	非水溶性液体	2,000ℓ
		水溶性液体	4,000ℓ
	第4石油類		6,000ℓ
	動植物油類		10,000ℓ
第5類		第1種自己反応性物質	10kg
		第2種自己反応性物質	100kg
第6類			300kg

（注）性質欄の区分は、試験で示される危険性に応じて設けられている。

この表のうち、**第4類危険物の指定数量**はすべて覚えなければなりません。次のページに、第4類の具体的な物品名とその指定数量を示しておきます。

■第4類危険物の指定数量

品　名	性　質	物　品　名	指定数量
特殊引火物	−	ジエチルエーテル 二硫化炭素 アセトアルデヒド 酸化プロピレン	50ℓ
第1石油類	非水溶性	ガソリン、ベンゼン、トルエン、 メチルエチルケトン、酢酸エチル	200ℓ
第1石油類	水溶性	アセトン、ピリジン	400ℓ
アルコール類	−	メチルアルコール エチルアルコール n-プロピルアルコール イソプロピルアルコール	400ℓ
第2石油類	非水溶性	灯油、軽油、 キシレン、クロロベンゼン	1,000ℓ
第2石油類	水溶性	酢酸	2,000ℓ
第3石油類	非水溶性	重油、クレオソート油、 アニリン、ニトロベンゼン	2,000ℓ
第3石油類	水溶性	エチレングリコール、グリセリン	4,000ℓ
第4石油類	−	ギヤー油 シリンダー油 タービン油 可塑剤	6,000ℓ
動植物油類	−	不乾性油　ヤシ油 半乾性油　ナタネ油 乾性油　　アマニ油	10,000ℓ

　水溶性とは、**1気圧**で**温度20℃**の、同じ容量の純水とゆるやかにかき混ぜた場合に、流動がおさまった後も混合液が均一な外観を維持するものをいいます。非水溶性は、水溶性以外のものです。

■第4類危険物の品名と指定数量

指定数量	品名及び性質	危険性
50ℓ	特殊引火物	大 ↑
200ℓ	第1石油類　非水溶性液体	
400ℓ	第1石油類　水溶性液体	
	アルコール類	
1,000ℓ	第2石油類　非水溶性液体	
2,000ℓ	第2石油類　水溶性液体	
	第3石油類　非水溶性液体	
4,000ℓ	第3石油類　水溶性液体	
6,000ℓ	第4石油類	
10,000ℓ	動植物油類	↓ 小

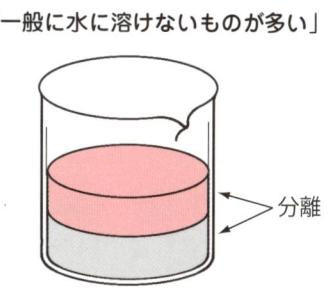

「一般に水に溶けないものが多い」分離

■第1, 2, 3, 5, 6類危険物の品名と指定数量

指定数量	品名及び性質	危険性
10kg	第3類　カリウム・ナトリウム・アルキルアルミニウム・アルキルリチウム・第1種自然発火性物質及び禁水性物質 第5類　第1種自己反応性物質	大 ↑
20kg	第3類　黄リン	
50kg	第1類　第1種酸化性固体 第3類　第2種自然発火性物質及び禁水性物質	
100kg	第2類　硫化リン・赤リン・硫黄・第1種可燃性固体 第5類　第2種自己反応性物質	
300kg	第1類　第2種酸化性固体 第3類　第3種自然発火性物質及び禁水性物質 第6類　すべて	
500kg	第2類　鉄粉・第2種可燃性固体	
1,000kg	第1類　第3種酸化性固体 第2類　引火性固体	↓ 小

PART 1 危険物に関する法令

指定数量の倍数の計算方法

指定数量の**倍数**とは、実際に貯蔵又は取扱う危険物の数量が、**指定数量の何倍に当たるか**を表す数値です。

（1）同一の場所で1種類の危険物を貯蔵する場合

$$\frac{貯蔵量（取扱量）}{指定数量} = 指定数量の倍数$$

例1 鉄粉1,500kgを同一場所で貯蔵する場合、指定数量の何倍の危険物を貯蔵することになるか。

解答 鉄粉の指定数量は500kgなので、

$$\frac{鉄粉の貯蔵量}{鉄粉の指定数量} = \frac{1,500}{500} = 3$$

⇨よって、指定数量の3倍の危険物を貯蔵することになります。
この例のように、**指定数量の倍数が1以上**の場合は、消防法により規制されます。

例2 同一の貯蔵所において灯油を2,000ℓ貯蔵する場合、指定数量の何倍の危険物を貯蔵することになるか。

解答 灯油は第4類第2石油類の非水溶性液体で指定数量は1,000ℓ。

$$\frac{灯油の貯蔵量}{灯油の指定数量} = \frac{2,000}{1,000} = 2$$

⇨よって、指定数量の2倍の危険物を貯蔵することとなり、消防法により規制されます。

（2）同一の場所で2種類以上の危険物を貯蔵する場合

たとえば、指定数量の異なる危険物A、B及びCを同一の場所で貯蔵する場合には、A、B及びCの貯蔵量をそれぞれの指定数量でわった数値の合計を求めます。

$$\frac{Aの貯蔵量}{Aの指定数量} + \frac{Bの貯蔵量}{Bの指定数量} + \cdots\cdots = 合計倍数$$

この合計倍数が**1以上**になる場合には、消防法第十条第2項によって**指定数量以上の危険物を貯蔵している**ものとみなされます。

例1 ガソリン100ℓ、エチルアルコール200ℓ、灯油800ℓを同一の場所で貯蔵する場合、指定数量の何倍の危険物を貯蔵することになるか。

解答 ガソリン、エチルアルコール、灯油それぞれの指定数量は、

　　　　ガソリン（第1石油類非水溶性）　→　200ℓ
　　　　エチルアルコール（アルコール類）　→　400ℓ
　　　　灯油（第2石油類非水溶性）　→　1,000ℓ

したがって

$$\frac{100}{200} + \frac{200}{400} + \frac{800}{1,000} = 0.5 + 0.5 + 0.8 = 1.8$$

⇨それぞれの危険物の指定数量の倍数が1未満でも、**合計で1以上**になれば指定数量以上の危険物を貯蔵しているものとして、消防法により規制されます。

練習問題

同一場所で次に掲げる2種類ずつの危険物を貯蔵する場合、指定数量の合計がもっとも大きくなるものはどれか。

(1) ガソリン…400ℓ　　灯油…500ℓ
(2) 軽油…2,000ℓ　　重油…2,000ℓ
(3) ベンゼン…400ℓ　　メチルアルコール…200ℓ
(4) 灯油…3,000ℓ　　シリンダー油…600ℓ
(5) ガソリン…600ℓ　　軽油…500ℓ

(1) は、2+0.5=2.5　(2) は、2+1=3.0
(3) は、2+0.5=2.5　(4) は、3+0.1=3.1
(5) は、3+0.5=3.5

正解 (5)

Lesson 1 危険物とは何か

3 危険物の規制と法令

危険物規制の概要　重要度 A

消防法は「危険物」を定義し、その第三章（第10条〜第16条の9）で危険物の貯蔵、取扱い及び運搬について基本的な事項を定めています（以下、消防法を「法」とします）。

さらに、公共の安全を守るために政令と規則によって具体化され、危険物に関する法令上の規制は、次のように整理できます。

(1) 危険物の貯蔵又は取扱いについて

①指定数量以上の場合

　法、政令、規則等によって規制されます。

②指定数量未満の場合

　条例によって規制されます。

　（市町村の火災予防条例では、指定数量の5分の1以上で指定数量未満の危険物について、技術上の基準が定められています。5分の1未満は規制なし。）

(2) 危険物の運搬について

数量に関係なく、法、政令、規則等によって規制されます。

 POINT

危険物の危険性	危険物規制の目的
①火災発生 ②火災拡大 ③消火困難	①危険物の安全を確保 ②危険物が原因となる火災などを予防 ③災害から公共の安全を守る

貯蔵・取扱いに対する規制　重要度 B

指定数量以上の危険物を貯蔵し又は取扱う場合、貯蔵所以外の場所でこれを貯蔵することや、製造所、貯蔵所及び取扱所以外の場所でこれを取扱うことは禁じられています（法第10条第1項本文）。

したがって、こうした場合には貯蔵所、製造所、取扱所を設置する必要があります。そして、これらを設置する者は、位置・構造・設備を政令で定める技術上の基準に適合させ、市町村長等の許可を受けなければなりません（法第11条第1項）。

仮貯蔵・仮取扱い　重要度 A

指定数量以上の危険物を貯蔵し又は取扱う場合であっても、所轄の消防長又は消防署長に申請し承認を受ければ10日間以内に限り、製造所、貯蔵所又は取扱所以外の場所で貯蔵・取扱うことが認められます（法第10条第1項ただし書き）。消防本部の市町村は、市町村長から承認を受けます。

これを仮貯蔵・仮取扱い承認申請といいます。指定数量以上の危険物の貯蔵や取扱いは、原則として市町村長等の許可を必要としますが、例外として所轄の消防長又は消防署長が承認（許可ではない）すれば、期間を限定して認めるというものです。

例　貯蔵所でない場所に灯油4,000ℓを1週間だけ仮に貯蔵したい場合、どのような手続きをすればよいか。

→　10日以内の仮貯蔵として、所轄消防長又は消防署長に承認の申請をする。

これまでに学んだ危険物規制をまとめると次のようになります。
消防法・政令・規則・告示・条例等によって、どのように規制されているかを整理しましょう。指定数量未満の貯蔵・取扱いについても、条例によって規制されます。

■**危険物規制のまとめ**

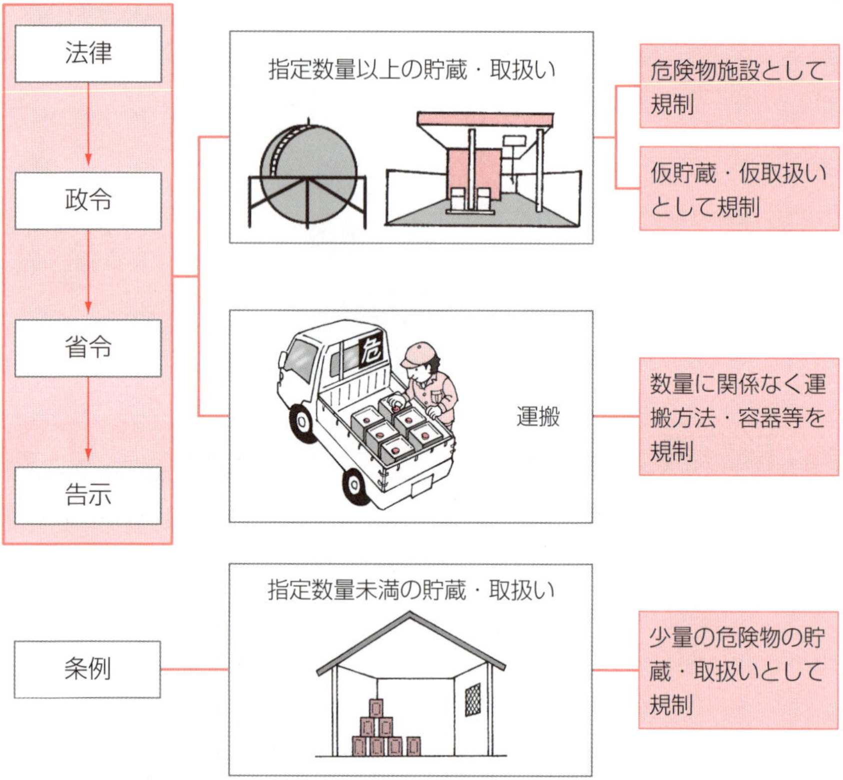

法律 → 政令 → 省令 → 告示	指定数量以上の貯蔵・取扱い	危険物施設として規制 / 仮貯蔵・仮取扱いとして規制
運搬	数量に関係なく運搬方法・容器等を規制
条例	指定数量未満の貯蔵・取扱い	少量の危険物の貯蔵・取扱いとして規制

①指定数量以上の危険物の貯蔵・取扱いは消防法で定められ、**市町村長等**の許可又は**消防長又は消防署長の承認**（仮貯蔵・仮取扱いの場合）が必要。
②指定数量未満の危険物の貯蔵又は取扱いは、**各市町村の火災予防条例**で定められている。
③危険物の運搬に関しては、数量に関係なく消防法に技術上の基準が定められている。

適用除外

重要度 B

消防法第三章の規定は、**航空機**、**船舶**、**鉄道又は軌道**による危険物の貯蔵、取扱い又は運搬には適用されません（法16条の9）。

これら危険物の貯蔵、取扱い又は運搬には特殊性があるため、航空法、船舶安全法、鉄道営業法又は軌道法（路面電車、モノレール等に適用される）によって安全確保の措置がとられています。

適用が除外されるのは、航空機、船舶等の内部での危険物の貯蔵、取扱い又は運搬で、外部から航空機や船舶に対して**給油等を行う場合**には、適用除外にはなりません。

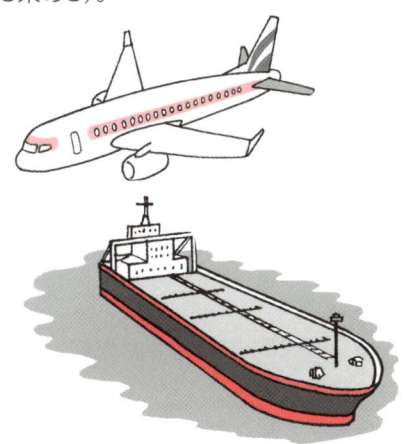

 **練習問題**

危険物の規制について、誤っているものは次のうちどれか。

(1) 製造所、貯蔵所又は取扱所を設置しようとする者は、市町村長等の許可を受けなければならない。
(2) 危険物の運搬については、指定数量に関係なく、消防法や政令等による規制を受ける。
(3) 航空機、船舶、鉄道又は軌道による危険物の貯蔵、取扱い又は運搬には消防法第三章の規定が適用されない。
(4) 危険物が指定数量未満であれば、仮貯蔵・仮取扱いの承認申請ができる。
(5) 指定数量未満の危険物の貯蔵又は取扱いについては、各市町村の条例によって規制を受ける。

仮貯蔵・仮取扱い承認申請は、危険物が指定数量以上の場合に行う。　 **(4)**

Lesson 1　危険物とは何か

4 危険物施設の区分

　指定数量以上の危険物を貯蔵し、又は取扱う施設は、製造所、貯蔵所及び取扱所の3つに区分されます。「**製造所等**」という場合は、この3つの施設が含まれます。

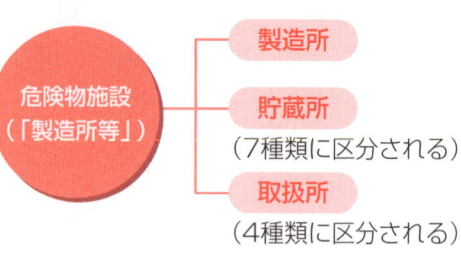

🔥 製造所　　　　　　　　　　　　　　　　重要度 B

　製造所とは、危険物又は危険物でない物を原料として化合処理などを行い、その結果として、**危険物を製造する施設**をいいます。原料である危険物を加工するだけの施設は、製造所ではなく取扱所にすぎません。

🔥 貯蔵所　　　　　　　　　　　　　　　　重要度 A

　貯蔵所とは、容器等に収納された危険物を屋内、屋外にかかわらず貯蔵する施設や、危険物をタンクの内部で貯蔵する施設をいいます。危険物の規制に関する政令第2条によって、次の7種類に区分されています。

■**貯蔵所の区分**

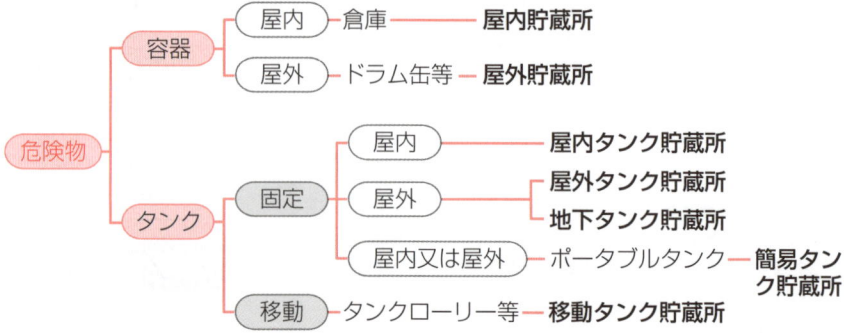

26

屋内貯蔵所　　●詳しくはLesson5で学習します。

屋内で危険物を貯蔵し、又は取扱う貯蔵所です。倉庫などで、容器に収納された危険物を保管します。倉庫内には、**採光・照明・換気**の設備を設け、架台を設ける場合は**不燃材料**でつくらなければなりません。

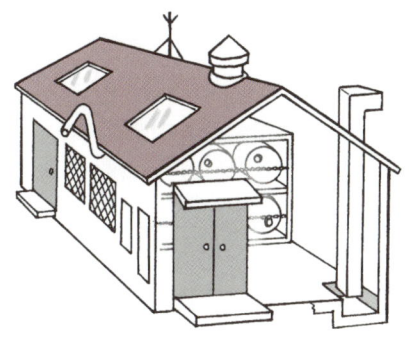

屋外貯蔵所

屋外の場所で、
①第2類の危険物のうち**硫黄、硫黄だけを含有するもの、引火性固体（引火点が0℃以上のもの）** を貯蔵し、又は取扱う貯蔵所。
②第4類の危険物のうち**第1石油類（引火点が0℃以上のもの）、アルコール類、第2石油類、第3石油類、第4石油類、動植物油類**を貯蔵し、又は取扱う貯蔵所。

このように、屋外貯蔵所だけは品名が限定されています。たとえば、ガソリンは②に属しますが、引火点が－40℃以下なので、屋外貯蔵所では貯蔵することも取扱うこともできません。

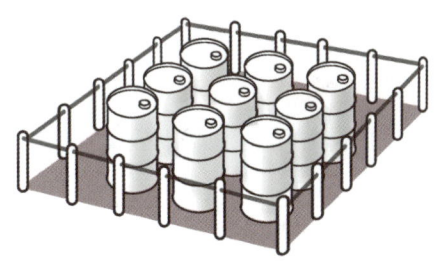

屋内タンク貯蔵所

屋内のタンクで危険物を貯蔵、又は取扱うところです。屋内貯蔵タンクは、原則として**平屋建のタンク専用室**に設置します。容量は指定数量の**40倍以下**とし、第4石油類及び動植物油類以外の第4類の危険物については、**20,000ℓ以下**としなければなりません。

屋外タンク貯蔵所 ➡詳しくはLesson5で学習します。

屋外のタンクで危険物を貯蔵、又は取扱うところです。屋外貯蔵タンクの火災による隣接敷地への延焼を防ぐために、タンクの側板から敷地境界線まで確保しなければならない距離や、保安距離等が定められています。

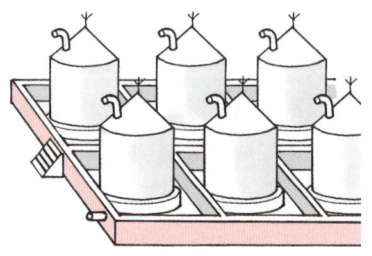

地下タンク貯蔵所

地盤面下に埋設されているタンクで危険物を貯蔵、又は取扱うところです。地下貯蔵タンクの頂部は**0.6m以上**地盤面から下の位置とし、タンクとタンク室との内側とは**0.1m以上の間隔**を保ち、周囲に乾燥砂を詰める必要があります。

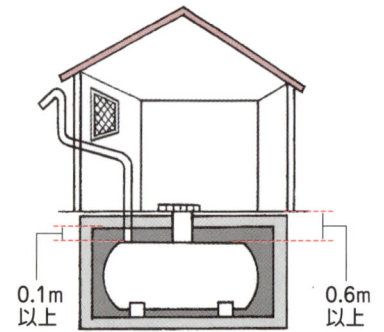

簡易タンク貯蔵所

簡易タンクで危険物を貯蔵、又は取扱うところです。タンク1基の容量は少量で、**600ℓ以下**とされています。保安距離の規制はありませんが、屋外の場合は簡易タンクの周囲に**1m以上の空地**を確保しなければなりません。

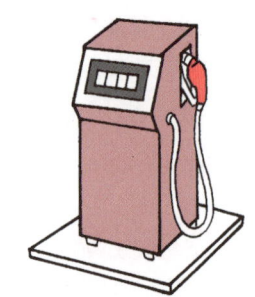

移動タンク貯蔵所

一般に**タンクローリー**とよばれ、車両に固定されたタンクで危険物を貯蔵、又は取扱うところです。車両を駐車する場所は、屋外では防火上安全な場所に、屋内では耐火構造又は不燃材料でつくった**建築物の1階**と定められています。

取扱所

重要度 A

　取扱所とは、危険物の製造以外の目的で、指定数量以上の危険物を取扱う施設をいいます。危険物の規制に関する政令第3条によって、次の4種類に区分されています。

■取扱所の区分

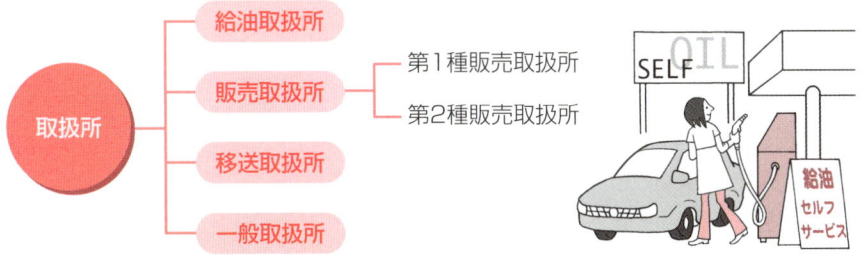

給油取扱所 ➡詳しくはLesson5で学習します。

　固定した給油設備によって、自動車等の燃料タンクに直接給油するために、危険物を取扱うところをいいます。

　また、灯油もしくは軽油を容器に詰め替え、車両に固定された**容量4,000ℓ**以下のタンクに注入したりするために、固定した注油設備によって危険物を取扱うところも含まれます。

　ガソリンスタンドが給油取扱所の代表ですが、給油器には地上部分に設置する**固定式**と、天井に吊り下げる**懸垂式**があります。給油するのは一般に**ガソリン**と**軽油**です。

　設置できる作業場や事務所などの建築物は、耐火構造又は不燃材料でつくり、窓及び出入り口に防火設備を設けなければなりません。また、給油取扱所の周囲には火災による被害の拡大を防ぐため、**高さ2m以上**の耐火構造又は不燃材料の塀又は壁を設けなければなりません。

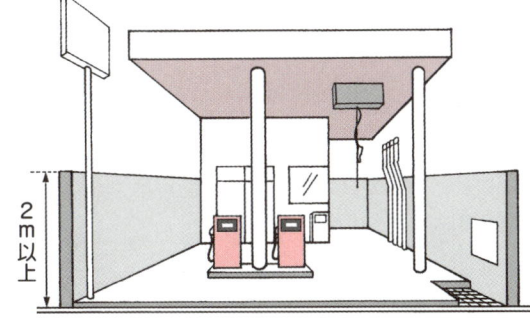

販売取扱所　→詳しくはLesson5で学習します。

店舗において、容器入りのまま危険物を販売するところです。塗料の販売店などがあります。取扱う危険物の指定数量の倍数によって次の2種類に分類されます。

第1種販売取扱所	指定数量の倍数が**15以下**
第2種販売取扱所	指定数量の倍数が**15を超え40以下**

第1種販売取扱所では、店舗の窓及び出入り口には**防火設備**を設け、ガラスを用いる場合には**網入りガラス**を使用すること、店舗の壁は**準耐火構造**とすること、店舗とその他の部分との隔壁は**耐火構造**とすることなどが定められています。

第2種販売取扱所では、構造及び設備についてさまざまな厳しい規制があります。

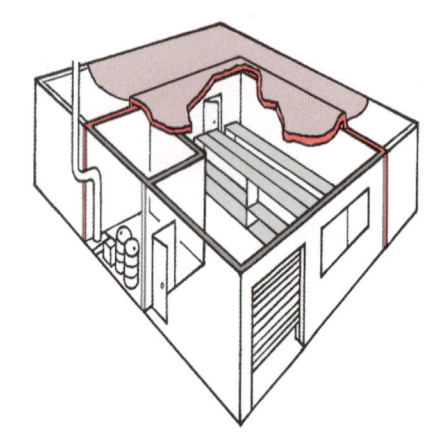

移送取扱所

配管やポンプなどの設備によって危険物を移送するところです。

パイプライン施設などがあります。

移送取扱所は、保安上設置してはならない場所（鉄道及び道路のトンネル内ほか）が定められています。また移送配管は一定の位置制限（市街地での道路下埋設は、その深さを原則として**1.8m以下**にしないこと等）があります。

一般取扱所　→詳しくはLesson5で学習します。

　給油取扱所、販売取扱所、移送取扱所のどれにも該当しないところです。ボイラー等で危険物を消費する施設、吹付け塗装を行う作業所、車両に固定されたタンクに液体の危険物を注入する施設、洗浄作業に危険物を取扱う一般取扱所など、さまざまな形態があります。

タンクローリー積込所

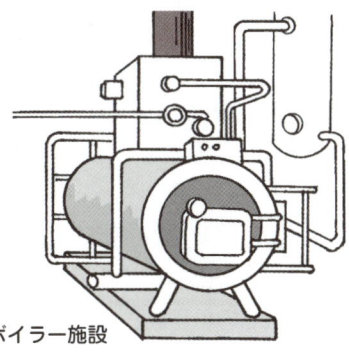
ボイラー施設

練習問題

製造所等に関する記述として、正しいものは次のうちどれか。

（1）屋外貯蔵所…………屋外にあるタンクにおいて危険物を貯蔵し、又は取扱う貯蔵所。
（2）移送取扱所…………車両に固定されたタンクにおいて危険物を貯蔵し、又は取扱う貯蔵所。
（3）屋内タンク貯蔵所…屋内の場所において危険物を貯蔵し、又は取扱う貯蔵所。
（4）販売取扱所…………店舗において容器入りのままで販売するため危険物を取扱う取扱所。
（5）移動タンク貯蔵所…配管やポンプなどの設備によって危険物の移送を行う取扱所。

（1）は屋外タンク貯蔵所、（2）は移動タンク貯蔵所、（3）は屋内貯蔵所、（5）は移送取扱所についての記述である。　**正解**（4）

Lesson 1 **Lesson 2** Lesson 3 Lesson 4 Lesson 5 Lesson 6 Lesson 7 Lesson 8

各種申請と届出

1 各種申請手続き

🔥 設置又は変更の許可申請　　重要度▶A

　製造所等を設置する者は、製造所、貯蔵所又は取扱所ごとに市町村長等に設置許可の申請をし、その許可を受けなければなりません。
　製造所等の位置、構造又は設備を変更する場合も市町村長等に変更許可の申請をし、その許可を受けなければなりません。
「市町村長等」はこの場合、市町村長、都道府県知事、総務大臣も含まれます。

● **移送取扱所以外の製造所等の場合**
　①消防本部及び消防署のある市町村に設置されている場合
　　➡ その区域を管轄する市町村長
　②①以外の市町村に設置されている場合
　　➡ その区域を管轄する都道府県知事

● **移送取扱所の場合**
　①1つの区域だけに設置されている場合
　　➡ その区域を管轄する市町村長
　②消防本部等所在市町村以外の区域、又は複数の市町村区域にまたがって設置されている場合
　　➡ その区域を管轄する都道府県知事
　③複数の都道府県区域にまたがって設置されている場合
　　➡ 総務大臣

完成検査申請

重要度 B

製造所等の設置又は変更の許可を受けた者は、その工事すべてが完了した時点で市町村長等に完成検査の申請をし、市町村長等が行う完成検査を受けなければなりません。

そして、設置又は変更した製造所等が政令で定める技術上の基準に適合していると認められ、完成検査済証を交付された後でなければ、その製造所等を使用することはできません。

完成検査前検査の申請

重要度 A

製造所等で、液体危険物タンクの設置又は変更の工事を行う場合は、製造所等全体の完成検査を受ける前に、その液体危険物タンクについての検査を市町村長等に申請し、市町村長等が行う完成検査前検査を受けなければなりません。

完成検査前検査では、水張検査又は水圧検査が行われますが、屋外タンク貯蔵所の容量1,000kℓ以上の液体危険物タンクは、さらに基礎・地盤検査や溶接部検査が行われます。

市町村長等が完成検査前検査を行った結果、政令で定める技術上の基準に適合すると認めた場合は、完成検査前検査の申請をした者にその旨を通知（水張検査又は水圧検査についてはタンク検査済証を交付）します。

なお、製造所又は一般取扱所の液体危険物タンクで容量が指定数量未満のものについては、完成検査前検査の必要はありません。

ここまでに学んできた製造所等の設置又は変更の手続きをまとめると、次のような流れになります。

■**申請から使用開始までの手続き**

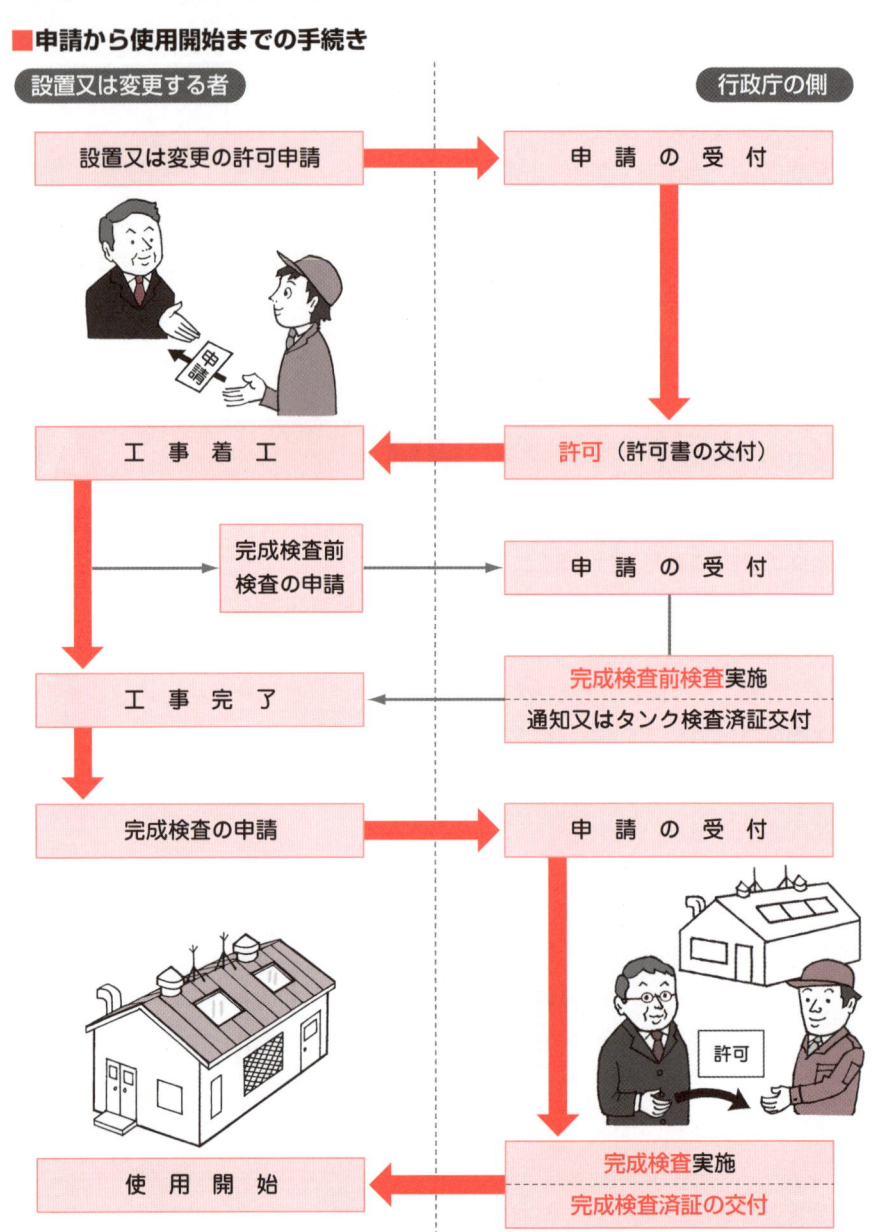

ただし設置又は変更の許可申請をしたところで、許可書が交付されないかぎり、着工（工事開始）はできません。
　また、液体危険物タンクのある製造所等の場合は、完成検査前検査により技術上の基準に適合すると認められた後でなければ、全体の完成検査は受けられません。
　したがって、液体危険物タンクのある製造所等と、ない製造所等では申請から使用開始までの手続きが異なる点に注意しましょう。

■製造所等の設置・変更計画から完成検査の流れ

```
製造所等の設置・変更計画
         ↓
  設置・変更の許可申請
         ↓
   許可（許可書の交付）
         ↓
       工事着工
         ↓
         ├─────────────┐
         │    完成検査前検査申請   │　※この部分は液体危
液体危険物タンク│         ↓         │　険物タンクがある
がない製造所等を│  完成検査前検査に合格│　製造所等を設置す
設置する場合  │                     │　る場合
（例：屋内貯蔵所）└─────────────┘
         ↓
       工事完了
         ↓
    完成検査の申請
         ↓
完成検査合格後に完成検査済証の交付
         ↓
       使用開始
```

　たとえば地下タンクのある給油取扱所の場合は、液体危険物タンクがあることとなり、上の手続きの「工事着工」と「工事完了」との間に「完成検査前検査」が入り、この検査に合格しなければならないということです。

🔥 仮使用の承認申請　重要度 A

完成検査済みの製造所等を使用中にその施設の一部を変更する場合、変更の工事にかかわる部分以外の部分を、市町村長等の承認を受けることによって、完成検査を受ける前に仮に使用することができ、これを仮使用といいます。

ガソリンスタンドの事務所を改装するために変更の許可を受けるのはいいけれど、その改装工事が終了するまで営業がまったくできなくなるというのでは、事業者も困ります。そこで、工事する部分以外の部分については、市町村長等の承認を受けて完成検査の前でも使用できるようにするわけです。

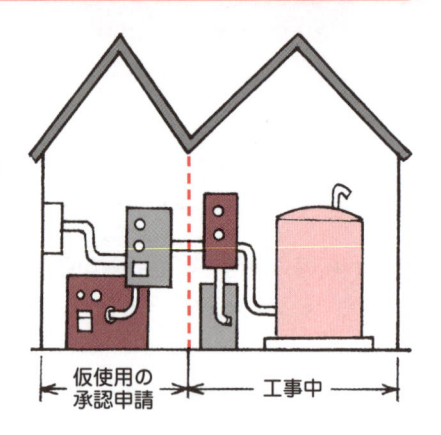

仮貯蔵、仮取扱い、仮使用はすべて承認なので仮ときたら承認と覚えましょう

■各種申請手続きの種類と申請先

申請手続き事項	手続き内容	申請先
①許可申請	製造所等の設置	市町村長等
	製造所等の位置・構造・設備の変更	
	2つ以上の市町村にまたがる移送取扱所の設置（変更）	都道府県知事
	2つ以上の都道府県にまたがる移送取扱所の設置（変更）	総務大臣
②承認申請	仮貯蔵、仮取扱い	所轄の消防長又は消防署長
	仮使用	市町村長等
③検査申請	完成検査	
	完成検査前検査	
	保安検査	
④認可申請	予防規程の制定	
	予防規程の変更	

仮使用を求めるときは、市町村長等に仮使用の承認を申請します。これは変更工事の場合であって、設置工事ではありません。

また、よく似た制度に仮貯蔵・仮取扱いの承認申請があります。ともに許可ではなく承認を受けるものですが、仮貯蔵・仮取扱いは申請先が所轄の消防長又は消防署長で、期間は10日間以内であるのに対し、仮使用の申請先は市町村長等で、期間は変更工事の期間中（完成検査の前まで）です。

指定数量以上の危険物を10日以内仮貯蔵・仮取扱する場合

所轄消防長又は消防署長

POINT

① 製造所等の各種申請・届出に許可を下すのは市町村長等であるのに対し、「仮貯蔵・仮取扱い」の場合は消防長（消防本部未設置市町村の場合は市町村長）又は消防署長である。
② 市町村長、都道府県知事、総務大臣の三者を総称して市町村長等という。

練習問題

仮使用の説明として、次のうち正しいものはどれか。

（1）製造所等の設置工事において、工事が完了した部分を市町村長等の承認を得て完成検査前に使用すること。
（2）製造所等を変更する場合に、工事にかかわる部分を仮に使用すること。
（3）製造所等の設置工事が完了した部分を完成検査のために使用すること。
（4）製造所等を変更する場合に、工事にかかわる部分以外の部分を市町村長等の承認を得て完成検査前に使用すること。
（5）製造所等の変更工事が完了した部分を完成検査のために使用すること。

変更の工事は設置ではなく、工事中及び完成検査までの期間の、工事にかかわる部分以外の部分の使用である。市町村長等の承認が必要。

正解 (4)

PART 1 危険物に関する法令

2 各種届出手続き

Lesson 2　各種申請と届出

🔥 消防法上の危険物関係の届出　　重要度 A

●製造所等の譲渡又は引渡し

製造所等の譲渡又は引渡しがあったとき、譲受人又は引渡しを受けた者は、製造所等の設置・変更の許可を受けた者の地位を引きつぐことになるため、自分が地位を引きついだことを遅滞なく市町村長等に届け出なければなりません。

●危険物の品名、数量又は指定数量の倍数の変更

製造所等の位置、構造又は設備を変更せずに、当該製造所等で貯蔵又は取扱う危険物の品名、数量又は指定数量の倍数を変更する者は、変更する日の10日前までに市町村長等に届け出なければなりません。

●製造所等の用途の廃止

製造所等の所有者、管理者又は占有者は、当該製造所等の用途の廃止をしたときは、遅滞なく市町村長等に届け出なければなりません。

「用途の廃止」とは、危険物施設としての使用を完全に終了することをいい、一時的な休止ではありません。用途の廃止を届け出ると、その製造所等の許可の効力は失われます。

●危険物保安統括管理者の選任又は解任

製造所等の所有者、管理者又は占有者は、危険物保安統括管理者を選任又は解任したときは遅滞なく市町村長等に届け出なければなりません。

●危険物保安監督者の選任又は解任

製造所等の所有者、管理者又は占有者は、危険物保安監督者を選任又は解任したときは、遅滞なく市町村長等に届け出なければなりません。

各種の申請・届出手続きのまとめ 重要度 A

これまでに学んだ各種の申請と届出についてまとめておきましょう。

申請するもの　申請先は**市町村長等**

(1) 許可の申請
　①製造所等を**設置**する場合
　②製造所等の位置、構造又は設備を**変更**する場合

(2) 承認の申請
　①指定数量以上の危険物を**仮貯蔵**又は**仮取扱い**する場合（所轄消防長又は消防署長）
　②変更の工事にかかわる部分以外を**仮使用**する場合

(3) 検査の申請
　①設置又は変更の許可を受けた製造所等が完成した場合（**完成検査**）
　②液体危険物タンクを有する製造所等の場合（**完成検査前検査**）

届け出るもの　届出先はすべて**市町村長等**
　①製造所等の譲渡又は引渡しや用途を廃止した場合　➡ **遅滞なく**
　②製造所等の位置、構造又は設備を変更せずに危険物の品名、数量又は指定数量の倍数を変更する場合　➡ **10日前まで**
　③危険物保安統括管理者、危険物保安監督者を選任又は解任した場合　➡ **遅滞なく**

練習問題

申請・届出の手続きの組合せとして、次のうち誤っているものはどれか。

(1) 製造所等を設置する場合 ─ 許可申請 ─ 市町村長等
(2) 設置許可を受けた製造所等が完成した場合 ─ 届出 ─ 市町村長等
(3) 指定数量以上の危険物を仮貯蔵する場合 ─ 承認申請 ─ 所轄消防長又は消防署長
(4) 製造所等の位置や構造を変更する場合 ─ 許可申請 ─ 市町村長等
(5) 製造所等の用途を廃止した場合 ─ 届出 ─ 市町村長等

正解 (2)

設置許可を受けて工事が完成したら、市町村長等に完成検査の「申請」をする。「届出」ではない。

危険物取扱者制度

1 危険物取扱者

「危険物取扱者」とは何か　重要度 A

　危険物取扱者とは、**危険物取扱者試験に合格**し、**免状の交付**を受けた者をいいます。免状には**甲種**、**乙種**、**丙種**の3種類があります。
　製造所等では、危険物取扱者以外の者だけで危険物を取扱うことはできません（法第13条第3項）。
　製造所等での危険物の取扱いは、次の①か②に限られます。
①**危険物取扱者**自身（甲種、乙種、丙種）が行う。
②**危険物取扱者（甲種か乙種）の立ち会い**のもとに危険物取扱者以外の者が行う。
　したがって製造所等には、危険物を取扱うために必ず危険物取扱者をおかなければなりません。危険物取扱者には次の3種があります。

甲種危険物取扱者
　第1類〜第6類の**すべての危険物**が取扱えます。また、他者の取扱作業にも立ち会えます。この甲種危険物取扱者の立ち会いがあれば、危険物取扱者でなくても製造所等ですべての危険物を取扱えます。

乙種危険物取扱者
　免状を**取得した免許に記載された類**の危険物についてのみ、**取扱い**及び**立ち会い**ができます。

丙種危険物取扱者

第4類危険物のうち、**特定の危険物**とされるガソリン、灯油、軽油、第3石油類（重油、潤滑油及び引火点130℃以上のものに限る）、第4石油類、動植物油類についてのみ取扱えます。**立ち会いは一切できません。**

POINT

危険物の製造所等で、危険物取扱者以外の者が危険物を取扱うときには、甲種危険物取扱者、又は当該種類の免状をもつ乙種危険物取扱者の立ち会いがなければ危険物を取扱うことはできない。

免状の種類	取扱作業	立ち会い
甲種	全類	全類
乙種	指定された類	指定された類
丙種	指定された危険物	×

練習問題

危険物取扱者について、次のうち誤っているものはどれか。

(1) 危険物取扱者以外の者は、製造所等において甲種危険物取扱者又は当該危険物の取扱いができる乙種危険物取扱者の立ち会いがなければ、危険物を取扱うことができない。
(2) 丙種危険物取扱者は、危険物取扱者以外の者が危険物を取扱う場合に立ち会うことはできない。
(3) 丙種危険物取扱者が取扱うことのできる危険物には、第４類危険物のガソリン、灯油などがあるが、アルコール類は含まれていない。
(4) 乙種危険物取扱者が、危険物取扱者以外の者の危険物取扱作業に関して立ち会うことができるのは、免状に指定されている危険物のみである。
(5) 免状の交付を受けていても、製造所等の所有者によって危険物取扱者に選任されなければ危険物取扱者とはいえない。

都道府県知事から免状の交付を受けていれば危険物取扱者である。製造所等の所有者の選任などは必要ない。　**正解** (5)

Lesson 3 危険物取扱者制度

2 危険物取扱者免状

免状の交付　重要度 B

危険物取扱者免状は、危険物取扱者試験に合格した者に対し**都道府県知事**が交付します。

免状の交付を受ける者は、申請書に試験に合格したことを証明する書類を添付し、受験した都道府県の知事に申請します。

■免状の様式

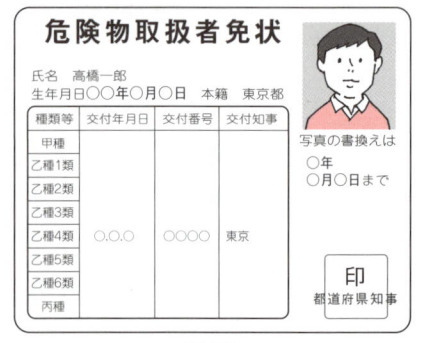

（表面）　（裏面）

※実物は免許証くらいの大きさです。

なお、危険物取扱者免状は国家資格なので、免状を取得した都道府県内にかぎらず、全国どこでも有効です。

免状の書換え　重要度 A

免状の**記載事項に変更が生じた**ときは、義務として、遅滞なく**免状の書換え**を申請しなくてはなりません。

具体的には

①免状に記載されている**氏名**、**本籍地**などが変わったとき。

②免状に添付されている**写真**が撮影から**10年経過**したとき。

で、②は「過去10年以内に撮影した写真」が免状の記載事項の一つとされており、10年が経過すると記載事項に変更が生じたことになるため、遅滞なく免状の書換えを申請しなくてはなりません。

免状の書換えは、免状に書換えの事由を証明する戸籍抄本などの書類を添え、次のどちらかに申請しなければなりません。

- 申請先 ●
  免状を交付した都道府県知事
  又は
  居住地若しくは**勤務地**を管轄する都道府県知事

- 必要書類 ●
  免状
  理由を証明する書類等（戸籍抄本等）

なお、免状の書換えは資格の「更新」ではありません。危険物取扱者の免状に更新という制度はありません。

免状の再交付　重要度 A

免状の再交付とは、免状を**亡失**、**滅失**、**汚損**、**破損**した場合に、再び交付を求めることをいいます。「亡失」とは、なくしてしまうことです。「滅失」は溶けたり燃えたりしてなくしてしまうことをいい、「汚損」は汚すこと、「破損」は破ったり切ったりしてしまうことをいいます。

再交付の申請先は、免状の**交付又は書換えをした都道府県知事**だけとなり、再交付の場所は限定されます。

免状の汚損又は破損によって再交付の申請をする場合は、申請書に免状を添えて提出します。

免状を亡失して再交付を受けた後、亡失した免状が出てきた場合は、**再交付を受けた都道府県知事**に以前の免状を**10日以内**に提出しなければなりません。

■免状の交付等

手続き方法	内容	申請先
交付	危険物取扱者試験に合格した者	都道府県知事
書換え	氏名・本籍が変わったとき 免状の写真が**10年**を経過したとき	免状を交付した都道府県知事、又は居住地もしくは勤務地を管轄する都道府県知事
再交付	免状を亡失・滅失・汚損・破損したとき	免状の交付又は書換えをした都道府県知事
亡失した免状を発見	発見した免状を**10日以内**に提出	免状の再交付を受けた都道府県知事

免状の返納と不交付　重要度 B

　危険物取扱者が消防法又は政令や規則に違反しているとき、免状を交付した**都道府県知事**は、危険物取扱者に**免状の返納**を命じることができます。

　また、都道府県知事は次の①又は②に該当する者には、たとえ危険物取扱者試験に合格していても、免状の交付を中止すること（**不交付**）ができます。

①都道府県知事から危険物取扱者免状の**返納**を命じられ、その日から起算して**1年**を経過しない者。

②消防法令に違反して**罰金以上の刑**に処せられた者で、その執行を終わり、又は執行を受けなくなった日から起算して**2年**を経過しない者。

危険物取扱者の責務　重要度 A

　危険物取扱者は、消防法等に違反しないよう常に次のような注意と努力が必要となります。

①危険物の取扱作業に従事するときは貯蔵・取扱いの技術上の基準を遵守する。
②危険物の保安について細心の注意を払う。
③移動タンク貯蔵所による危険物の移送は、その危険物を取扱える危険物取扱

者を乗車させ、免状を携帯する必要がある。
④甲種、乙種危険物取扱者が立ち会う場合は、従事する者が技術上の基準を遵守するよう監督する。
⑤甲種、乙種危険物取扱者は危険物取扱者でない者が取扱作業をする場合、必要に応じて指示を与える。

POINT

免状に関する申請先のまとめ
①最初の交付……受験した都道府県の知事
②書換え…………当該免状を交付した都道府県の知事
　　　　　　　　又は居住地若しくは勤務地を管轄する都道府県の知事
③再交付…………当該免状の交付又は書換えをした都道府県の知事

練習問題

危険物取扱者の免状について、次のうち正しいものはどれか。

(1) 免状は、取得した都道府県の区域においてのみ有効である。
(2) 免状の記載事項に変更を生じたときは、遅滞なく、本籍地の市町村長に書換えの申請をしなければならない。
(3) 免状を亡失し、滅失し、汚損し、又は破損した場合は、免状の再交付を申請しなければならない。
(4) 免状を亡失して再交付を受けた者が、亡失した免状を発見した場合は、これを10日以内に免状の再交付を受けた都道府県知事に提出しなければならない。
(5) 消防法令に違反して免状の返納を命じられても、30日を経過すれば免状の交付を受けることができる。

(1) 全国どこでも有効。(2) 書換えの申請先は本籍地の市町村長ではない。(3) 再交付は義務ではないので、「申請できる」が正しい。(5) 30日ではなく、1年。

正解 (4)

Lesson 3 危険物取扱者制度

3 保安講習

保安講習とは何か　重要度 B

　保安講習とは、危険物の取扱作業の保安に関する講習のことです。製造所等で危険物の取扱作業に従事している危険物取扱者は、**都道府県知事等**が行う保安講習を、**一定の時期**に受講することが義務づけられています。

　受講義務とその時期は、甲種、乙種又は丙種の別を問わず一律です。また、受講場所に指定はなく、どこの都道府県でも受講できます。

　また、危険物の取扱いに従事しなくなった者や、免状取得後に従事していない者には、受講義務はありません。

保安講習を受講する時期　重要度 A

(1) 新たに危険物の取扱作業に従事することになった場合

　①従事することになった日から**過去2年以内**に危険物取扱者免状の交付を受けておらず、保安講習も受けていない場合。

　➡取扱作業に**従事することになった日から1年以内**に講習を受け、その後は受講した日以降における最初の4月1日から3年以内ごとに講習を受けなければなりません。

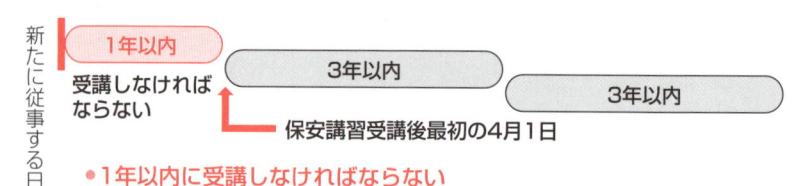

新たに従事する日	1年以内 受講しなければならない	3年以内	3年以内

保安講習受講後最初の4月1日

- 1年以内に受講しなければならない

　②従事することになった日から**過去2年以内**に危険物取扱者免状の交付を受けている場合、又は保安講習を受けている場合。

➡ 免状の交付を受けた日、又は講習を受けた日以降における**最初の4月1日から3年以内**ごとに講習を受けなければなりません。

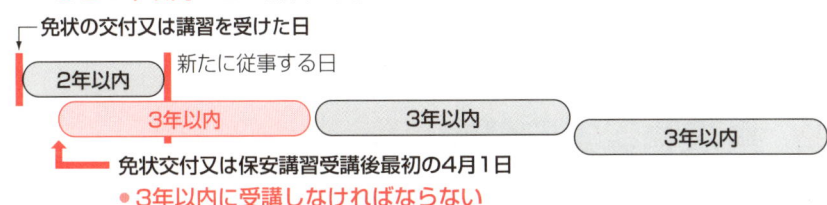

```
─免状の交付又は講習を受けた日
↓     新たに従事する日
┃2年以内┃
        ┃ 3年以内 ┃   ┃ 3年以内 ┃   ┃ 3年以内 ┃
        ↑
        免状交付又は保安講習受講後最初の4月1日
        ● 3年以内に受講しなければならない
```

(2) 継続して危険物の取扱作業に従事している場合

前回講習を受けた日以降における最初の4月1日から**3年以内**ごとに講習を受けます。

```
前回受講した日
┃  ┃ 3年以内 ┃   ┃ 3年以内 ┃   ┃ 3年以内 ┃
   ↑
   前回受講後最初の4月1日
```

練習問題

危険物保安講習について、次のうち誤っているものはどれか。

(1) 新たに危険物の取扱作業に従事することとなった日から1年以内に受講し、その後受講した日以降における最初の4月1日から3年以内ごとに受講していくのが原則である。
(2) 新たに危険物の取扱作業に従事することとなった日から過去2年以内に免状の交付を受けている場合は、免状の交付を受けた日以降における最初の4月1日から3年以内に受講すればよい。
(3) 新たに危険物の取扱作業に従事することとなった日から過去2年以内に講習を受けている場合は、講習を受けた日以降における最初の4月1日から3年以内に受講すればよい。
(4) 危険物の取扱作業に従事しているすべての者は、受講義務がある。
(5) 受講義務のある危険物取扱者が受講しなかった場合は、消防法令に違反しているとして、免状の返納を命じられることがある。

危険物取扱者でない者は、保安講習の対象外である。　**正解 (4)**

Lesson 3 危険物取扱者制度

4 人的な保安管理体制

危険物保安監督者　重要度 A

(1) 危険物保安監督者とその選任・解任

　危険物保安監督者とは、危険物の取扱作業の**保安に関し必要な監督業務**を行う者をいいます。危険物保安監督者は、誠実にその職務を行わなければならないとされています。

　その**選任・解任**を行うのは、政令で定める**製造所等の所有者、管理者又は占有者**です。選任を必要とする製造所等は政令で定められています。

　選任・解任を行ったときは、遅滞なく市町村長等に届け出なくてはなりません。

(2) 危険物保安監督者になる資格

　甲種又は**乙種**の危険物取扱者のうち、製造所等で危険物取扱いの**実務経験**が**6か月以上**ある者に限られます（乙種の場合は免状を取得した類についてのみ）。丙種危険物取扱者は、危険物保安監督者にはなれません。

　乙種第4類危険物取扱者の資格取得後、6か月の実務経験を経ると、危険物保安監督者の資格を得られ、2年間の実務経験を経ると甲種危険物取扱者の受験資格を取得できます。

POINT　危険物保安監督者

目　　的：製造所等ごとの保安管理体制の構築。
選・解任：遅滞なく市町村長等に届け出る。
資　　格：危険物取扱者免状は必要。
　　　　　実務経験6か月以上。
　　　　　丙種は資格なし。

（3）危険物保安監督者の選任を必要とする製造所等

必ず選任しなければならない施設	選任を必要としない施設
製造所 屋外タンク貯蔵所 給油取扱所 移送取扱所	移動タンク貯蔵所のみ

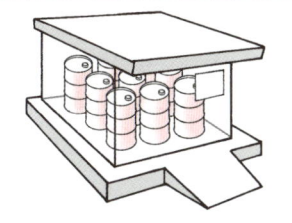

　政令によって「除く」などとされる施設もありますが、ここでは指定数量の倍数や引火点にかかわらず、危険物保安監督者の選任を、常に必要とする施設と、選任を必要としない施設を、確実に覚えておけば十分です。

（4）危険物保安監督者の業務

　製造所等の所有者、管理者又は占有者が危険物保安監督者にさせなければならない業務は、次のとおりです。

①作業が技術上の基準及び予防規程等の保安に関する規定に適合するように、**作業者に対し必要な指示を与える**こと。

②**火事等の災害**が発生した場合は、作業者を指揮して**応急の措置を講ずる**とともに、ただちに消防機関その他関係者に連絡すること。

③危険物施設保安員を置く製造所等の場合には、**必要な指示を行い**、危険物施設保安員を置かない場合は、危険物保安監督者自らが危険物施設保安員の業務を行うこと。

④火事等の災害の防止に関し、隣接する製造所等その他関連する施設の関係者との間で**連絡を保つ**こと。

(5) 危険物保安監督者の解任命令

製造所等の所有者、管理者、占有者で危険物保安監督者を選任・解任したときは、遅滞なく市町村長等に届け出なければならない。

◆解任命令

市町村長等は

① 危険物保安監督者が消防法あるいは消防法に基づく命令の規定に違反したとき
② 危険物保安監督者の業務を遂行することが、公共の安全の維持、災害の発生防止に支障があると認めたとき

⬇

製造所等の所有者、管理者又は占有者に対し、危険物保安監督者の解任を命じることができる

危険物施設保安員 重要度 A

(1) 危険物施設保安員とその選任・解任

危険物施設保安員とは、危険物保安監督者のもとで製造所等の保安業務を補佐する者をいいます。選任・解任については政令で定める製造所等の所有者、管理者又は占有者が行いますが、届出の義務はありません。市町村長等による解任命令もありません。

(2) 危険物施設保安員になる資格

資格についての規定はありません。そのため、危険物取扱者でなくても危険物施設保安員になれます。

(3) 危険物施設保安員を選任しなければならない製造所等

製造所	指定数量の倍数が100以上のもの
一般取扱所	指定数量の倍数が100以上のもの
移送取扱所	すべて

(除外施設)
① ボイラー、バーナーなどで危険物を消費する一般取扱所
② 車両に固定されたタンクなどに危険物を充てんする一般取扱所
③ 容器に危険物を詰め替える一般取扱所
④ 油圧装置、潤滑油循環装置などで危険物を取扱う一般取扱所
⑤ 鉱山保安法の適用を受ける製造所、移送取扱所又は一般取扱所
⑥ 火薬類取締法の適用を受ける製造所又は一般取扱所

> **POINT**
>
> 危険物施設保安員
>
> 目　　的：危険物保安監督者のもとで、製造所等の保安業務の補佐を行う
> 選・解任：届出についての規定はとくになし
> 資　　格：資格についての規定はとくになし

(4) 危険物施設保安員の業務

製造所等の所有者、管理者又は占有者が危険物施設保安員にさせなければならない業務は、次のとおりです。

① 製造所等の構造及び設備を技術上の基準に適合するよう維持するため、**定期点検**及び**臨時点検**を実施し、**記録**して保存すること。
② 製造所等の構造及び設備に**異常を発見**した場合、危険物保安監督者等に**連絡**するとともに、**適当な措置**を講ずること。
③ 火災が発生したとき又は火災発生の危険性が著しいときは、危険物保安監督者と協力し、応急措置を講ずること。
④ 製造所等の計測装置、制御装置、安全装置等の機能が適正に保持されるよう保安管理をすること。

危険物施設保安員になる資格の規定はありませんが、その業務内容から、施設の構造や設備の知識に明るい者が望ましいことになります。

危険物保安統括管理者　重要度 B

(1) 危険物保安統括管理者とその選任・解任

　危険物保安統括管理者とは、同一事業所の敷地内に製造所等が複数あり、第4類危険物を大量に取扱う事業所などで、その**事業所全般の危険物の保安に関する業務を統括管理する者**をいいます。選任・解任は、同一事業所に政令で定める製造所等を所有・管理、又は占有する者が行い、遅滞なく市町村長等に届け出なくてはなりません。

(2) 危険物保安統括管理者になる資格

　資格についての規定はないため、危険物取扱者でない者でもかまいませんが、当該事業所においてその事業の実施を統括管理する者（工場長など）を充てることが政令によって定められています。

(3) 危険物保安統括管理者を選任しなければならない事業所等

第4類危険物を取扱う以下の施設です。

製造所	指定数量の**3,000倍**以上
一般取扱所	指定数量の**3,000倍**以上
移送取扱所	**指定数量**以上

※ただし、ボイラー等で危険物を消費する一般取扱所など除外される施設もあります。

(4) 危険物保安統括管理者の業務

　製造所等ごとに選任されている危険物保安監督者や危険物施設保安員らと連携し、保安業務を統括的に管理することによって、事業所全体の安全を確保します。

(5) 危険物保安統括管理者の解任命令

　危険物保安監督者の場合と同様に、**市町村長等**による**解任命令**が定められています。

◆解任命令

市町村長等は

① 危険物保安統括管理者が消防法あるいは消防法に基づく命令の規定に違反したとき
② 危険物保安統括管理者の業務を遂行することが、公共の安全の維持、災害の発生防止に支障があると認めたとき

⬇

製造所等の所有者、管理者又は占有者に対し、**危険物保安統括管理者の解任を命じる**ことができる

POINT 危険物保安統括管理者

対象：同一敷地内に複数の製造所等を所有し、大量の第4類の危険物を取扱う事業所
目的：製造所等ごとの保安管理体制を事業所全体で連携
選・解任：選・解任については、遅滞なく、市町村長等に届出
免許の有無：危険物取扱者免状は不要

練習問題

危険物保安監督者に関する記述として、次のうち誤っているものはどれか。

(1) 危険物保安監督者の立ち会いがない限り、危険物取扱者以外の者が危険物を取扱うことはできない。
(2) 製造所、屋外タンク貯蔵所、給油取扱所では、貯蔵又は取扱う危険物の数量にかかわらず、危険物保安監督者を選任しなければならない。
(3) 危険物保安監督者は、甲種又は乙種危険物取扱者であって、製造所等における危険物取扱いの実務経験が6か月以上ある者のなかから選任しなければならない。
(4) 危険物保安監督者を選任又は解任したときは、市町村長等に届出をしなければならない。
(5) 危険物保安監督者が危険物取扱作業にあたり保安の監督をする場合は、誠実にその職務を行わなければならない。

危険物保安監督者でなくても、甲種又は乙種危険物取扱者の立ち会いがあれば取扱える。ただし乙種は指定された類だけ。

正解 (1)

予防と点検

1 定期点検

🔥 定期点検とは　　　　　　　　　　　　　重要度 ▶ A

　製造所等は、常に技術上の基準に適合するよう維持されなくてはならないため、点検は欠かせません。一定の製造所等については、その所有者、管理者又は占有者に、製造所等を定期的に点検し、その点検記録を作成して保存することが法令上義務づけられています。これを定期点検といいます。

（1）定期点検の時期と点検記録の保存期間

　定期点検は、原則として1年に1回以上行うこととされています。
　また点検記録は、原則として3年間保存しなければなりません。

（2）定期点検をしなければならない製造所等

製造所	指定数量の倍数が10以上のもの又は地下タンクを有するもの
屋内貯蔵所	指定数量の倍数が150以上のもの
屋外タンク貯蔵所	指定数量の倍数が200以上のもの
屋外貯蔵所	指定数量の倍数が100以上のもの
地下タンク貯蔵所	すべて
移動タンク貯蔵所	すべて
給油取扱所	地下タンクを有するもの
移送取扱所	すべて
一般取扱所	指定数量の倍数が10以上のもの又は地下タンクを有するもの

政令及び規則によって除外される施設もありますが、ここでは地下タンク貯蔵所のほか、製造所、給油取扱所、一般取扱所でも**地下タンク**があれば**定期点検**が義務づけられるということを覚えておきましょう。**移動タンク貯蔵所、移送取扱所**もすべて義務づけられています。

> **POINT**
> - 地下タンクは、地上からは漏れていることが分からない。
> - 移動タンク貯蔵所から、走行中に漏れたら大事故になる。
>
>   ↓
>
>   だからすべて対象としている。
>
> - 定期点検対象外⇒**簡易タンク貯蔵所、屋内タンク貯蔵所、販売取扱所**

(3) 定期点検の点検事項

定期点検は、製造所等の位置、構造及び設備が、政令で定めている技術上の基準に適合しているかどうかについて行われます。

(4) 定期点検を行える者

原則として**危険物取扱者**又は**危険物施設保安員**が行わなければなりません。ただし、危険物取扱者の立ち会いがあれば、それ以外の者でも点検できます。

(5) 点検記録の記載事項

点検記録に記載しなければならない事項は次のとおりです。
① 点検した製造所等の名称
② 点検の方法及び結果
③ 点検した年月日
④ 点検した危険物取扱者もしくは危険物施設保安員、又は点検に立ち会った危険物取扱者の氏名

■**定期点検の概要**

目的	定期的に点検し、技術上の基準を維持する
点検事項	製造所等の位置、構造及び設備が技術上の基準に適合しているか否か
点検時期	1年に1回以上
点検実施者	① 危険物取扱者 ② 危険物施設保安員 ③ 危険物取扱者立ち会いのもとでの上記以外の者 　地下貯蔵タンク、地下埋設配管、移動貯蔵タンクの漏れの有無については、点検方法に関する知識及び技能のある者が点検する
保存期間	原則3年
記載事項	製造所の名称、方法及び結果、点検年月日、点検実施者の氏名

🔥 漏れの点検と内部点検　　重要度 ▶ B

(1) 漏れの点検

次の①〜④を備えた製造所等では、通常の定期点検のほか、**漏れの点検**も義務づけられています。それぞれの点検の方法に関する知識及び技能を有する者が、一定の時期（完成検査済証の交付を受けた日又は前回の漏れの点検を行った日から一定期間内）に行うこととされています。

　点検記録の保存期間は**10年間**の④を除き**3年間**です。

点検施設	点検時期	保存期間
①**地下貯蔵タンク** 　（危険物を貯蔵又は取扱う地下タンク）	原則として**1年以内に1回**	3年間
②**二重殻タンクの強化プラスチック製の外殻**	原則として**3年以内に1回**	
③**地下埋設配管** 　（地盤面下に設置された配管）	原則として**1年以内に1回**	
④**移動貯蔵タンク** 　（危険物を貯蔵又は取扱う車両に固定されたタンク）	原則として**5年以内に1回**	10年間

漏れの点検方法は告示に規定され、ガス加圧法、液体加圧法、微加圧法及びその他の方法があります。

(2) 内部点検

引火性液体の危険物を貯蔵、又は取扱う屋外タンク貯蔵所で容量が**1,000kℓ以上10,000kℓ未満**のものは、通常の定期点検のほか当該タンクの保安措置内容等によって周期は異なるものの、**13年又は15年周期**で、内部点検を行わなければなりません。

また、こうした内部点検記録は、点検周期の2倍となる**26年又は30年間保存**しなければなりません（**3年間の例外**）。

練習問題

内部点検と漏れの点検を除く定期点検について、誤っているものは次のうちどれか。

(1) 定期点検は、原則として1年に1回以上実施しなければならない。
(2) 定期点検は、製造所等の位置、構造及び設備が技術上の基準に適合しているかどうかについて行う。
(3) 危険物施設保安員は定期点検を行うことができる。
(4) 定期点検の結果は、1年に1回、消防機関に届け出なければならない。
(5) 点検記録は、原則として3年間保存しなければならない。

定期点検の結果を消防機関に届け出る義務はない。　　**正解 (4)**

Lesson 4 予防と点検

2 予防規程その他

予防規程　重要度 A

　予防規程とは、火災を予防するため、製造所等がそれぞれの実情に合わせて作成する、具体的な自主保安基準のことです。

(1) 予防規程の認可

　政令で定める製造所等の所有者、管理者又は占有者は、予防規程を定めた（又は変更した）とき、市町村長等の認可を受けなければなりません。
　市町村長等は、その予防規程が危険物の貯蔵又は取扱いの技術上の基準に適合していないなど、火災予防に適当でない場合には認可をしてはならず、必要があれば予防規程の変更を命じることもできます。

(2) 予防規程を定めなければならない製造所等

　政令により、次の製造所等に限られています。

製造所	指定数量の倍数が10以上のもの
屋内貯蔵所	指定数量の倍数が150以上のもの
屋外タンク貯蔵所	指定数量の倍数が200以上のもの
屋外貯蔵所	指定数量の倍数が100以上のもの
給油取扱所	すべて
移送取扱所	すべて
一般取扱所	指定数量の倍数が10以上のもの

（除外施設）
　①鉱山保安法第19条第1項の規定による保安規程を定めている製造所
　②火薬類取締法第28条第1項の規定による危害予防規程を定めている製造所等
　③自家用給油取扱所のうち屋内給油取扱所以外のもの

④指定数量の倍数が30以下で、かつ、引火点が40℃以上の第4類の危険物のみを容器に詰め替える一般取扱所

(3) 予防規程の遵守義務者

製造所等の所有者、管理者又は占有者だけでなく、その従事者も予防規程を守らなければならないとされています。

POINT

予防規程の変更命令 ➡ 市町村長等は火災予防のために必要があるときは予防規程の変更を命ずることができる。
予防規程の遵守義務者 ➡ 製造所等の所有者、管理者又は占有者及びその従事者。

(4) 予防規程に定めなければならない事項

規則で定められているもののうち、主なものは次のとおりです。
①危険物の保安に関する業務を管理する者の職務及び組織に関すること。
②**危険物保安監督者**が、旅行、疾病その他の事故によってその職務を行うことができない場合に、その職務を**代行する者**に関すること。
③危険物の保安にかかわる作業に従事する者に対する**保安教育**に関すること。
④危険物の保安のための**巡視**、**点検**及び**検査**に関すること。
⑤危険物施設の運転又は操作に関すること。
⑥危険物の取扱作業の基準に関すること。
⑦顧客に自ら給油等をさせる給油取扱所にあっては、顧客に対する監視その他、保安のための措置に関すること。
⑧災害その他の**非常の場合にとるべき措置**に関すること。
⑨**地震発生時**における施設及び設備に対する点検、応急措置等に関すること。
⑩製造所等の位置、構造及び設備を明示した書類及び図面の整備に関すること。

自衛消防組織 　　　重要度 C

　自衛消防組織とは、第4類危険物を大量に取扱う大規模な事業所で、その事業所の**従業員によって編成される消防隊**のことです。自衛消防組織の編成が義務づけられている事業所の種類は、危険物保安統括管理者を選任しなければならない事業所とまったく同じです。

　事業所で貯蔵し、取扱う危険物の指定数量の倍数に応じて、人員数、化学消防自動車の台数が定められています。複数の事業所間で災害が発生した場合の相互応援に関する協定が締結されている事業所は、編成の特例が認められています。

対象となる製造所等	取扱う第4類の危険物の数量
製造所	指定数量の3,000倍以上
一般取扱所	
移送取扱所	指定数量以上

保安検査 　　　重要度 B

　政令で定める大規模な**屋外タンク貯蔵所**と**移送取扱所**は、市町村長等が行う保安に関する検査を受けることが義務づけられています。この検査を**保安検査**といいます。これらの施設は、設備の不備などによって事故が発生した場合の被害や社会的影響が非常に大きいからです。

　①定期保安検査　→　定期的（対象；屋外タンク貯蔵所、移送取扱所）
　②臨時保安検査　→　不等沈下により漏えいのおそれがある場合
　　　　　　　　　　（対象；屋外タンク貯蔵所）

立入検査 　　　重要度 A

　市町村長等は、危険物による火災防止のために必要があると認めるときは、**立入検査**ができます。

市町村長ができること	消防職員ができること
①資料提示を命令、報告を求める ②消防職員の立ち入りを認める	①貯蔵所等に立入検査する ②関係者に質問する ③危険物を収去する

◆立入検査の際の注意事項

①市町村長等の定める証票を関係者に示さなければならない（**証票表示の義務**）

②関係者の業務を妨害してはならない（**業務妨害の禁止**）

③検査又は質問を行った場合に知り得た秘密を、みだりに他に漏らしてはならない（**秘密保持の義務**）

消防吏員又は警察官は、火災防止のためにとくに必要があると認めるときは、走行中の移動タンク貯蔵所を**停止**させ、乗車している危険物取扱者に対して**危険物取扱者免状の提示**を求めることができます。

練習問題

予防規程に関する記述として、次のうち正しいものはどれか。

(1) 予防規程を定めたときは、市町村長等の許可を得なければならない。
(2) 都道府県知事は、火災の予防のため必要があるときは、予防規程の変更を命じることができる。
(3) 予防規程を変更したときは、市町村長等の承認を得なければならない。
(4) 予防規程の遵守義務が定められているのは、製造所等の所有者、管理者又は占有者だけである。
(5) 予防規程は、危険物の貯蔵又は取扱いの技術上の基準に適合していなければならない。

(1) 許可ではなく、認可。(2) 都道府県知事ではなく、市町村長等。(3) 承認ではなく、認可。(4) 従業者も予防規程の遵守義務者とされている。(5) もし適合していなければ、市町村長等の認可が受けられない。

正解 (5)

製造所等の構造と設備

1 保有空地と保安距離

保有空地　　　重要度 A

(1) 保有空地とは

消火活動を行ったり延焼を防止したりするために、**製造所等の周囲に確保しなければならない空地**のことを**保有空地**といいます。保有空地には、物品は一切置けません。

製造所等のなかには、保有空地が必要ないところもあり、また、必要とされる製造所等でも、その種類、貯蔵する危険物の倍数、建築物の構造等によって、確保すべき保有空地の幅は異なります。

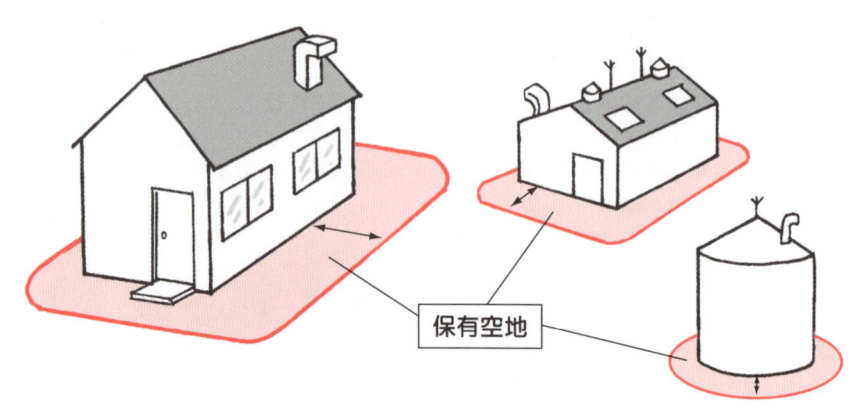

■製造所・一般取扱所の保有空地

危険物の区分	空地の幅
指定数量の倍数が**10以下**の製造所等	3m以上
指定数量の倍数が**10を超える**製造所等	5m以上

（2）保有空地を必要とする製造所等

必要とする製造所等	必要としない製造所等
製造所 屋内貯蔵所 屋外貯蔵所 屋外タンク貯蔵所 簡易タンク貯蔵所（屋外に設けるもの） 一般取扱所 移送取扱所（地上設置のもの）	屋内タンク貯蔵所 地下タンク貯蔵所 移動タンク貯蔵所 給油取扱所 販売取扱所 ※保有空地を**必要としない**製造所等5つを覚えましょう。

🔥 保安距離　　　　　　　　　　　重要度 A

（1）保安距離とは

　付近の住宅、学校、病院など（これらを**保安対象物**という）に対して、製造所等の火災や爆発などの影響が及ばないよう、それらと製造所等との間に確保しなければならない距離のことを**保安距離**といいます。

　具体的には、保安対象物から製造所等の外壁（又はこれに相当する工作物の外側）までの距離ということになります。

　この保安距離と保有空地とは、製造所等の「位置」に関する基準として、政令及び規則に規定されています。

（2）保安距離を必要とする製造所等

必要とする製造所等	必要としない製造所等
製造所 屋内貯蔵所 屋外貯蔵所 屋外タンク貯蔵所 一般取扱所 ※保安距離を**必要とする**製造所等5つを覚えましょう。	屋内タンク貯蔵所 地下タンク貯蔵所 移動タンク貯蔵所 簡易タンク貯蔵所 給油取扱所 販売取扱所 移送取扱所

(3) 保安対象物からの保安距離

保安対象物ごとに政令・規則で定められている保安距離は、原則として次のとおりです。

> 学校には**大学・予備校**は**入らない**。

保安対象物の種類	保安距離
①一般の住宅	10m以上
②学校、病院、劇場その他多数の人を収容する施設 　　小学校・中学校・高校・幼稚園等の学校、 　　保育所等の児童福祉施設、老人福祉施設、 　　障害者支援施設、病院、映画館　など	30m以上
③重要文化財などに指定された建造物	50m以上
④高圧ガス、液化石油ガスなどを貯蔵又は取扱う施設	20m以上
⑤特別高圧架空電線	
使用電圧 7,000ボルト超～35,000ボルト以下	水平距離で3m以上
使用電圧 35,000ボルト超	水平距離で5m以上

なお、①～③の建築物は、防火上有効な塀を設けることなどにより、市町村長等が安全と認めた場合は、市町村長等が定めた距離を保安距離とすることができます。

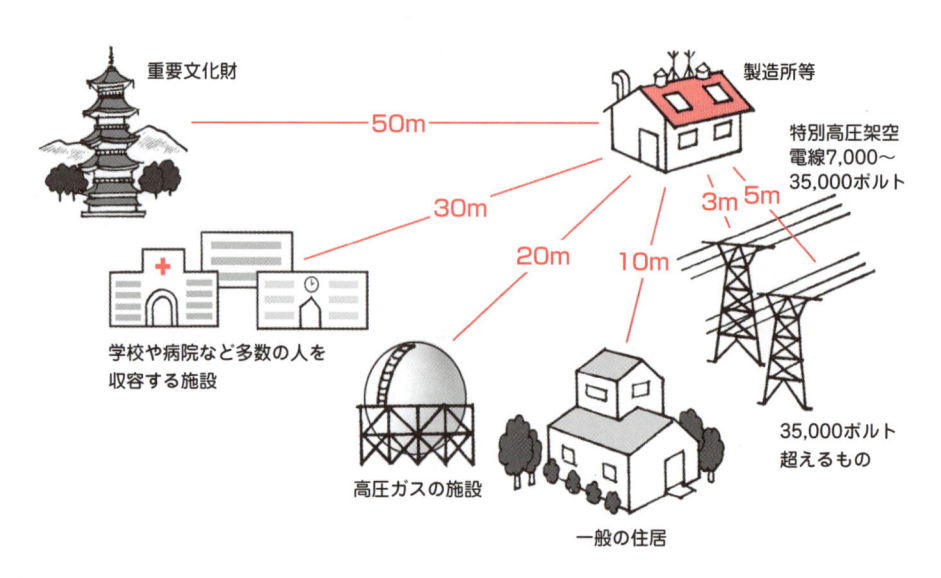

重要文化財 — 50m — 製造所等
学校や病院など多数の人を収容する施設 — 30m
高圧ガスの施設 — 20m
一般の住居 — 10m
特別高圧架空電線7,000～35,000ボルト — 3m
35,000ボルト超えるもの — 5m

避雷設備（避雷針） 重要度 A

指定数量の倍数が**10以上**の危険物を貯蔵し、又は取扱う製造所では、火災を防ぐために、総務省令で定める避雷装置を設けなければなりません。

■避雷設備が必要な施設

指定数量の倍数が**10以上**である**屋内貯蔵所**
指定数量の倍数が**10以上**である**屋外タンク貯蔵所**
指定数量の倍数が**10以上**である**一般取扱所**
指定数量の倍数が**10以上**である**製造所**

ただし、周囲の状況により安全上支障がない場合は、この限りではありません。

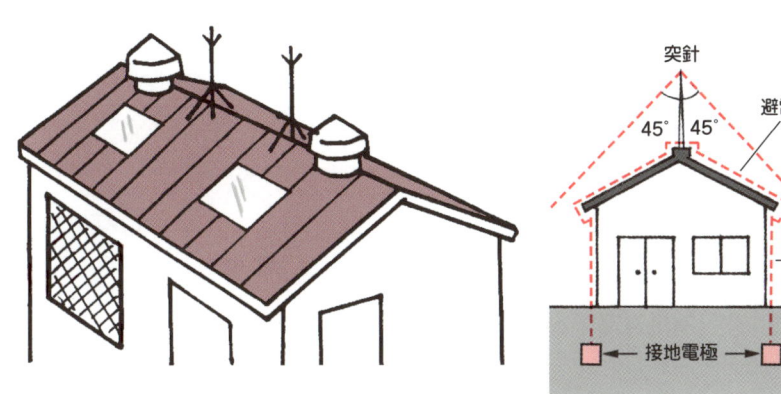

練習問題

政令で定める製造所等が一定の保安距離を保たなければならない対象物と、その保安距離の組合せとして、次のうち誤っているものはどれか。

(1) 小学校　　　　30m以上
(2) 重要文化財　　50m以上
(3) 一般の住宅　　10m以上
(4) 病院　　　　　20m以上
(5) 高圧ガス施設　20m以上

病院からの保安距離は30m以上が原則である。　**正解 (4)**

Lesson 5 製造所等の構造と設備

2 製造所等の基準

製造所の位置・構造・設備 　重要度 A

　ここでは、貯蔵所や取扱所を含む「製造所等」ではなく、危険物を製造するため、1日に指定数量以上の危険物を取扱う製造所について学習します。

(1) 位置

　製造所は保有空地・保安距離を必要とします。製造所の危険物を取扱う建築物その他の工作物の周囲に確保すべき保有空地の幅は、次のとおりです。

指定数量の倍数が**10以下**の製造所	**3m以上**
指定数量の倍数が**10を超える**製造所	**5m以上**

　なお防火上、有効な隔壁を設けた場合にはこの限りではありません。また、危険物を製造する製造所は、標識と防火関連事項の掲示板を設けなければなりません。

(2) 構造

　製造所の危険物を取扱う建築物の構造に関する主な基準は、次のとおりです。

①**壁**、**柱**、**床**、**はり**及び**階段**を**不燃材料**でつくるとともに、延焼のおそれのある外壁を、出入り口以外の開口部がない**耐火構造**の壁にすること。「延焼のおそれのある外壁」とは、隣地境界線等から3m

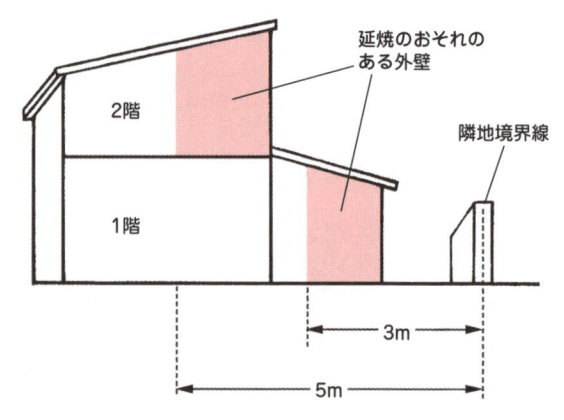

(2階以上では5m）以下の距離にある外壁部分のことをいいます。
② 窓と出入り口には防火設備（防火戸）を設け、延焼のおそれのある外壁に設ける出入り口には、随時開けられる自動閉鎖の特定防火設備を設ける。窓と出入り口にガラスを用いる場合は、網入りガラスにすること。

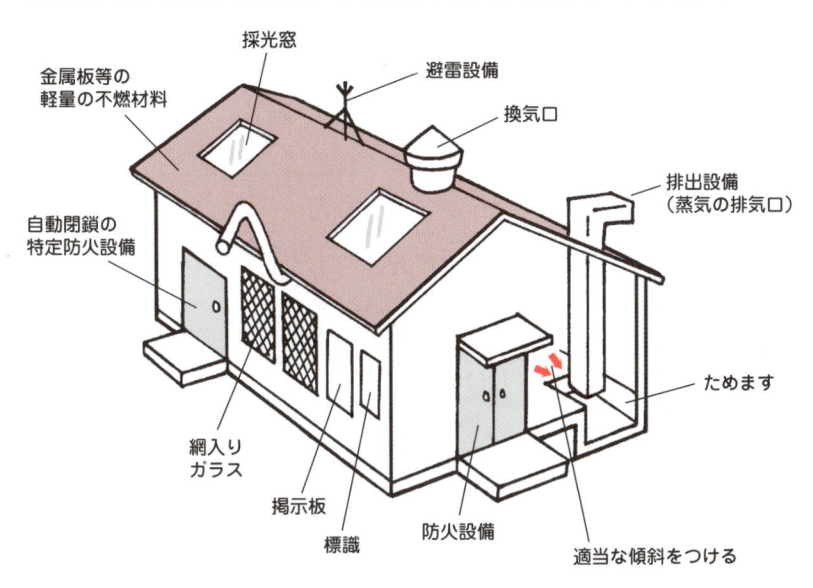

図中ラベル：採光窓／避雷設備／換気口／排出設備（蒸気の排気口）／金属板等の軽量の不燃材料／自動閉鎖の特定防火設備／網入りガラス／掲示板／標識／防火設備／ためます／適当な傾斜をつける

③ 屋根を不燃材料でつくり、金属板その他の軽量な不燃材料でふくこと。軽量にするのは、建物内で爆発がおきても爆風が上に抜けるようにするためです。
④ 床は危険物が浸透しない構造とし、床面には適当な傾斜をつけ、また、ためます（貯留設備）を設けること。
⑤ 地階（地盤面以下の階）がないものであること。
なお、製造所には、最大床面積を規制する規定はありません。

POINT

① 鉄筋コンクリート造り、れんが造りなどのことを、耐火構造という。
②「屋根は不燃材料でつくるとともに、金属板その他の軽量な不燃材料でふくこと」とは吹き抜け屋根のこと。内部で爆発がおきたとき、圧力を上方に逃がして、横方向への被害を少なくする構造。

(3) 設備

製造所等の設備に関する主な基準は、次のとおりです。

① 必要な**採光**、**照明**、**換気**の設備を設ける。

② **可燃性の蒸気**や**可燃性の微粉**が滞留するおそれのある場合には、その蒸気や微粉を**屋外の高所に排出する**設備を設ける。

③ 危険物を加熱もしくは冷却する設備、又は温度変化がおこる設備には、**温度測定装置**を設ける。

④ 危険物を加圧する設備、又は危険物の圧力が上昇するおそれのある設備には、**圧力計**と**安全装置**を設ける。

⑤ 危険物を取扱うにあたって**静電気**が発生するおそれのある設備には、当該設備に蓄積される静電気を有効に**除去する装置**を設ける。

⑥ **指定数量の倍数が10以上**の製造所には、**避雷設備**を設ける。

⑦ 電気設備は、電気工作物にかかわる法令の規定によるものとする。

🔥 配管に関する基準　　重要度 ▶ A

製造所についての規定には、製造所以外の危険物施設に準用されるものが数多くあります。**配管に関する基準**もその一つです。

試験では、製造所の設備の一部ではなく、より一般的に危険物を取扱う配管に関して出題されることがよくあります。

政令及び規則により、危険物を取扱う配管の位置、構造及び設備の基準として定められている内容は、次のとおりです。

① 設置条件や使用状況に照らして十分

な強度を必要とし、また配管に係る最大常用圧力の**1.5倍以上**の圧力で水圧試験を行ったとき、**漏えいその他の異常がないもの。**
② 危険物や火災の熱によって、**劣化**や**変形**のおそれのないもの。
③ 配管には**外面の腐食を防止**するための措置を講じること。
④ 配管を地下に設置する場合、**接合部分からの危険物の漏えい**を点検できる措置を講じること。また、その**上部の地盤面にかかる重量**が配管にかからないよう保護すること。
⑤ 配管を地上に設置する場合には、地震、風圧、地盤沈下、温度変化による伸縮等に対し、安全な構造の**支持物**（鉄筋コンクリート造りなど）で支持すること。

> （吹き出し）配管は、地震、風圧、火災の熱、地盤沈下に耐えられます

練習問題

製造所の位置、構造及び設備に関する基準として、次のうち誤っているものはどれか。

(1) 可燃性蒸気が滞留するおそれのある建築物には、その蒸気を屋外の高所に排出する設備を設けること。
(2) 静電気が発生するおそれのある設備には、その設備に蓄積される静電気を有効に除去する装置を設けること。
(3) 指定数量の倍数が10を超える製造所では、危険物を取扱う建築物の周囲に確保すべき空地の幅は、5m以上が原則である。
(4) 建築物の屋根は、金属板その他の重量がある不燃材料でふくこと。
(5) 延焼のおそれのある外壁に設ける出入り口には、随時開けられる自動閉鎖の特定防火設備を設けること。

危険物を取扱う建築物の屋根は、もし内部で爆発がおきた場合でも、爆風が上（空のほう）に抜けるよう軽量にするためである。　**正解 (4)**

Lesson 5 製造所等の構造と設備

3 屋内貯蔵所

屋内貯蔵所の位置と構造　重要度 B

(1) 位置

　屋内貯蔵所は、保有空地・保安距離（製造所に準じる）を必要とします。**貯蔵倉庫**の周囲に確保すべき保有空地の幅について、壁・柱・床が耐火構造の場合と、それ以外の場合とに分け、指定数量の倍数に応じて政令で定められています。

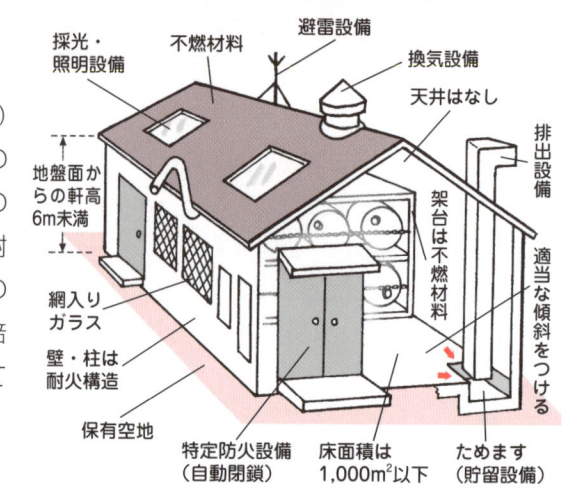

図中ラベル：採光・照明設備／不燃材料／避雷設備／換気設備／天井はなし／排出設備／地盤面からの軒高6m未満／架台は不燃材料／適当な傾斜をつける／網入りガラス／壁・柱は耐火構造／保有空地／特定防火設備（自動閉鎖）／床面積は1,000m²以下／ためます（貯留設備）

(2) 構造と設備

貯蔵倉庫の構造に関する主な基準は、次のとおりです。
① 独立した専用の建築物とする。
② 地盤面から軒までの高さが6m未満の**平屋建**とし、**床**を**地盤面から上**に設ける。
③ **床面積を1,000m²以下**とする。
④ **壁**、**柱**、**床**を**耐火構造**とし、はりを不燃材料でつくる。
⑤ **屋根**を**不燃材料**でつくり、軽量な金属板などの不燃材料でふき、**天井を設けない**。
⑥ 窓及び出入り口には防火設備を設け、延焼のおそれのある外壁に設ける出入り口には随時開けられる自動閉鎖の特定防火設備を設ける。
⑦ **液状の危険物**の貯蔵倉庫の**床**は危険物が**浸透しない**構造にし、適当な傾斜をつけて貯留設備を設ける。

- **耐火構造**とは、通常の火災が終了するまでの間、建築物の倒壊及び延焼を防止するために、建築物に必要とされる耐火性能に関して政令で定める技術的基準に適合する構造のことをいいます。国土交通大臣が定めた構造方法を用いるものか、その認定を受けたものをいいます。

- **不燃材料**とは、通常の火災時の火熱で燃焼しない不燃性能に関して、政令で定める技術的基準に適合するものをいいます。国土交通大臣が定めたものか、その認定を受けたものをいいます。

貯蔵倉庫の設備に関する主な基準は、次のとおりです。
①危険物を貯蔵又は取扱うために必要な**採光、照明、換気**の設備を設ける。
②**引火点70℃未満**の危険物の貯蔵倉庫の場合は、内部に滞留した**可燃性の蒸気**を**屋根上に排出する**設備を設ける。
③**指定数量の倍数が10以上**の貯蔵倉庫には、**避雷設備**を設ける。

練習問題

灯油を貯蔵する屋内貯蔵所の構造及び設備の基準に関する記述として、次のうち誤っているものはどれか。

(1) 貯蔵倉庫は、独立した専用の建築物とすること。
(2) 貯蔵倉庫の床面積は、1,000m²を超えないこと。
(3) 貯蔵倉庫の内部に滞留した可燃性蒸気を屋根上に排出する設備を設ける必要はない。
(4) 指定数量の倍数が10以上ならば、貯蔵倉庫に避雷設備を設けること。
(5) 貯蔵倉庫の床を危険物が浸透しない構造にするとともに、適当な傾斜をつけ、貯留設備を設けること。

灯油は第2石油類（引火点70℃未満）なので、滞留した可燃性蒸気を屋根上に排出する設備が必要。　**正解 (3)**

Lesson 5 製造所等の構造と設備

4 屋外貯蔵所

屋外貯蔵所の位置と構造 重要度 A

　屋外貯蔵所は危険物の野外保管場なので、引火点が低い、水と反応するなど危険性の高いものは貯蔵できません。そのため、貯蔵できる危険物が限定されている、ということはすでに学習しました。

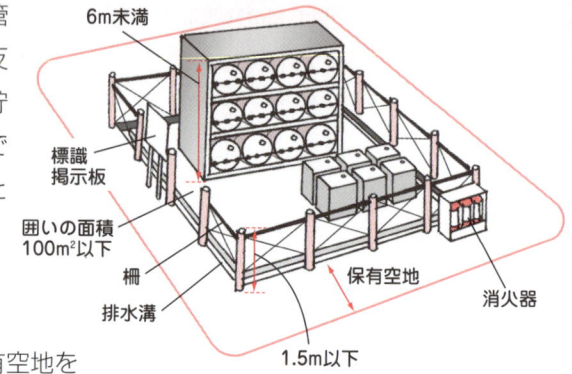

（図：屋外貯蔵所　6m未満、標識掲示板、囲いの面積100m²以下、柵、排水溝、1.5m以下、保有空地、消火器）

(1) 位置

　屋外貯蔵所は、保安距離、保有空地を必要とします。
　保安距離は、製造所の基準と同じです。
　危険物を貯蔵又は取扱う場所の柵等の周囲に確保しなければならない保有空地の幅は、原則として右のとおりです。

指定数量の倍数	保有空地の幅
10以下	3m以上
10を超え20以下	6m以上
20を超え50以下	10m以上
50を超え200以下	20m以上
200を超える	30m以上

(2) 構造と設備

　危険物を容器に収納して貯蔵又は取扱う屋外貯蔵所の、構造と設備に関する主な基準は次のとおりです。
　①湿潤でない、水はけのよい場所に設置する。
　②危険物を貯蔵又は取扱う場所の周囲には柵等を設け明確に区画する。
　③架台（ラック）を設ける場合は、架台を不燃材料でつくり、堅固な地盤面に固定する。
　④架台の高さは6m未満とし、危険物を収納した容器が容易に落下しない措置を講じる。

⑤架台は、それ自体の重さや附属設備、貯蔵する危険物、風荷重、地震などの荷重によって生じる力に堪えられる、安全なものとする。

なお、屋外貯蔵所のうち、塊状の硫黄等だけを地盤面に設けた囲いの内側で貯蔵又は取扱うものについては、以下のような基準が定められています。

- 一つの囲いの面積は**100m²以下**とする。囲いを複数設ける場合は、それぞれの囲いの内部を合計した面積は**1,000m²以下**とし、隣接する囲いとの間隔を保有空地の**3分の1以上**とする。
- 囲いは、不燃材料でつくるとともに、硫黄等が漏れない構造とする。
- 囲いの高さは**1.5m以下**とする。
- 囲いには、硫黄等があふれたり飛散したりするのを防止するためのシートを固着する装置を設ける。
- 硫黄等を貯蔵又は取扱う場所の周囲には、**排水溝**及び**油分離槽**を設ける。

また、高引火点危険物のみを対象とする屋外貯蔵所に特例が定められているほか、第2類の危険物のうち引火性固体（引火点が21℃未満のもの）、または第4類の危険物のうち第1石油類もしくはアルコール類を対象とする屋外貯蔵所についても特例が定められています。

練習問題

危険物を容器に収納して貯蔵又は取扱う、屋外貯蔵所の構造及び設備の基準に関する記述として、次のうち誤っているものはどれか。

(1) 危険物を貯蔵又は取扱う場所の周囲には、柵等を設けて明確に区画すること。
(2) 湿潤でなく、かつ、排水のよい場所に設置すること。
(3) 屋根は不燃材料でつくるとともに、金属板などの軽量な不燃材料でふき、天井を設けないこと。
(4) 架台を設ける場合、その高さを6m未満にすること。
(5) 架台は不燃材料でつくるとともに、堅固な地盤面に固定すること。

(3) 屋外貯蔵所に屋根や天井はない。これは屋内貯蔵所（貯蔵倉庫）の構造に関する基準である。

正解 (3)

Lesson 5 製造所等の構造と設備

5 屋外タンク貯蔵所

🔥 屋外タンク貯蔵所の位置と構造　重要度 A

(1) 位置

　屋外タンク貯蔵所は、保安距離及び保有空地を必要とします。この場合、**保安距離**は学校や病院などの保安対象物から**屋外貯蔵タンクの側板まで**の距離ということになります。
一方、**保有空地**については、危険物の指定数量の倍数に応じて、屋外貯蔵タンクの側板からそれぞれ一定の幅を確保するよう定められています。

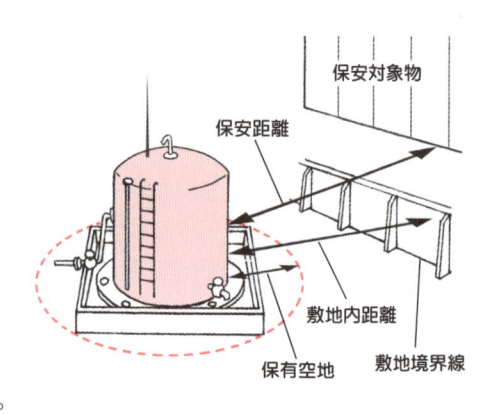

　このほか、屋外タンク貯蔵所だけに義務づけられた**敷地内距離**もあります。これは、屋外貯蔵タンクの側板から**敷地境界線まで**の距離をいい、屋外貯蔵タンクの火災の延焼防止のために確保するものです。タンクの規模や、貯蔵する危険物の引火点に応じて、その距離が定められています。

■敷地内距離

対照区分 貯蔵する 危険物の引火点	① 1,000kℓ以上の屋外貯蔵タンクの敷地内距離	② ①以外の屋外貯蔵タンクの敷地内距離
21℃未満	1.8D、H、50mのうち最大の数値以上の距離	1.8D又はHのうち大きい数値以上の距離
21℃以上70℃未満	1.6D、H、40mのうち最大の数値以上の距離	1.6D又はHのうち大きい数値以上の距離
70℃以上	1.0D、H、30mのうち最大の数値以上の距離	1.0D又はHのうち大きい数値以上の距離

①は石油コンビナート等災害防止法による第1種・第2種事業所にあるもの。
D；タンクの直径（横型タンクの場合はタンクの横の長さ）　H；タンクの地盤面からの高さ

(2) 構造と設備

屋外貯蔵タンクの構造に関する主な基準は、次のとおりです。

① 屋外貯蔵タンクは、原則として**厚さ3.2mm以上の鋼板**でつくる。ただし、屋外貯蔵タンクのうち「特定屋外貯蔵タンク」（1,000kℓ以上の液体危険物タンク）と「準特定屋外貯蔵タンク」（500kℓ以上1,000kℓ未満の液体危険物タンク）については、より厳しい基準が定められている。

② 圧力タンクを除くタンクの場合は水張試験で、圧力タンクの場合には**最大常用圧力の1.5倍の圧力で10分間行う水圧試験**で、それぞれ漏れ又は変形しないものである。

③ 危険物の爆発等で**タンク内の圧力が異常に上昇**した場合に、内部のガス又は蒸気を**上部に放出**できる構造にする。

④ 屋外貯蔵タンクは、外面にさび止めの塗装を施し、底面を地盤面に接して設ける場合には、底板の外面の腐食を防止するための措置を講じる。

また、設備に関する主な基準は、次のとおりです。

① 圧力タンクを除くタンクには**通気管**（無弁通気管又は大気弁付通気管）を設け、圧力タンクには**安全装置**を設ける。

② 液体危険物の屋外貯蔵タンクには、**危険物の量を自動的に表示する装置**を設ける。

③ 液体危険物の屋外貯蔵タンクの**注入口**は、火災予防上支障のない場所に設け、注入ホース又は注入管と結合でき、危険物が漏れないものにする。

④ 屋外貯蔵タンクの**ポンプ設備**の周囲には、**3m以上の空地**を保有する。

⑤ 屋外貯蔵タンクの配管の基準は、原則として製造所のものと同じ。

⑥ 指定数量の倍数が**10以上**の屋外タンク貯蔵所には、**避雷設備**を設ける。

(3) 防油堤の基準

液体危険物の屋外貯蔵タンクの周囲には、危険物が漏れた場合にその流出を防止するための**防油堤**を設けなければなりません。

①防油堤の容量について

引火点を有する液体危険物の屋外貯蔵タンクの周囲に設けられる場合は、防油堤の容量をその**タンクの容量の110%以上**（引火点のない液体危険物の場合は100%）とすること。

また、1つの防油堤内に、引火点のある液体危険物の屋外貯蔵タンクが**複数ある**場合には、そのうち**容量が最大のタンクの容量の110%以上**とすること。

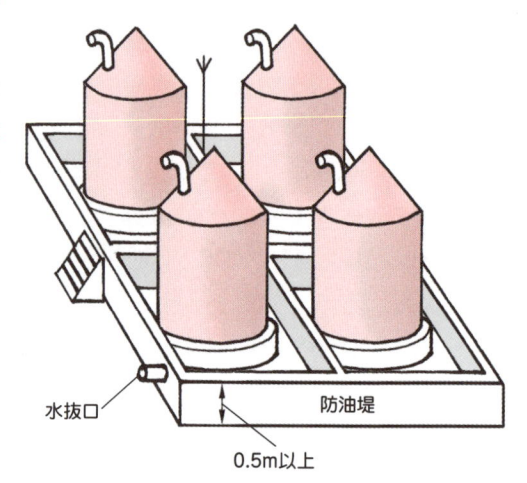

例 容量300kℓの灯油タンクと容量400kℓの軽油タンクがある場合
⇨ 容量が最大なのは軽油タンクのほうなので、400kℓの110%で、440kℓ以上の容量の防油堤を2つのタンクの周囲に設けることになります。

②**防油堤の高さは0.5m以上**であること。
③**防油堤内の面積は80,000m²以下**であること。
④防油堤内に設置する**タンクの数**は、原則として**10以下**であること。
⑤防油堤は、鉄筋コンクリート又は土でつくり、かつ、その中に収納された危険物が**防油堤の外に流出しない構造**であること。
⑥防油堤の内部に、滞水を排水するための**水抜口**を、また外部には開閉する弁等を、それぞれ設けること。
⑦高さが**1mを超える**防油堤には、堤内に出入りするための**階段**をおおむね**30mごと**に設置し、又は土砂の盛上げ等を行うこと。

（③と④は、引火点を有しない液体危険物のタンクには準用されません。）

(4) 通気管

　圧力タンクには安全装置を、圧力タンク以外のタンクには通気管を、それぞれ設置する必要があります。通気管の必要な施設は**屋外タンク貯蔵所**、**屋内タンク貯蔵所**、**地下タンク貯蔵所**、**簡易タンク貯蔵所**の4つです。

　通気管に関する主な基準は、次のとおりです。

①直径は**30mm以上**にし、滞油するおそれのある屈曲をさせない。

②先端は、水平より下に**45度以上**曲げ、雨水の侵入を防ぐ構造とし、先端には細目の銅網などの引火防止装置を設ける。

③先端は、屋外の地上**4m以上**の高さにし、建築物の開口部から**1m以上**離す。引火点が40℃未満の危険物のタンクの通気管は、敷地境界線から**1.5m以上**離す。

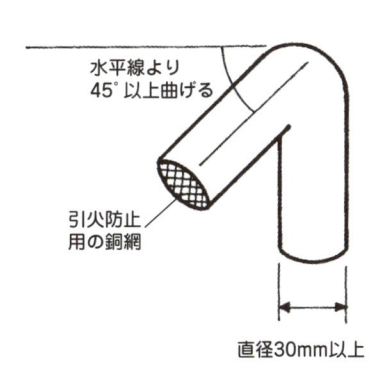

水平線より45°以上曲げる
引火防止用の銅網
直径30mm以上

練習問題

屋外タンク貯蔵所の防油堤の基準に関する記述として、次のうち誤っているものはどれか。

(1) 防油堤の高さは0.5m以上とする。
(2) 高さが1mを超える防油堤には、堤内に出入りするための階段を30mごとに設置する。
(3) 防油堤を鉄筋コンクリートでつくり、防油堤内に収納された危険物が外に流出しない構造にする。
(4) 防油堤は、引火点を有する液体の危険物の屋外貯蔵タンクの周囲にのみ設ける。
(5) 防油堤の内部の滞水を外部に排水するための水抜口を設けるとともに、これを開閉する弁を防油堤の外部に設ける。

正解 (4)

防油堤は、引火点のない液体危険物のタンクの周囲にも設ける必要がある。

6 屋内タンク貯蔵所

Lesson 5 製造所等の構造と設備

🔥 屋内タンク貯蔵所の位置と構造　重要度▶ B

(1) 位置
屋内タンク貯蔵所は、保有空地、保安距離を必要としません。

(2) 構造と設備
屋内タンク貯蔵所の構造に関する主な基準は、次のとおりです。

①屋内貯蔵タンクは、**平屋建の建築物に設けられたタンク専用室**に設置する。タンク専用室の壁、柱及び床は耐火構造とし、はり及び屋根を不燃材料でつくり、天井を設けない。

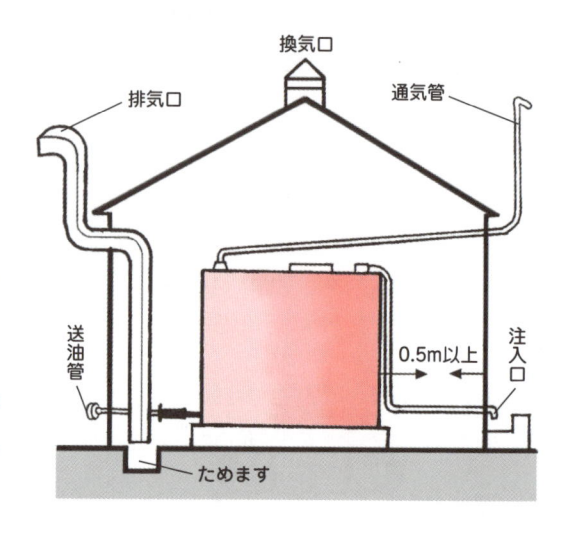

なお、引火点が40℃以上の第4類危険物だけを貯蔵又は取扱うタンク専用室は、平屋建以外の建築物にも設置でき、この場合は壁、柱及び床のほか、はり、タンク専用室の上階の床も耐火構造とします。

②**屋内貯蔵タンクとタンク専用室の壁との間**、及び同一のタンク専用室に2以上の屋内貯蔵タンクを設置する場合の**タンク相互間**は、**0.5m以上**の間隔を保つ。

③**屋内貯蔵タンクの容量**（複数設置する場合はそれらの総計）は、**指定数量の40倍以下**とする。しかも、第4石油類及び動植物油類以外の第4類危険物の場合は**20,000ℓ以下**とする。

④液状の危険物の屋内貯蔵タンクを設置するタンク専用室の床は、危険物が

浸透しない構造とし、適当な傾斜をつけ、貯留設備を設けること。
屋内タンク貯蔵所の設備に関する主な基準は、次のとおりです。

① **屋内貯蔵タンク本体**の構造やその**注入口**等については、屋外貯蔵タンクの基準を準用する。
② **配管**については、製造所の基準を準用する。
③ **採光**、**照明**、**換気**及び**排出設備**は、屋内貯蔵所の基準を準用する。
④ 液体危険物の屋内貯蔵タンクには、**危険物の量を自動的に表示する装置**を設ける。
⑤ 屋内貯蔵タンクのうち、圧力タンクには**安全装置**を設け、圧力タンクを除くタンクには**無弁通気管**を設ける。

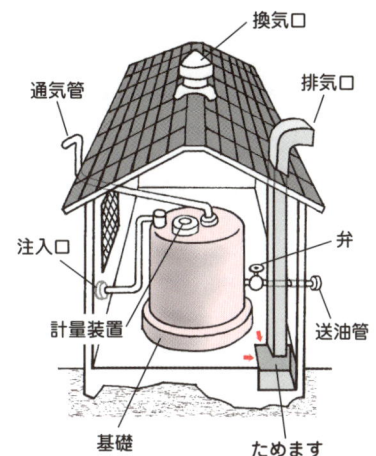

練習問題

屋内タンク貯蔵所の構造及び設備の基準に関する次のA～Eの記述のうち、誤っているものはいくつあるか。

A 屋内貯蔵タンクのタンク専用室は、常に平屋建の建築物に設けなければならない。
B 液体危険物の屋内貯蔵タンクには、危険物の量を自動的に表示する装置を設けなければならない。
C 同一のタンク専用室に屋内貯蔵タンクを2以上設置する場合は、それらのタンクの容量がそれぞれ指定数量の40倍以下であればよい。
D 屋内貯蔵タンクとタンク専用室の壁との間に0.5m以上の間隔を保つ。
E 液状の危険物のタンクを設置するタンク専用室の床は、危険物が浸透しない構造にするとともに、適当な傾斜をつけ、貯留設備を設ける。

(1) 1つ　(2) 2つ　(3) 3つ　(4) 4つ　(5) 5つ

A：平屋建以外の建築物に設置できる場合もある。C：それぞれのタンクではなく、すべてのタンクの容量の総計で40倍以下とする。

正解 (2)

Lesson 5 製造所等の構造と設備

7 地下タンク貯蔵所

地下タンク貯蔵所の位置と構造　重要度 A

(1) 位置

地下タンク貯蔵所は、保有空地、保安距離を必要としません。

(2) 構造と設備

危険物を貯蔵又は取扱う**地下貯蔵タンク**の構造及び設置方法に関する主な基準は、次のとおりです。

①地下貯蔵タンクは、原則として**地盤面下のタンク室**に設置する。ただし、**二重殻タンク**であれば直接、地盤面下に埋設できる。また、厚さ**15cm以上のコンクリート**で被覆し適当な防水措置を講じれば、タンク室は必要ありません。

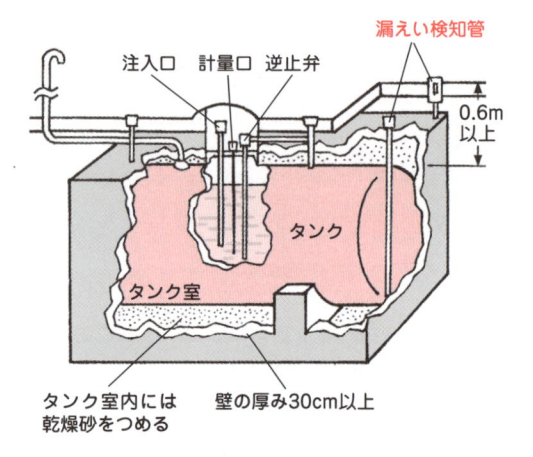

②地下貯蔵タンクの頂部は、**0.6m以上地盤面から下**とする。

地下貯蔵タンクの設備に関する主な基準は、次のとおりです。
①地下貯蔵タンクには、危険物の**漏れを探知する設備**を設ける。
②液体危険物のタンクには、危険物の**量を自動的に表示する装置**を設ける。
③配管は**タンクの頂部**に取り付けるほか、製造所の基準を準用する。
④タンクの**注入口**は**屋外**に設けるほか、屋外貯蔵タンクの基準を準用する。
⑤地下貯蔵タンクには、**通気管**又は安全装置を設ける。

（3）通気管の基準

地下貯蔵タンクに設ける通気管に関する主な基準は、次のとおりです。

① 無弁通気管の直径は **30mm以上** とする。

② 無弁通気管の先端は、水平より下に **45度以上** 曲げ、雨水の浸入を防ぐ構造とする。

③ 細目の銅網等による **引火防止装置** を設ける。

④ 先端は **屋外** で地上 **4m以上** の高さとし、建築物の窓、出入り口等の開口部から **1m以上** 離すほか、引火点が **40℃未満** の危険物のタンクに設ける場合は、敷地境界線から **1.5m以上** 離す。

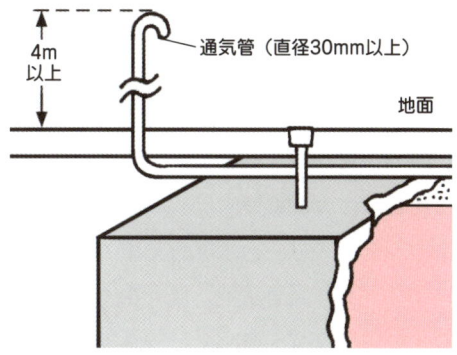

⑤ 滞油するおそれのある屈曲をさせない。

⑥ 地下の通気管については、その上部の地盤面にかかる重量がかからないよう保護するとともに、その通気管の接合部分の損傷の有無を点検できる措置を講じる。

練習問題

地下タンク貯蔵所の通気管の基準に関する記述として、次のうち誤っているものはどれか。

(1) 細目の銅網などによって、引火を防止する装置を設ける。
(2) 無弁通気管は直径30mm以上とし、先端を水平より下に45度以上曲げて雨水の浸入を防ぐ。
(3) 建築物の窓や出入り口などの開口部からは1m以上離す。
(4) 通気管の先端は屋外にあって、地上1.5m以上の高さとする。
(5) 通気管は、地下貯蔵タンクの頂部に取付ける。

通気管の先端の高さは地上1.5m以上ではなく、4m以上である。　　**正解　(4)**

Lesson 5 製造所等の構造と設備

8 移動タンク貯蔵所

移動タンク貯蔵所の位置と構造　重要度 A

(1) 位置

移動タンク貯蔵所とは、一般にタンクローリーとよばれる車両のことで、保有空地、保安距離を必要とせず、車両を駐車する常置場所が、次のように定められています。

① 屋外の場合…防火上安全な場所
② 屋内の場合…壁、床、はり及び屋根が耐火構造又は不燃材料による建築物の1階

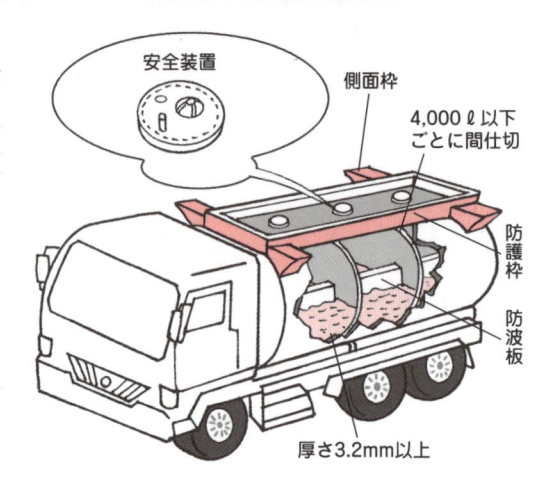

(2) 構造と設備

危険物を貯蔵又は取扱う車両に固定された移動貯蔵タンクの構造に関する主な基準は、次のとおりです。

① 移動貯蔵タンクの容量は30,000ℓ以下とし、内部には4,000ℓ以下ごとに完全な間仕切を設ける。
② 間仕切で仕切られたタンク室には、それぞれマンホールと安全装置を設けるとともに、容量2,000ℓ以上のタンク室には防波板を2箇所設ける。
③ マンホール、注入口、安全装置が上部に突出している場合はその損傷を防止するため、その周囲に防護枠を、移動貯蔵タンクの両側面の上部に側面枠を、それぞれ設ける。
④ 移動貯蔵タンクは、厚さ3.2mm以上の鋼板又はこれと同等以上の機械的性質の材料でつくる。また、圧力タンクの場合には最大常用圧力の1.5倍の、

それ以外のタンクなら**70kPa**の、それぞれ圧力で**10分間**行う水圧試験で、漏れ又は変形しないものとする。

移動貯蔵タンクの設備に関する主な基準は、次のとおりです。
① 移動貯蔵タンクの下部の**排出口**には、**底弁**とともに、非常の場合にただちにその底弁を閉鎖できる**手動閉鎖装置**及び自動閉鎖装置（不要とされる場合もある）を設ける。
② 移動貯蔵タンクの**配管**には、先端部に**弁**等を設ける。
③ ガソリン、ベンゼンなど**静電気**による災害が発生するおそれのある液体危険物の移動貯蔵タンクには、**接地導線**（アース）を設ける。

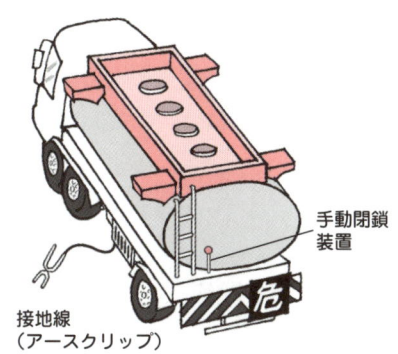

手動閉鎖装置
接地線（アースクリップ）

練習問題

移動タンク貯蔵所の位置、構造及び設備の基準として、次のうち誤っているものはどれか。

(1) 移動タンク貯蔵所は、屋外の防火上安全な場所、又は耐火構造若しくは不燃材料でつくった建築物の1階に常置しなければならない。
(2) 移動貯蔵タンクの容量は20,000ℓ以下とすること。
(3) 移動貯蔵タンクの内部には、4,000ℓ以下ごとに完全な間仕切を設けなければならない。
(4) 静電気による災害が発生するおそれのある液体危険物の移動貯蔵タンクには、接地導線を設けなければならない。
(5) 排出口の底弁には、非常の場合にただちに閉鎖できるように、原則として手動閉鎖装置及び自動閉鎖装置を設けること。

移動貯蔵タンクの容量は、30,000ℓ以下とされている。　**正解** (2)

Lesson 5 製造所等の構造と設備

9 簡易タンク貯蔵所

簡易タンク貯蔵所の位置と構造　重要度 C

(1) 位置

保安距離を必要としませんが、**屋外に設ける場合**は、危険物を貯蔵又は取扱う**簡易貯蔵タンク**の周囲に**1m以上**の保有空地を確保しなければいけません。

(2) 構造と設備

簡易貯蔵タンクの構造及び設備に関する主な基準は、次のとおりです。

①簡易貯蔵タンク1基の**容量**は、**600ℓ以下**とする。

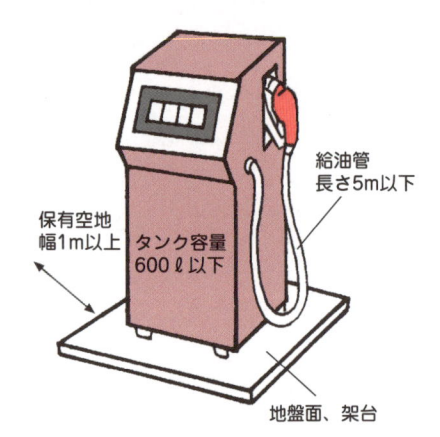

②1つの簡易タンク貯蔵所に設置できる簡易貯蔵タンクの数は**3基以内**で、しかも同一品質の危険物の簡易貯蔵タンクを2基以上設置しない。

③簡易貯蔵タンクは、容易に移動しないよう**地盤面、架台等に固定する**。

④簡易貯蔵タンクを**専用室内に設置する場合**は、タンクと専用室の壁の間隔を**0.5m以上**保つ。

⑤簡易貯蔵タンクに**給油又は注油の設備**を設ける場合は、**給油取扱所**の固定給油設備又は固定注油設備の基準を準用する。

⑥簡易タンク貯蔵所の標識と、防火関連事項の掲示板を設ける。

⑦簡易貯蔵タンクには**通気管**を設ける。

（図：給油管 長さ5m以下／保有空地 幅1m以上／タンク容量 600ℓ以下／地盤面、架台）

(3) 通気管の設置

①直径**25mm以上**、先端の高さ地上**1.5m以上**の通気管を設ける。

②給油管の長さは**5m以下**とし、給油管及びその先端に蓄積される静電気を有効に取り除く装置を設ける。

③簡易貯蔵タンクに給油又は注油のための設備を設ける場合は、給油取扱所の固定給油設備に準じる。

貯蔵タンクの容量のまとめ　重要度 B

それぞれの貯蔵タンク容量に関する規制をまとめてみます。

屋外タンク貯蔵所	（屋外貯蔵タンク）	制限なし
屋内タンク貯蔵所	（屋内貯蔵タンク）	指定数量の40倍以下
	（第4石油類及び動植物油類以外の第4類危険物）	20,000ℓ以下
地下タンク貯蔵所	（地下貯蔵タンク）	制限なし
移動タンク貯蔵所	（移動貯蔵タンク）	30,000ℓ以下
簡易タンク貯蔵所	（簡易貯蔵タンク）	600ℓ以下
給油取扱所	（専用タンク）	制限なし
	（廃油タンク）	10,000ℓ以下

練習問題

製造所等の貯蔵タンクの最大容量の規制について、次のうち誤っているものはどれか。

(1) 移動タンク貯蔵所の移動貯蔵タンクの容量は、30,000ℓ以下である。
(2) 屋内タンク貯蔵所の屋内貯蔵タンクの容量は、第4石油類及び動植物油類以外の第4類危険物については20,000ℓ以下とされている。
(3) 簡易タンク貯蔵所の簡易貯蔵タンクの容量は、600ℓ以下である。
(4) 地下タンク貯蔵所の地下貯蔵タンクと給油取扱所の専用タンクは、どちらもその容量に制限がない。
(5) 屋外タンク貯蔵所の屋外貯蔵タンクの容量は、指定数量の40倍以下とされている。

(5) 屋外タンク貯蔵所の屋外貯蔵タンクの容量には、制限はない。　正解 (5)

Lesson 5 製造所等の構造と設備

10 給油取扱所

給油取扱所の位置と構造　重要度 A

(1) 位置
給油取扱所は、保有空地、保安距離を必要としません。

(2) 構造と設備
給油取扱所の構造及び設備に関する主な基準は、次のとおりです。

①給油取扱所の給油設備は、ポンプ機器及びホース機器からなる**固定給油設備**とする。
自動車等の燃料タンクに直接給油するための設備で、地面に固定するもののほか、天井から吊り下げる懸垂式のものもある。

②固定給油設備のホース機器の周囲（懸垂式ならホース機器の下方）には、自動車等に直接給油したり、給油を受ける自動車等が出入りしたりするための**間口10m以上、奥行6m以上**の**給油空地**を保有する。

③灯油か軽油を容器に詰め替える、又は車両に固定されたタンクに注入するための**固定注油設備**を設ける場合は、そのホース機器の周囲（懸垂式ならホース機器の下方）に、詰め替えや注入のために必要な**注油空地**を保有する。

④固定給油設備か固定注油設備に接続する**専用タンク**（容量無制限）又は**廃油タンク**（容量10,000ℓ以下）を**地盤面下に埋設して**設ける場合を除き、危険物を取扱うタンクは設けない。

⑤固定給油設備及び固定注油設備は、漏れないなど、火災予防上安全な構造にするとともに、先端に弁のある**全長5m以下の給油ホース又は注油ホース**、及びこれらの先端に蓄積された**静電気を有効に除去する装置**を設ける。
⑥給油取扱所には、給油又はこれに附帯する業務に必要な建築物を設けられるが、以下のア〜オ以外のものや給油に差し支える設備は認められない。
　ア　給油取扱所の業務を行うための**事務所**
　イ　給油又は灯油・軽油の詰め替え（「給油等」とよぶ）のための**作業場**
　ウ　給油等のために給油取扱所に出入りする者を対象とした**店舗、飲食店**又は**展示場**（遊技場などは除く）
　エ　自動車等の**点検・整備**、又は**洗浄**を行う作業場
　オ　給油取扱所の所有者や管理者などが居住する住居等
⑦給油取扱所に設ける建築物は、**壁・柱・床・はり・屋根**を**耐火構造又は不燃材料**でつくり、**窓及び出入り口**に**防火設備**を設ける。
⑧給油取扱所の**周囲**には、火災による被害の拡大を防止するため、**高さ2m以上の塀**又は壁で、耐火構造のもの又は不燃材料でつくられたものを設ける（自動車等が出入りする側は除く）。

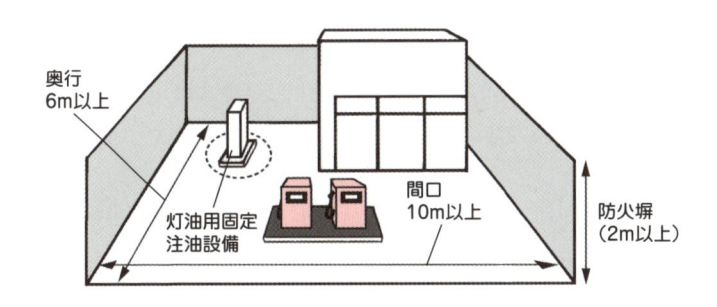

■**固定給油設備の位置（道路境界線、蒸気洗浄機、洗車機との間隔）**

固定給油設備と道路境界線		間　隔
懸垂式の固定給油設備		4m以上
その他の固定給油設備	最大給油ホースの全長が3m以下のもの	4m以上
	最大給油ホースの全長が3mを超え4m以下のもの	5m以上
	最大給油ホースの全長が4mを超え5m以下のもの	6m以上

（3）屋内給油取扱所

　給油取扱所のうち、建築物内に設置するものを**屋内給油取扱所**といいます。キャノピー（給油スペースの上部を覆う屋根）等の面積が敷地面積（事務所等の建築物の1階床面積を除く）の3分の1を超える給油取扱所も、屋内給油取扱所として扱われます。

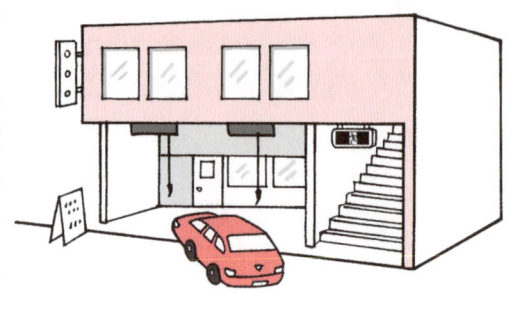

　屋内給油取扱所の位置、構造及び設備に関しては、給油取扱所のほとんどの基準が準用（（2）の⑦は除く）されるほか、より厳しい規制があります。

　①建築物の屋内給油取扱所の**壁・柱・床・はり・屋根**を**耐火構造**とし、開口部のない耐火構造の床又は壁で当該建築物の他の部分と区画されたものとする。
　②屋内給油取扱所を設置する建築物自体も壁・柱・床・はりを耐火構造とし、内部に**病院**、**福祉施設等**を設けてはならない。
　③屋内給油取扱所に上階がある場合は、危険物の漏えいの拡大や上階への延焼を防止する措置を講じる。
　④屋内給油取扱所1階の**2方向**については、自動車等の出入りする側又は通風及び避難のための空地に面し**壁を設けない**（一方だけ開放でよいとされる場合もある）。
　⑤屋内給油取扱所の専用タンクには、危険物の過剰な注入を自動的に防止する設備を設ける。

（4）顧客に自ら給油等をさせる給油取扱所

　いわゆる**セルフスタンド**のことです。基本的には給油取扱所の基準が適用されますが、特例基準として付加される主なものは次のとおりです。

　①当該給油取扱所に進入する際の見やすい箇所に、セルフスタンドである旨を表示する。
　②顧客用の固定給油設備及び固定注油設備の、周囲の地盤面には車両の停止位置又は容器の置き場所等を表示する。

③顧客用の固定給油設備及び固定注油設備には、見やすい箇所にホース機器等の使用方法及び危険物の品目を表示し、その給油（注油）ノズルは**満量となったときに自動的に停止する**構造とする。

④事務所内の制御卓またはタブレット端末（可搬式制御装置）によって、顧客の給油作業を制御する。

⑤危険物の種類に応じ、文字、文字の地（背景）または給油ホース等の設備に彩色する。

- ハイオクガソリン ⇨ 黄
- レギュラーガソリン ⇨ 赤
- 軽油 ⇨ 緑
- 灯油 ⇨ 青

練習問題

屋内給油取扱所の位置、構造及び設備について、次のA〜Eのうち誤っているものはいくつあるか。

A　屋内給油取扱所を設置する建築物内には、病院や福祉施設などがあってはならない。
B　屋内給油取扱所は、病院や福祉施設から30m以上の保安距離を確保しなければならない。
C　屋内給油取扱所の用に供する部分の上部に上階がある場合は、危険物の漏えいの拡大及び上階への延焼を防止するための措置を講じる。
D　建築物の屋内給油取扱所の用に供する部分の壁、柱、床、はりについては、耐火構造又は不燃材料でつくるものとする。
E　建築物の屋内給油取扱所の用に供する部分とその他の部分とは、開口部のない耐火構造の床又は壁で区画する。

（1）1つ　（2）2つ　（3）3つ　（4）4つ　（5）5つ

正解 (2)

B：屋内給油取扱所を含め、給油取扱所は保安距離を必要としない。D：壁・柱・床・はりは、常に耐火構造でなければならない。

Lesson 5 製造所等の構造と設備

11 販売取扱所とその他の取扱所

販売取扱所　重要度 B

(1) 位置

保有空地、保安距離を必要としませんが、第1種、第2種とも**建築物の1階**に設置しなければなりません。

第1種販売取扱所	指定数量の倍数が**15以下**のもの
第2種販売取扱所	指定数量の倍数が**15を超え40以下**のもの

(2) 構造と設備

①**第1種**販売取扱所での**耐火構造**は、**隔壁**と**上階の床**だけで、**第2種**はこれに加え**壁・柱・床・はり**と、上階がない場合には**屋根**も耐火構造にしなければなりません。

②販売取扱所の**窓**と**出入り口**には、第1種、第2種とも**防火設備**を設けなければなりません。

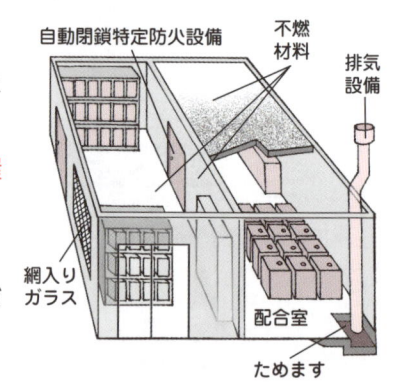

移送取扱所　重要度 C

移送取扱所の位置、構造及び設備に関する基準は、**石油パイプライン事業法**に基づく規則で詳しく定められています。ここでは、次の点だけを確認しておけば十分です。

①移送取扱所を設置してはならない主な場所
- 震災時のための避難空地
- 鉄道及び道路のトンネル内
- 高速道路や河川（横断する設置は可能）

②保安距離は必要としませんが、配管を地上に設置する場合は住宅、学校、病院等の施設に対し一定の水平距離を保つことや、配管の両側には、一定の保有空地が必要とされます。

🔥 一般取扱所　　　　　　　　　　　　　　　重要度 C

一般取扱所の位置、構造及び設備については、製造所の基準が準用されます。ただし、危険物の取扱形態や数量などによって特例基準が定められている一般取扱所もあります。ここでは、その主なものを確認しておきましょう。

①吹付け塗装作業等の一般取扱所
　塗装、印刷等のために第2類危険物又は第4類危険物（特殊引火物を除く）だけを取扱う一般取扱所で、指定数量の倍数が30未満のもの。

②ボイラー等で危険物を消費する一般取扱所
　ボイラー、バーナーなどの装置で、引火点40℃以上の第4類危険物のみを消費する一般取扱所で、指定数量の倍数が30未満のもの。

練習問題

各種取扱所について、誤っているものは次のうちどれか。

(1) 第2種販売取扱所とは、指定数量の倍数が15を超え40以下のものである。
(2) 第2種販売取扱所は、建築物の1階に設置しなければならない。
(3) 第2種販売取扱所で上階がない場合は、壁・柱・床・はりを耐火構造とすればよい。
(4) 移送取扱所で配管を地上に設置する場合は、住宅・学校・病院等の施設に対して一定の水平距離を保たなければならない。
(5) ボイラーの装置で引火点40℃以上の第4類危険物のみを消費する一般取扱所で、指定数量の倍数が30未満のものは、特例基準がある。

(3) これらのほか、屋根も耐火構造としなければならない。　**正解 (3)**

危険物の安全管理

1 消火設備

消火設備の種類　重要度 A

　製造所等の消火設備は、**第1種**から**第5種**に区分され、それぞれが適応する対象物については**政令の別表第五**に定められています。消火設備の区分は次のとおりです。

固定式のもの
- **第1種**消火設備 …… 屋内**消火栓**設備　屋外**消火栓**設備
- **第2種**消火設備 …… スプリンクラー設備
- **第3種**消火設備 …… 水蒸気**消火設備**　水噴霧**消火設備**　泡**消火設備**
　　　　　　　　　　二酸化炭素**消火設備**　ハロゲン化物**消火設備**　粉末**消火設備**

移動式のもの
- **第4種**消火設備 …… **大型消火器**
- **第5種**消火設備 …… **小型消火器**　水バケツ・水槽　乾燥砂　膨張ひる石　膨張真珠岩

■消火設備の設置基準

消火設備の種類		設置基準
第1種	屋内消火栓設備	各階ごと、階の各部分からホース接続口まで**25m以下**となるように設ける
第1種	屋外消火栓設備	防護対象物の各部分からホース接続口まで**40m以下**となるように設ける
第2種	スプリンクラー設備	防護対象物の各部分から1つのスプリンクラーヘッドまで**1.7m以下**となるように設ける
第3種	水噴霧等消火設備	放射能力に応じて有効に設ける
第4種	大型消火器	防護対象物までの**歩行距離が30m以下**となるように設ける
第5種	小型消火器	地下タンク貯蔵所、簡易タンク貯蔵所、移動タンク貯蔵所、給油取扱所、販売取扱所　｝有効に消火できる位置 その他の製造所等：防護対象物までの**歩行距離が20m以下**となるように設ける

消火の困難性

重要度 B

製造所等は、その規模や危険物の種類・倍数によって消火の困難性が異なるため、次の区分に応じて**最小限設置すべき消火設備**が定められています。

消火の困難性による区分	最小限設置すべき消火設備
①著しく消火が困難と認められるもの	第1種・第2種・第3種のうちいずれか＋第4種＋第5種
②消火が困難と認められるもの	第4種＋第5種
③①、②以外のもの	第5種

①に区分される製造所等

製造所、屋内貯蔵所、屋外貯蔵所、屋内タンク貯蔵所、屋外タンク貯蔵所、給油取扱所、一般取扱所のうち施設の規模や危険物の倍数が大きいものです。また、移送取扱所はすべて①に区分されます。

②に区分される製造所等

移送取扱所を除く①の製造所等のうち、①ほどではないが施設の規模や危険物の倍数が大きいもの（ただし、屋内タンク貯蔵所及び屋外タンク貯蔵所は①に区分されるもの以外すべて）、及び第2種販売取扱所が含まれます。

③に区分される製造所等

①と②に含まれない製造所、屋内貯蔵所、屋外貯蔵所、給油取扱所、一般取扱所のほか、地下タンク貯蔵所、簡易タンク貯蔵所、移動タンク貯蔵所、及び第1種販売取扱所です。

以上から**地下タンク貯蔵所、簡易タンク貯蔵所、移動タンク貯蔵所、第1種販売取扱所**は、その規模や危険物の倍数等にかかわらず、**第5種**の消火設備だけを設置すればよいことがわかります。

消火設備の設置方法　重要度 A

規則には第1種から第5種の消火設備の具体的な設置方法が定められていますが、ここではとくに第4種と第5種について学習します。

◆**第4種**消火設備の場合

防護対象物（消火設備によって消火すべき製造所等の建築物その他の工作物及び危険物）の各部分から1つの消火設備にいたる歩行距離が**30m以下**となるように設ける（第1種～第3種と併置する場合はこの限りでない）。

◆**第5種**消火設備の場合

地下タンク貯蔵所、簡易タンク貯蔵所、移動タンク貯蔵所、給油取扱所及び販売取扱所の場合は有効に消火できる位置に設け、その他の製造所等の場合は防護対象物の各部分から1つの消火設備にいたる歩行距離が**20m以下**となるように設ける（第1種～第4種と併置する場合はこの限りでない）。

能力単位と所要単位　重要度 A

ここまで、消火設備をどのような製造所等にどの種類を設けるべきかを学んできましたが、では、具体的にどのくらい設ければよいのでしょう。それを決める基準に、**能力単位**と**所要単位**があります。

- **能力単位**…その消火設備の消火能力を示す単位
- **所要単位**…その製造所等に必要な消火設備の消火能力を定める単位

製造所等の構造、危険物		1所要単位当たりの数値
製造所又は取扱所	外壁が耐火構造の場合	延べ面積　100m²
	それ以外の場合	延べ面積　50m²
貯蔵所	外壁が耐火構造の場合	延べ面積　150m²
	それ以外の場合	延べ面積　75m²
危険物		指定数量の　10倍

たとえば、外壁が耐火構造のある給油取扱所の事務所等が300m²で、上屋（耐火構造以外）が100m²とします。このとき、これらの所要単位は、
それぞれ**300÷100＝3**、**100÷50＝2**、**合計で5**となります。
これに第5種の消火設備（小型消火器）だけを設ける場合、その小型消火器1個の能力単位が4だとすると、それを設置する個数は

（所要単位）÷（能力単位）＝5÷4＝1.25

小数点以下を切り上げ、**2個**必要となります。

また、面積や危険物の倍数等にかかわらず消火設備が定められているものもあります。それは次のとおりです。

- **地下タンク貯蔵所**…第5種の消火設備を**2個以上**
- **移動タンク貯蔵所**…自動車用消火器のうち、粉末消火器（3.5kg以上のもの）又はその他の消火器を**2個以上**
- **電気設備**…面積**100m²ごとに1個以上**

練習問題

製造所等の消火設備に関する記述として、次のA～Eのうち誤っているものはいくつあるか。

A　第4種消火設備は、原則として防護対象物の各部分から1の消火設備にいたる歩行距離が20m以下となるように設置する。
B　外壁が耐火構造でない製造所又は取扱所の建築物は、延べ面積50m²を1所要単位とする。
C　危険物は、指定数量の100倍を1所要単位とする。
D　地下タンク貯蔵所、簡易タンク貯蔵所、移動タンク貯蔵所、第1種販売取扱所は、第5種消火設備のみを設置すればよい製造所等である。
E　地下タンク貯蔵所は、その面積や危険物の倍数などに関係なく、第5種の消火設備を2個以上設置すればよい。

（1）1つ　　（2）2つ　　（3）3つ　　（4）4つ　　（5）5つ

A：第4種の場合は30m以下。C：指定数量の100倍ではなく10倍。　　**正解 (2)**

Lesson 6 危険物の安全管理

2 標識・掲示板その他

標識・掲示板　重要度 A

(1) 標識

製造所等は、危険物の製造所等である旨を示す標識を見やすい箇所に設けなければなりません。標識には2種類あり、移動タンク貯蔵所（下記②）を除き、すべて①の形です。

① 幅0.3m以上、長さ0.6m以上の板に「危険物給油取扱所」と表示（縦・横不問）する。色は地を白色、文字を黒色とする。

（図：0.3m以上×0.6m以上「危険物給油取扱所」　地▶白　文字▶黒）

② 0.3m平方以上0.4m平方以下の、地が黒色の板に、黄色の反射塗料等で「危」と表示する。車両の前後の見やすい箇所に掲げる。

（図：0.3m以上0.4m以下「危」（移動タンク貯蔵所）　地▶黒　文字▶黄（反射塗料））

(2) 掲示板

製造所等には標識のほか、防火に関し必要な事項を表示した掲示板を見やすい箇所に設置しなければなりません。掲示板には次の①〜④があります。

なお、掲示板はすべて幅0.3m以上、長さ0.6m以上の板（縦・横不問）とされています。

（図：0.3m以上×0.6m以上　危険物の種別　第四類　危険物の品名　第一石油類（ガソリン）　貯蔵最大数量　五〇〇〇ℓ（二五倍）　危険物保安監督者　高橋太郎　地▶白　文字▶黒）

（図：0.3m以上×0.6m以上「給油中エンジン停止」　地▶黄赤色　文字▶黒）

① 危険物の品名等を表示する掲示板

掲示板の地を白色、文字を黒色として次のア〜オの事項を表示します。

ア．危険物の類（種別）
イ．危険物の品名
ウ．危険物の貯蔵（又は取扱い）最大数量
エ．危険物の指定数量の倍数
オ．危険物保安監督者の氏名又は職名

②危険物の性状に応じた注意事項を表示する掲示板

品名等を表示する掲示板のほか、貯蔵又は取扱う危険物に応じ、注意事項を表示する次のア～ウの掲示板を設けなければなりません。

ア．「**禁水**」の掲示板

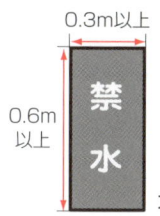

0.3m以上
0.6m以上
禁水
地▶青色
文字▶白色

- 第1類危険物のうちアルカリ金属の過酸化物かこれを含有するもの
- 第3類危険物のうち禁水性物質

（カリウム、ナトリウム、アルキルアルミニウム、アルキルリチウム）

イ．「**火気注意**」の掲示板

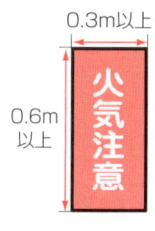

0.3m以上
0.6m以上
火気注意
地▶赤色
文字▶白色

- 第2類危険物（引火性固体以外のもの）

ウ．「**火気厳禁**」の掲示板

0.3m以上
0.6m以上
火気厳禁
地▶赤色
文字▶白色

- 第2類危険物のうち引火性固体
- 第3類危険物のうち自然発火性物質

（アルキルアルミニウム、アルキルリチウム）

- 第4類危険物
- 第5類危険物

③ 給油取扱所の掲示板

①と②のほか、給油取扱所に限り「給油中エンジン停止」と表示した掲示板を設置しなければなりません。色は地を黄赤色、文字を黒色とします。

④ タンクの注入口・ポンプ設備の掲示板

引火点が21℃未満の危険物を貯蔵又は取扱う屋外タンク貯蔵所、屋内タンク貯蔵所及び地下タンク貯蔵所のタンクの注入口及びポンプ設備には、それぞれ「屋外貯蔵タンク注入口」などと表示するほか、次の事項を表示した掲示板を設置しなければなりません。

ア．危険物の類
イ．危険物の品名
ウ．②の掲示板と同じく危険物の性状に応じた注意事項

色は地を白色、文字を黒色とします。（ただし、ウの注意事項のみ赤色とする）

警報設備・避難設備　重要度 C

(1) 警報設備

指定数量の倍数が10以上の製造所等（移動タンク貯蔵所を除く）は、火災が発生した場合に自動的に作動する警報設備を設置しなければなりません。

警報設備には、次の5種類があります。

自動火災報知設備、消防機関に報知できる電話、非常ベル装置、拡声装置、警鐘

> サイレンは警報設備に含まれません。

規則では製造所、屋内貯蔵所、屋外タンク貯蔵所、屋内タンク貯蔵所、給油取扱所、一般取扱所のうち一定のものについて自動火災報知設備の設置を義務づけ、移送取扱所を除くその他の製造所等で指定数量の倍数が10以上のものについては、消防機関に報知できる電話、非常ベル装置、拡声装置、警鐘のうち1種類以上を設けることとしています。

（2）避難設備

給油取扱所のうち特定のものについては、火災発生時の避難が容易でないと認められることから、避難設備の設置が義務づけられています。

設置対象の給油取扱所は次のとおりです。

- 建築物の2階部分を店舗や飲食店等に利用するもの
- 一方向だけ開放されている屋内給油取扱所で、敷地外に直接通じる避難口が設けられた事務所等を備えているもの

この場合の避難設備は誘導灯（「非常口」などと明記された非常電源付の電灯）で、これを出入り口や通路等に設けることとされています。

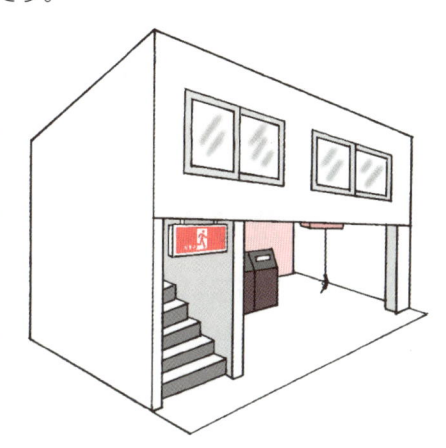

練習問題

製造所等に設ける標識・掲示板について、次のA～Eのうち誤っているものはいくつあるか。

A 移動タンク貯蔵所は、「危」と表示した標識を車両の前後の見やすい箇所に掲げなければならない。
B 第4類危険物を貯蔵し又は取扱う屋外タンク貯蔵所には、注意事項として「火気厳禁」と表示された掲示板を設けなければならない。
C 地が赤色の掲示板は、「火気厳禁」又は「禁水」を表示するものである。
D 給油取扱所が設ける掲示板は、「給油中エンジン停止」と表示した掲示板に限られている。
E 引火点21℃未満の危険物を貯蔵する地下タンク貯蔵所のタンク注入口には、「地下貯蔵タンク注入口」の表示等が記載された掲示板を設ける。

(1) 1つ (2) 2つ (3) 3つ (4) 4つ (5) 5つ

C：「禁水」ではなく「火気注意」。D：危険物の品名等や注意事項を表示する掲示板も設けなければならない。　正解 (2)

貯蔵・取扱い・運搬・移送の基準

1 貯蔵及び取扱いの基準

貯蔵及び取扱いに共通する基準　重要度 A

(1) 貯蔵及び取扱いのすべてに共通する基準

いずれの製造所等にも共通する基準です。次の項目がとくに重要です。

①許可もしくは届出された品名以外の危険物、数量や指定数量の倍数を超える危険物の貯蔵又は取扱いをしない。
　➡危険物の品名、数量又は指定数量の倍数を変更する場合は、10日前までに市町村長等に届け出る。随時変更などはできません。
②みだりに火気を使用しない。
③係員以外の者をみだりに出入りさせない。
④常に整理・清掃し、みだりに空箱その他不必要な物件を置かない。
⑤貯留設備や油分離装置にたまった危険物は、随時くみ上げる。
　➡下水道への排水の中に危険物が混入するおそれを防ぐためです。
⑥危険物のくず、かす等は1日に1回以上、その危険物の性質に応じて安全な場所で廃棄、その他適当に処置する。
⑦危険物を貯蔵又は取扱う建築物その他の工作物又設備は、危険物の性質に応じ、遮光又は換気する。

⑧危険物が残存又残存のおそれのある設備、機械器具、容器等を修理する場合は、安全な場所で、危険物を完全に除去した後で行う。
　➡修理の際、危険物が残存していると危険です。
⑨危険物を保護液中に保存する場合は、その危険物が保護液から露出しないようにする。
　➡保護液中に保存するナトリウム、カリウムなどの危険物は、保護液から露出してしまうと発火等の危険が増大します。

(2) 危険物の類ごとに共通する貯蔵及び取扱いの基準

　政令には第1類から第6類の、危険物の類ごとに共通する基準が定められています。第4類危険物については次のとおりです。
「炎、火花もしくは高温体との接近又は過熱を避けるとともに、みだりに蒸気を発生させないこと」

練習問題

危険物の貯蔵及び取扱いのすべてに共通する基準について、次のうち正しいものはどれか。

(1) 危険物のくず、かす等は、1週間に1回以上、当該危険物の性質に応じて安全な場所で廃棄するなど適当な処置をすること。
(2) 製造所等では、許可又は届出された危険物と同じ類、同じ数量でさえあれば、品名は随時変更することができる。
(3) 危険物を保護液中に保存する場合には、危険物の一部を必ず保護液から露出させておくこと。
(4) 貯留設備又は油分離装置にたまった危険物は、必ず下水道に流して処理すること。
(5) 危険物が残存している設備等を修理する場合は、安全な場所において、危険物を完全に除去した後に行うこと。

(1) 1週間ではなく、1日に1回以上。(2) 品名も数量等とともに、許可・届出の内容に制限される。(3) 全体が露出しないようにする。(4) 危険物が下水道に流れ込まないよう随時くみ上げる。

正解 (5)

🔥 貯蔵の基準

重要度 ➡ A

(1) 同時貯蔵の禁止

①危険物の貯蔵所では、危険物以外の物品は貯蔵できません。ただし、屋内貯蔵所又は屋外貯蔵所で、相互に1m以上の間隔を置く場合は、例外的に認められます。

②異類の危険物も、同一の貯蔵所（耐火構造の隔壁で完全に区分された室が複数ある貯蔵所の場合は同一の室）で、同時に貯蔵できません。
ただし、屋内貯蔵所又は屋外貯蔵所で、相互に1m以上の間隔を置く場合は、例外的に認められます。

(2) 屋内貯蔵所・屋外貯蔵所での貯蔵の基準

①屋内貯蔵所及び屋外貯蔵所では、危険物を基準に適合した容器に収納して貯蔵する。

②屋内貯蔵所又は屋外貯蔵所で危険物を貯蔵する場合では、原則として高さ3mを超えて容器を積み重ねない。

③屋外貯蔵所で、危険物を収納した容器を架台で貯蔵する場合は、6mを超える高さで貯蔵しない。

④屋内貯蔵所では、容器に収納して貯蔵する危険物の温度が55℃を超えないよう必要な措置を講じる。

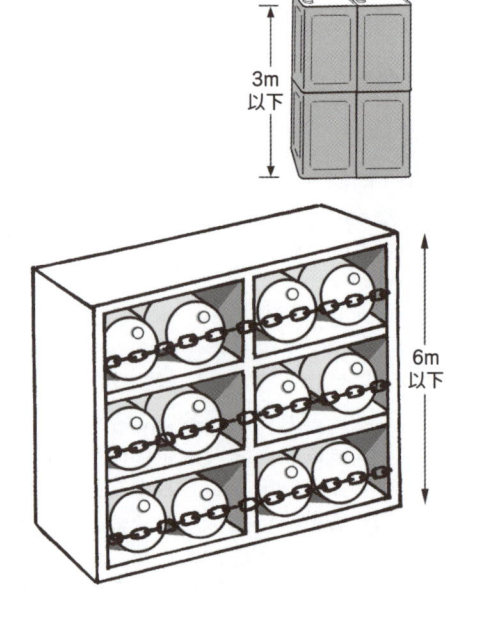

(3) 貯蔵タンクでの貯蔵の基準

①屋外貯蔵タンク、屋内貯蔵タンク、地下貯蔵タンク又は簡易貯蔵タンクの計量口は、計量するとき以外は閉鎖しておく。

②屋外貯蔵タンク、屋内貯蔵タンク又は地下貯蔵タンクの元弁、注入口の弁、

ふたは、危険物を出し入れするとき以外は閉鎖しておく。
③屋外貯蔵タンクの周囲に設ける防油堤の水抜口は、通常は閉鎖しておき、防油堤の内部に滞油、滞水した場合には遅滞なく排出させる。

(4) 移動タンク貯蔵所での貯蔵の基準

①危険物の移送で移動する移動タンク貯蔵所は、路上での立入検査等に対応するために、必要な以下ア～エの書類を常に車両に備え付けておく。
　　ア．完成検査済証　　イ．定期点検記録　　ウ．譲渡又は引渡しの届出書
　　エ．品名、数量又は指定数量の倍数の変更の届出書
②移動貯蔵タンクには、当該タンクが貯蔵又は取扱う危険物の類、品名及び最大数量を表示する。
③移動貯蔵タンクとその安全装置、その他の付属の配管は、さけめ、結合不良、極端な変形、注入ホースの切損等による漏れがおこらないようにし、タンクの底弁は使用時を除き完全に閉鎖しておく。

練習問題

危険物の貯蔵に関する基準について、次のうち正しいものはどれか。

(1) 屋内貯蔵所で第2石油類のみを貯蔵する場合は、高さ3mを超えて容器を積み重ねないこと。
(2) 屋外貯蔵所において危険物を貯蔵する場合は、原則として、容器に収納する必要はない。
(3) 類を異にする危険物は、原則として指定数量の倍数が20以下であれば同一の貯蔵所において貯蔵することができる。
(4) 屋内貯蔵所においては、容器に収納して貯蔵する危険物の温度が50℃を超えないようにすること。
(5) 屋外貯蔵タンクの周囲に設ける防油堤の水抜口は、通常は開放しておくこと。

(2) 容器に収納するのが原則。(3) 指定数量に関係なく同時貯蔵できないのが原則。(4) 50℃ではなく、55℃。(5) 通常は閉鎖しておくこと。

正解 (1)

取扱いの基準

重要度 A

（1）取扱い別の技術上の基準

　危険物の取扱いのうち製造、詰め替え、消費、廃棄については基準が特別に定められています。ここでは、よく出題される廃棄に関する基準を確認しておきましょう。

①危険物は、海中又は水中に流出させたり投下したりしない。

②焼却する場合は、安全な場所で、燃焼又は爆発によって他に危害や損害を及ぼすおそれのない方法で行い、見張人をつける。

　➡安全な場所で、他に危害・損害を及ぼさない方法でも、不測の事態に備えるため見張人は必ずつけなければなりません。

③埋没する場合は、危険物の性質に応じ、安全な場所で行う。

（2）施設区分ごとの取扱いの基準

　これまで学んできた基準のほか、給油取扱所、移動タンク貯蔵所、販売取扱所、移送取扱所の4箇所については、取扱いの基準が特別に定められています。

給油取扱所

①自動車等に給油するときは固定給油設備を使用し直接給油する。

　➡ドラム缶から手動ポンプで給油したりすることは認められません。

②自動車等に給油するときは自動車等のエンジンを停止させる。

　➡この場合は、給油する危険物の引火点にかかわらず、常にエンジンを停止させます。

③自動車等の一部又は全部が、給油空地からはみ出したままの状態で給油をしない。

④容器や車両の一部又は全部が給油空地からはみ出したまま、固定注油設備から灯油や軽油を容器に詰め替えたり、車両に固定されたタンクに注入したりしない。

⑤移動貯蔵タンクから給油取扱所の専用タンク等に危険物を注入するときは、移動タンク貯蔵所（タンクローリー）を専用タンク等の注入口付近に停車させる。

⑥給油取扱所の専用タンクか簡易タンクに危険物を注入する場合は、タンクに接続する固定給油設備や固定注油設備の使用を中止、他の自動車等をタンクの注入口に近づけない。
　➡タンクローリーが専用タンクに注入しているときは、その専用タンクに接続している固定給油設備から自動車に給油することはできません。
⑦自動車等を洗浄する場合は、引火点のある液体の洗剤は使わない。
　➡可燃性の蒸気が発生し、引火する危険性があります。
⑧物品の販売等の業務は、原則として建築物の1階だけで行う。
⑨顧客自らが給油等を行う給油取扱所で、顧客用固定給油設備を使わせる。顧客の給油作業等を適切に監視し、必要に応じて指示する。

エンジンを切らせる	給油空地に誘導する
洗剤にも注意させる	適切な指示を与える

移動タンク貯蔵所

①液体の危険物を移動貯蔵タンクから他のタンクに注入するときは、そのタンクの注入口に移動貯蔵タンクの注入ホースを緊結する。
　➡注入口と注入ホースとの結合不良による危険物の漏えいを防ぐためです。

②原則として、液体危険物を移動貯蔵タンクから容器に詰め替えないこと。ただし、引火点40℃以上の第4類危険物は、例外として認められる場合があります。

③静電気による災害が発生するおそれのある液体危険物（ガソリンなど）を移動貯蔵タンクに出し入れするときは、その移動貯蔵タンクを接地する。
　➡接地とは「アース」のことです。

④引火点40℃未満の危険物を移動貯蔵タンクから他のタンクに注入するときは、移動タンク貯蔵所のエンジンを停止させる。
　➡引火性の強いガソリンのような危険物にとっては、タンクローリーのエンジンも発火源となりうるからです。引火点が40℃以上の危険物の場合は、その必要はありません。

⑤ガソリンを貯蔵していた移動貯蔵タンクに灯油か軽油を注入するとき、または灯油か軽油を貯蔵していた移動貯蔵タンクにガソリンを注入するときには、静電気による火災を防ぐために注入速度を毎秒1m以下とするか、タンク内に可燃性のガスが残留していないことを確認してから注入しなければなりません。

エンジンを切らせる　　　　接地（アース）させる

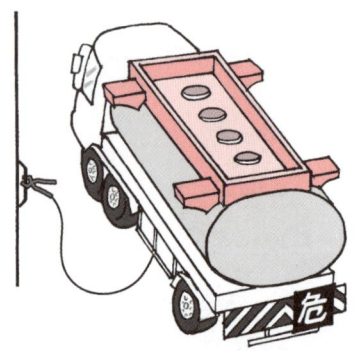

販売取扱所

第1種販売取扱所、第2種販売取扱所での取扱いの基準は、次のように定められています。

①運搬容器の基準に適合した容器に収納し、容器入りのままで販売する。
②危険物の配合は、配合室以外では行わない。
　➡塗料類、第1類危険物のうち塩素酸塩類か塩素酸塩類だけを含有するもの、又は硫黄等を配合室で配合する場合を除きます。

練習問題

危険物の取扱いの基準として、次のうち誤っているものはどれか。

(1) 危険物の廃棄を焼却の方法で行う場合は、たとえ安全な場所であっても見張人をつけなければならない。
(2) 移動貯蔵タンクから容器へ危険物を移すことは、原則として認められていない。
(3) 移動貯蔵タンクから他のタンクに引火点40℃未満の危険物を注入するときは、移動タンク貯蔵所のエンジンを停止させなければならない。
(4) 給油取扱所で自動車等に引火点40℃未満の危険物を注入するときは、自動車等のエンジンを停止させなくてもよい。
(5) 移動貯蔵タンクから地下貯蔵タンクへ液体の危険物を注入するときは、移動貯蔵タンクの接地を行わなければならない。

(4) 引火点にかかわらずエンジンは停止させる。　　**正解** (4)

Lesson 7　貯蔵・取扱い・運搬・移送の基準

2 移送及び運搬の基準

移送の基準　重要度 A

「移送」とは、移動タンク貯蔵所により危険物を運送することをいいます。そのため、移送に関する基準は、移動タンク貯蔵所の貯蔵及び取扱いの基準と組み合わせて出題されることがほとんどです。

移送に関する主な基準は、次のとおりです。
①移動タンク貯蔵所による危険物の移送は、その危険物を取扱える**危険物取扱者を乗車させて**行わなければならない。
　➡運転手自身が危険物取扱者である必要はなく、資格のある危険物取扱者が同乗していればよいということです。
②危険物を移送する移動タンク貯蔵所に乗車する危険物取扱者は、**危険物取扱者免状を携帯**していなければならない。
　➡走行中に、消防吏員や警察官から免状の提示を求められることがあります。
③**長時間**にわたるおそれのある移送は、**2人以上の運転要員**を確保する。
　➡連続運転時間が4時間を超え、又は1日当たり9時間を超える移送の場合。
④**休憩**、**故障**等のため**一時停止**するときは、**安全な場所**を選ぶ。
　➡安全であれば、とくに消防機関等の承認を得た場所でなくてもかまいません。移送の経路等については、特定の危険物（アルキルアルミニウム等）を移送する場合にかぎり、その移送経路等を記載した書面を消防機関に送付しなければなりません。

当該危険物を取扱える危険物取扱者が乗車していなければ、移送できない。

運搬の基準

重要度 A

「運搬」とは、人力又は動力を用いる機器（自動車等）により危険物を運送することをいいます。移動タンク貯蔵所による移送は運搬には含まれません。

また、運搬に関する規定は指定数量未満の危険物についても適用されます。運搬に関する基準は、運搬容器、積載方法及び運搬方法に分けて規定されています。それぞれの主な基準は次のとおりです。

（1）運搬容器

①容器の材質は鋼板、アルミニウム板、ガラスその他規則で定めるもの。
②容器の構造及び最大容量は規則で定めるもの。

（2）積載方法

①危険物は、原則として規則で定められた運搬容器に収納して積載する。
- 温度変化等によって危険物が漏れないよう密封して収納する。
- 液体の危険物の収納率は運搬容器の内容積の98％以下で、55℃の温度で漏れないよう空間容積を十分にして収納する。
→ 収納率は、固体の危険物については95％以下とされています。

②運搬容器の外部に危険物の品名、危険等級、化学名、数量などの事項を表示して積載する。

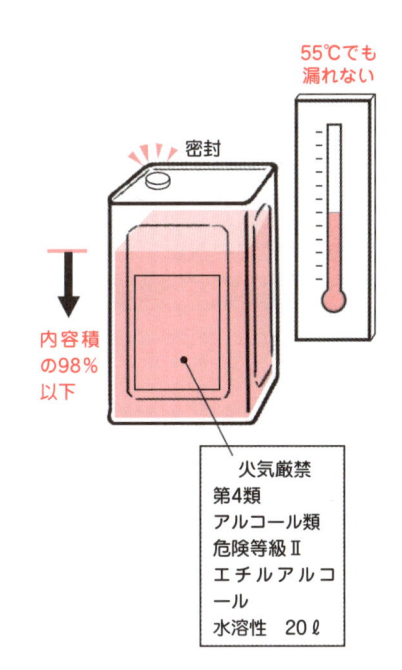

【図中表示】
55℃でも漏れない
密封
内容積の98％以下
火気厳禁
第4類
アルコール類
危険等級Ⅱ
エチルアルコール
水溶性　20ℓ

→ さらに、第4類危険物のうち水溶性のものについては「水溶性」と表示します。なお「危険等級」とは、危険物を危険性の程度に応じて3等級に区分したもので、第4類危険物では特殊引火物が危険等級Ⅰ、第1石油類とアルコール類が危険等級Ⅱで、これ以外はすべて危険等級Ⅲです。
- 収納する危険物に応じた注意事項として、第4類危険物の場合はすべて「火気厳禁」と表示します。

③運搬容器が落下、転倒、破損しないよう積載する。
④運搬容器は、収納口が上方に向くよう積載する。
→ たとえ収納口が密栓されていても運搬容器の横積みは禁止。常に収納口が上方に向くようにします。

⑤運搬容器を積み重ねる場合は、高さを3m以下にして積載する。
⑥原則として、異類の危険物を混載しない。

- 高圧ガス(内容積120ℓ以上)との混載も禁止されています。ただし、性質が類似するものの混載は認められます。
- 第4類危険物の場合、第1類及び第6類との混載はできませんが、それ以外の類との混載は認められます。
- 危険物の数量が指定の10分の1以下なら、混載の禁止はありません。

■危険物の混載禁止

	第1類	第2類	第3類	第4類	第5類	第6類
第1類		×	×	×	×	○
第2類	×		×	○	○	×
第3類	×	×		○	×	×
第4類	×	○	○		○	×
第5類	×	○	×	○		×
第6類	○	×	×	×	×	

※この他、高圧ガス保安法2条に掲げる高圧ガスとも混載禁止。(内容積が120ℓ未満の容器に充てんされた液化石油ガス、圧縮天然ガスまたは不活性ガスは除く)

(3) 運搬方法

①危険物又は危険物を収納した運搬容器が、著しく摩擦又は動揺しないよう運搬する。

②運搬中、危険物が著しく漏れるなど災害が発生するおそれのある場合は応急措置を講じ、最寄りの消防機関等に通報する。

③「危」と表示した標識を、車両の前後の見やすいところに掲げる。

④積み替え、休憩、故障等のために車両を一時停止させるときは安全な場所を選び、運搬する危険物の保安に注意する。

⑤運搬する危険物に適応する消火設備を備える。

練習問題

移動タンク貯蔵所によるガソリンの移送について、次のA～Eのうち基準に適合していないものはいくつあるか。

A 完成検査済証は、常置場所のある事務所に保管している。
B 運転手が乙種第4類の危険物取扱者で、免状を携帯している。
C 運転手は危険物取扱者ではないが、同乗者が丙種危険物取扱者で、免状を事務所に保管している。
D 運転時間が1日当たり9時間を超える移送になるので、運転要員を2人確保した。
E 移送経路等を記載した書面を消防機関に送付しなければならない。

(1) 1つ　(2) 2つ　(3) 3つ　(4) 4つ　(5) 5つ

A：事務所ではなく、車両に備え付ける。C：丙種でもガソリンを取扱えるが、免状の携帯が必要。E：ガソリンを移送する場合は、このような書面の送付は必要ない。

正解 (3)

行政命令等

1 措置命令

義務違反等に対する措置命令　重要度 A

　製造所等の所有者、管理者又は占有者に**法令上の義務違反**などがある場合、**市町村長等**はこれら製造所等の所有者等に対し、一定の措置をとるよう命じることができます。これを**措置命令**といい、次のようなものがあります。

(1) 貯蔵又は取扱いに関する基準遵守命令

　製造所等は、政令や規則で定める技術上の基準に従って、危険物を貯蔵又は取扱わなければなりません。そこで、**市町村長等**は、この基準に違反していると認められる製造所等の所有者等に対し、技術上の基準に従い、危険物を貯蔵又は取扱うよう命じることができます。

(2) 製造所等の基準適合命令

　製造所等の所有者は、製造所等の位置、構造及び設備が、政令や規則で定める技術上の基準に適合するよう維持しなければなりません。そこで、**市町村長等**は、基準に適合していないと認められる製造所等の所有者等に対し、技術上の基準に適合するよう製造所等を**修理**、**改造**し、又は**移転**すべきことを命じることができます。

(3) 危険物保安監督者等の解任命令

　すでに選任されている**危険物保安監督者**か**危険物保安統括管理者**が消防法令の規定に違反したとき、又はこれらの者にその業務を行わせることが公共の安全の維持や災害の発生防止に支障を及ぼすおそれがあると認めるときは、市町

村長等は、当該製造所等の所有者等に対し、この危険物保安監督者や危険物保安統括管理者の**解任**を命じることができます。

(4) 応急措置命令

製造所等で危険物の流出その他の**事故が発生**したときは、ただちに危険物の流出及び拡散の防止、流出した危険物の除去など、災害の発生防止のための応急措置を講じなければなりません。**応急措置を講じていない**と認められるとき、市町村長等は、所有者等に対し応急措置を講じるよう命じることができます。

(5) 災害防止のための措置命令

製造所等の設置許可又は仮貯蔵・仮取扱いの承認を受けずに指定数量以上の危険物を貯蔵又は取扱っている者に対し、市町村長等は、危険物の除去やその危険物による**災害防止のための必要な措置**をとるよう命じることができます。

練習問題

市町村長等の措置命令について、次のうち誤っているものはどれか。

(1) 政令や規則で定める基準に違反する製造所等の所有者等に、基準遵守命令を出すことができる。
(2) 基準に適合しない製造所等の所有者等に、修理を命じることができる。
(3) 基準に適合しない製造所等の所有者等に、移転すべきだと命じることはできない。
(4) 危険物保安監督者が消防法令の規定に違反したときは所有者等に対し、解任を命じることができる。
(5) 危険物の流出事故が発生したときは所有者等に対し、危険物の拡散の防止や除去等の応急措置を講じるよう命じることができる。

正解 (3)

(3) 基準に適合するよう製造所等を修理、改造、又は移転すべきことを命じることができる。

Lesson 8 行政命令等

2 使用停止命令その他

🔥 使用停止命令等　　　　　　　　　重要度 A

(1) 許可取消し又は使用停止命令の発令事由

市町村長等は、製造所等の所有者等が次の事項のいずれかに該当するときは、その製造所等の設置許可を取り消し、又は期間を定めてその施設の使用停止を命じることができます。

① **無許可変更**

　許可を受けずに製造所等の位置、構造又は設備を変更したとき。

② **完成検査前使用**

　完成検査済証の交付前に施設を使用したとき、又は仮使用の承認を受けないで使用したとき。

③ **基準適合命令違反**

　製造所等の基準適合命令（修理、改造、移転命令）に違反したとき。

④ **保安検査未実施**

　政令で定める屋外タンク貯蔵所又は移送取扱所が、市町村長等の行う保安検査を受けないとき。

⑤ **定期点検未実施**

　政令で定める製造所等が定期点検を実施せず、実施しても点検記録を作成せず、又は保存しないとき。

（2）使用停止命令の発令事由

市町村長等は、製造所等の所有者等が次の事項のいずれかに該当するときは、その製造所等の使用の停止を命じることができます。

①基準遵守命令違反
危険物の貯蔵又は取扱いに関する基準遵守命令に違反したとき。（移動タンク貯蔵所については、市町村長の管轄区域において、その命令に違反したとき。）

②危険物保安統括管理者未選任等
政令で定める製造所等が危険物保安統括管理者を選任せず、又は選任してもその者に必要な業務をさせていないとき。

③危険物保安監督者未選任等
政令で定める製造所等が危険物保安監督者を選任せず、又は選任してもその者に必要な業務をさせていないとき。

④解任命令違反
危険物保安統括管理者又は危険物保安監督者の解任命令に違反したとき。

（1）は施設的な面での違反、（2）は人的な面での違反といえます。

設置許可が取り消されると、それ以後その製造所等では危険物の貯蔵又は取扱いができなくなります。一方、使用停止命令を受けた場合、定められた期間中はその製造所等の使用を許されませんが、期間が経過すれば再び使えます。したがって、許可の取消しもあり得る（1）の事由のほうが（2）よりも重大であることがわかります。

使用停止命令等の発令事由は、すべて覚えなければなりません。

(3) 緊急使用停止命令

市町村長等は、**公共の安全の維持**又は**災害の発生の防止**のため**緊急**の必要があると認めるときは、製造所等の所有者等に対し、その製造所等の使用を**一時停止**すべきことを命じ、又その使用も**制限**できます。

この緊急一時使用停止命令及び使用制限は、前述の（1）（2）とは異なり、製造所等による法令違反を理由とするものではありません。

(4) 危険物取扱者免状返納命令

危険物取扱者が**消防法令の規定に違反している**とき、危険物取扱者免状を交付した**都道府県知事**は、その危険物取扱者に**免状の返納**を命じることができます。

免状返納命令の発令権者が都道府県知事であることに注意しましょう。

POINT

法令で定められた基準に違反した場合、罰則規定の適用があります。

市町村長等（命令権者）

- 基準遵守命令
- 基準適合命令
- 緊急使用停止命令
- 解任命令
- 免状の返納命令
- 予防規程変更命令
- 応急措置命令
- 使用停止命令
- 許可取消し又は使用停止命令

製造所等の所有者・管理者・占有者

市町村長等とは…
市町村長、都道府県知事又は総務大臣のことだけど、覚えているかな？

罰則規定

重要度 C

消防法令に反する重大な違法行為については罰則が定められています。これは市町村長等の行政が下す命令とは異なり、刑事裁判によって裁判所（司法）が刑罰を科すものです。主なものは次のとおりです。

違法行為の内容とその条文		刑　罰	
法39条の2 第1項	製造所等の危険物流出などによる火災危険の発生（故意による場合）	3年以下の懲役 又は300万円以下の罰金	両
〃　第2項	同致死傷罪	7年以下の懲役 又は500万円以下の罰金	両
法39条の3 第1項	製造所等の危険物流出などによる火災危険の発生（過失による場合）	2年以下の懲役若しくは禁錮 又は200万円以下の罰金	両
〃　第2項	同致死傷罪	5年以下の懲役若しくは禁錮 又は300万円以下の罰金	両
法10条 第1項	指定数量以上の危険物の無許可貯蔵又は取扱い	1年以下の懲役 又は100万円以下の罰金	両
法11条 第1項	製造所等の無許可設置、又は位置・構造・設備の無許可変更	6月以下の懲役 又は50万円以下の罰金	両
法11条 第5項	製造所等の完成検査前使用	〃	両
法12条の2 第1項・第2項	製造所等の使用停止命令違反	〃	両
法12条の3 第1項	製造所等の緊急使用停止命令又は使用制限処分違反	〃	両
法13条 第3項	立会いなき危険物取扱者以外の者による危険物の取扱い	〃	－
法10条 第3項	危険物の貯蔵又は取扱い基準違反	3月以下の懲役 又は30万円以下の罰金	両
法16条	危険物の運搬基準違反	〃	両
法16条の2 第1項	危険物取扱者無乗車による危険物の移送	〃	両

両：両罰規定（違法行為をした従業者だけを罰するのではなく、事業主も処罰するという決まり）

立入検査等

重要度 B

（1）資料提出命令・立入検査

　市町村長等は、危険物の貯蔵又は取扱いにともなう火災防止のため必要があると認めるときは、指定数量以上の危険物を貯蔵又は取扱っていると認められるすべての場所の所有者等に対し資料の提出や報告を求め、消防職員に立ち入らせて検査をさせ、危険物やその疑いのある物を収去できます。

（2）走行中の移動タンク貯蔵所の停止

　消防吏員又は警察官は、危険物の移送にともなう火災の防止のためとくに必要があると認めるときは、走行中の移動タンク貯蔵所を停止させ、乗車している危険物取扱者に対し危険物取扱者免状の提示を求めることができます。

　このため、危険物取扱者は免状を携帯して乗車しなければなりません。

練習問題

次のうち、市町村長等が製造所等の使用停止命令を発令できる事由はいくつあるか。
A　危険物保安監督者を選任しなければならない製造所等であるにもかかわらず、その選任をしていない場合。
B　選任された危険物保安監督者が消防法令の規定に違反している場合。
C　危険物の貯蔵又は取扱いが、政令の定める技術上の基準に従っていない場合。
D　製造所等の位置、構造及び設備が、政令で定める技術上の基準に適合していない場合。
E　変更許可を受けないで製造所等の位置、構造又は設備を変更した場合。

　（1）1つ　　（2）2つ　　（3）3つ　　（4）4つ　　（5）5つ

Bはその危険物保安監督者の解任命令、Cは貯蔵又は取扱いに関する基準遵守命令、Dは製造所等の基準適合命令がまず発令され、これらの措置命令に違反した場合に製造所等の使用停止が命じられる。

正解　（2）

PART 2

基礎的な物理学及び基礎的な化学

Lesson 1 Lesson 2 Lesson 3 Lesson 4

基礎的な物理学

1 物質の三態と状態変化

🔥 物質の三態　　　　　　　　　　　重要度 ▶ B

　物質は、取り巻く条件（温度や圧力）が変化すると**固体**、**液体**、**気体**と状態が変化します。これを**物質の三態**といいます。このように、物質の状態は変化しても性質が変わらない変化のことを**物理変化**といいます。

　20℃を普通の温度（常温）、**1気圧**を普通の圧力（常圧）とみなし、20℃、1気圧を**常温常圧**といいます。この常温常圧のとき、水は液体になっています。

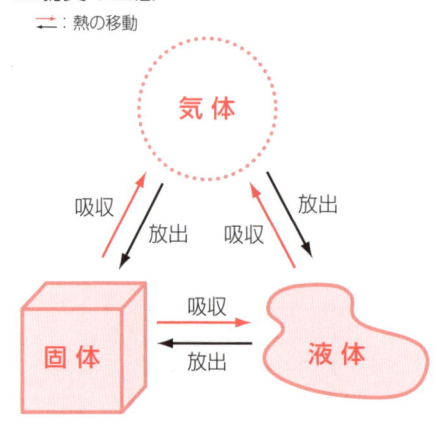

　物質は温度や圧力によってその状態を変化させますが、その変化には**熱**の吸収や放出がともないます。

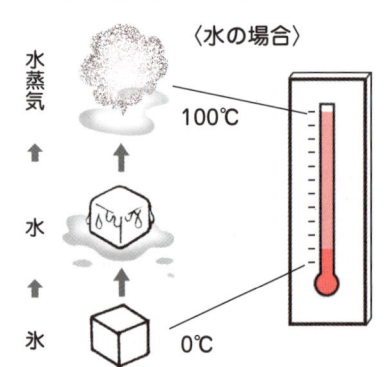

■物質の三態
⇄：熱の移動

〈水の場合〉
水蒸気　100℃
水
氷　　0℃

🔥 三態の変化　　　　　　　　　　　重要度 ▶ A

　物質をつくり上げている粒子は、分子間力や電気引力などによって互いに集まろうとする性質をもっています。

固体に熱を与え続けると、物質は**固体→液体→気体**へと変化し、粒子どうしの分子間力は弱まっていきます。一方、気体から熱をうばっていくと、粒子どうしの分子間力が強まることで分子運動が鈍くなっていき、**気体→液体→固体**へと変化していきます。

たとえば水は、常温常圧では液体ですが冷却すると氷（固体）になり、加熱すると水蒸気（気体）になります。

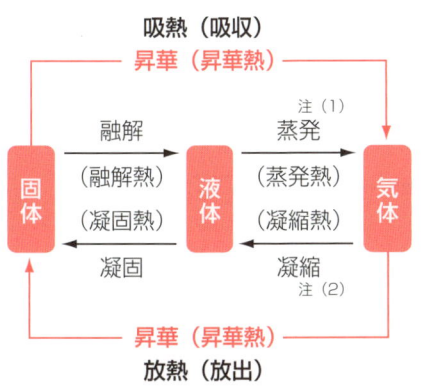

吸熱（吸収）
昇華（昇華熱）
融解　　蒸発 注(1)
（融解熱）（蒸発熱）
固体　液体　気体
（凝固熱）（凝縮熱）
凝固　　凝縮 注(2)
昇華（昇華熱）
放熱（放出）

注(1) 蒸発のことを「気化」ともいいます。
注(2) 凝縮のことを「液化」ともいいます。

固体
粒子は規則正しく並び、一定の位置を中心に振動して動けない状態

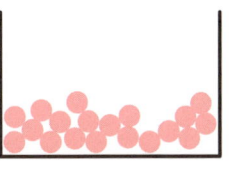

液体
粒子どうしの結合が弱まり、ゆっくり動けるようになった状態

気体
粒子どうしの結合が切れ、自由に飛び回れる状態

🔥 融解と凝固　　重要度 ▶ A

固体が液体に変化する現象を**融解**といい、その逆の現象を**凝固**といいます。融解と凝固がおこる温度は一定で、この温度を**融点（融解点）**、**凝固点**といいます。物体の温度は通常、物体を加熱すると上昇し、冷却すると下降しますが、固体が液体に変化している（融解の開始から終了まで）間は温度が一定で、上昇変化はみられません。これは、固体が液体に変わる際に熱エネルギーを必要としているため、温度が上昇しないからです。

また、液体が固体に変化しているときにも同じ現象がみられます。このように、熱を加えても温度が変わらず、状態の変化のために使われる熱のことを**潜熱**といいます。

■融点と融解熱

物質	融点（℃）	融解熱（J／g）
亜鉛	419	113
カリウム	64	61.2
ナトリウム	98	115
金	1,063	67.4
水銀	-38.8	11.6
硫黄（いおう）	113〜119	—
水（氷）	0	334
樟のう	178〜179	—
ナフタリン	80	144
鉄	1,535	268
銅※	1,083	212
アルミニウム	660	396

※銅の値は金属便覧参照　（1cal＝4.186J）

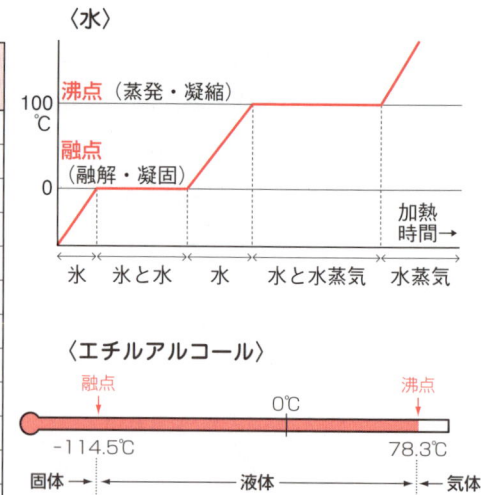

〈水〉

〈エチルアルコール〉

融点 -114.5℃　0℃　沸点 78.3℃
固体　液体　気体
-114.5〜78.3℃の間は液体です。

蒸発と凝縮　重要度 A

　液体が気体に変化する現象を**蒸発（気化）**といい、その逆の現象を**凝縮（液化）**といいます。液体に熱を加えることにより、蒸発が加速し、液体の内部からも蒸発がさかんにおこりだします。この現象を**沸騰**といい、沸騰する温度を**沸点**といいます。純物質は、それぞれ固有の沸点をもっています。沸点は、外圧が高くなれば高くなり、外圧が低くなれば低くなります。

　液体1gが蒸発するときに吸収する熱量を**蒸発熱（気化熱）**といいます。蒸発熱（気化熱）が大きいと、周りの熱エネルギーを大量に吸収するので、冷却効果が大きくなります。**水の蒸発熱は非常に大きい**ので、水による消火はこの**冷却効果**を利用したものです。

昇華　重要度 B

　固体から液体の過程がなく、直接気体に変化することを**昇華**といいます。**ドライアイス**や**ナフタリン**、**固体防虫剤**などがその例です。
　この逆に気体が液体の過程がなく、直接固体になる現象も同じく**昇華**といい

ます。昇華するときは熱を吸収又は放出しますが、このときの熱量を**昇華熱**といいます。

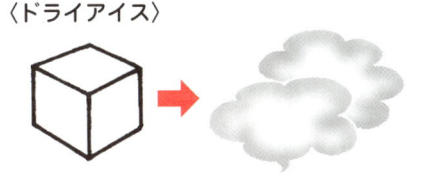

〈ドライアイス〉

潮解と風解　重要度▶B

　固体物質が空気中の水分を吸収し、溶解する現象を**潮解**といいます。天然塩（食塩）などが容器の中で固まってしまう現象がこの潮解です。

●**潮解物質の例**　塩素酸ナトリウム、過塩素酸ナトリウム、過酸化カリウム、硝酸ナトリウム、過マンガン酸ナトリウム、メタ過ヨウ素酸、三酸化クロム、ヒドロキシルアミン

　結晶水を含んだ物質を空気中に放置しておくことで、自然に結晶水の一部又は全部を失う現象を**風解**といいます。

●**風解物質の例**　結晶炭酸ナトリウム、結晶硫酸ナトリウム

　危険物のなかには数多くの潮解物質や風解物質が存在するので、保管方法に注意が必要です。

練習問題

物質の三態について誤っているものは、次のうちどれか。

（1）ナフタリンやドライアイスなどの固体が、直接気体になることを昇華という。
（2）氷が溶けて水になることを融解という。
（3）物質の状態の変化には、常に熱の出入りがともなう。
（4）液体から気体になることを蒸発という。
（5）液体から固体になることを凝縮という。

液体から固体になることは凝固で、凝縮（液化）は気体から液体になること。　**正解** (5)

PART 2　基礎的な物理学及び基礎的な化学

Lesson 1　基礎的な物理学

2 水と空気

🔥 水の性質　重要度 B

　わたしたちの生活に欠かせない水は、その特質から、消火に利用されます。水の分子は酸素原子1個と水素原子2個が結びついた構造で、水には、次の特徴があります。

①氷・水・水蒸気の三態がある。
②4℃のとき体積が最小で、1cm³の質量は1g。
（氷になると体積が増える）
③蒸発熱（気化熱）が非常に大きいため、消火に利用される。
④水の分子は酸素原子1個と、水素原子2個が結びついている。
⑤比熱が大きい。
⑥表面張力が大きい。
⑦熱伝導率が大きい。

■水の組成と性質
水分子の構造
O 2−
H+　H+

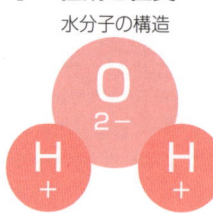

■水の温度と体積の変化曲線
比容（cm³/g）

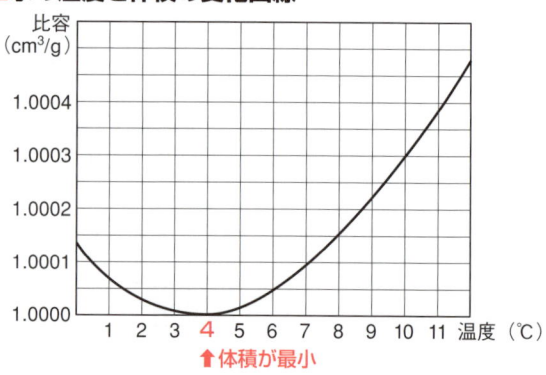

↑体積が最小（4℃）
温度（℃）

■水の物理的性質

沸点	100℃（1気圧）
融点	0℃（1気圧）
密度（水）	1.00 g/cm^3（4℃）
（氷）	0.917 g/cm^3（0℃）
比熱	4.19 J/g・℃（15℃） （1 cal/g・K）
蒸発熱	40.7 kJ/mol（100℃） （539 cal/g）

沸点は気圧と密接に関係しています。

高い ← 気圧 → 低い
高い ← 沸点 → 低い

■水の温度と比重

温度℃	比重（4℃の水=1.00000とする）
-10	0.997935
0	0.9998676
4	1.0000000
10	0.9997281
20	0.9982336
40	0.9922473
60	0.98327
80	0.97183
100	0.95838

水の三態　重要度 C

水は、温度の変化により **氷、水、水蒸気の三態** をとります。分子構造が変わらず、温度変化によって膨張、収縮したりすることを物理変化といいますが、水の三態も物理変化です。水の状態図を下に示します。

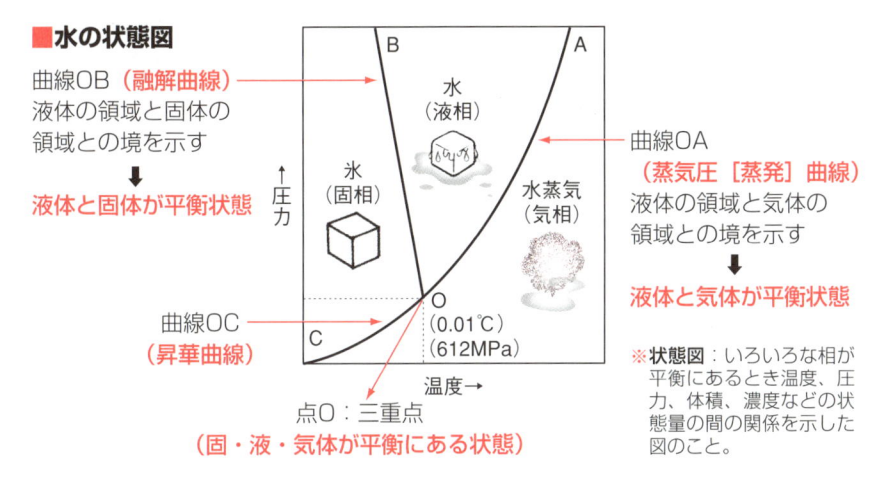

■水の状態図

曲線OB（**融解曲線**）
液体の領域と固体の領域との境を示す
↓
液体と固体が平衡状態

曲線OA
（**蒸気圧［蒸発］曲線**）
液体の領域と気体の領域との境を示す
↓
液体と気体が平衡状態

曲線OC
（**昇華曲線**）

点O：三重点
（**固・液・気体が平衡にある状態**）

点O：(0.01℃)(612MPa)

A：水蒸気（気相）
B：水（液相）
C：氷（固相）

※**状態図**：いろいろな相が平衡にあるとき温度、圧力、体積、濃度などの状態量の間の関係を示した図のこと。

氷、水、水蒸気は、それぞれの範囲内の温度と圧力のもとでは、その状態を維持して単独に存在できます。

水は、もっとも一般的に消火剤として利用されていますが、これは、**蒸発熱（気化熱）が非常に大きい**という性質をもっているためです。

消火剤としての水利用

重要度 A

　水は、蒸発熱や比熱が大きいという性質から消火剤に利用され、その消火効果は**冷却効果**と**窒息効果**になります。水を注ぐことで熱源から熱をうばい、水蒸気になるとき周囲からも多くの熱をうばい、燃焼物を引火点以下に冷やして燃焼の継続を断ちます。これが冷却効果で、気化した水蒸気が酸素の供給を断つのが窒息効果です。しかし、油類の火災や禁水性危険物には利用できません。また、**電気火災**では**感電する危険性**があります。

POINT

① 水は蒸発熱、熱容量が大きい→**冷却効果**が大きい。
② 水は**冷却効果**と**窒息効果**がすぐれているため、消火剤として利用される。
③ 水の気化熱は**539cal/g（100℃）**、水蒸気になると体積は**1700倍**に膨張する。
④ 水の体積比は**水素：酸素＝2：1**。
⑤ 温度変化により**氷**、**水**、**水蒸気**の三態に変化する。
⑥ **4℃で体積は最小、密度は最大**となる。

空気の組成と性質

重要度 C

　空気は気体の混合物です。主成分は**窒素約78％**、**酸素約21％**で、このほかに希ガスや二酸化炭素、水蒸気などを含んでいます。空気中の水蒸気量は可燃物の燃焼の難易に影響を与えます。

　空気中の約8割を占める窒素は、可燃物の急激な燃焼を抑制します。残り**約2割を占める酸素**は、無味無臭、無色の気体で、酸素自体は燃えませんが**支燃性**が強く、他の物質の燃焼を助けるはたらきがあります。

　空気は、**気体の比重（蒸気比重）**をはかるときの**基準となる物質**で、空気中の窒素と酸素のモル比や体積比などは右表のとおりです。

■**空気中の窒素と酸素の比**

	窒素		酸素
分子数比	4	:	1
モル比	4	:	1
体積比	4	:	1
分圧比	4	:	1
質量比	112 （4×28）	:	32 （1×32）

空気の平均分子量

重要度 C

空気は混合気体で、分子量はそれぞれの構成分子の分子量と構成比をかけた総和になります。空気のおおよその組成を窒素80%、酸素20%と仮定すると、空気の平均分子量は次の計算式で算出できます。

窒素の原子量……N=14、酸素の原子量……O=16

$$\begin{aligned}空気の分子量 &= (N_2 \times 0.8) + (O_2 \times 0.2) \\ &= (14 \times 2 \times 0.8) + (16 \times 2 \times 0.2) \\ &\fallingdotseq 29\end{aligned}$$

よって、空気の平均分子量は29となります。

POINT

① 空気は、窒素約78%、酸素約21%の気体の混合物である。
② 空気は気体の比重（蒸気比重）をはかるときの基準物質である。
③ 空気の分子量は29。
④ 空気中の窒素と酸素の各比は4：1（分子数比＝モル比＝体積比＝分圧比）。
⑤ 乾燥空気の場合、地域、季節による組成の変動はない。
⑥ 空気は約21%の酸素が含まれた混合物で、一般的な酸素供給体である。

練習問題

水の性質の説明として、次のうち誤っているものはどれか。

(1) 水の比重は4℃のときがもっとも大きくなる。
(2) 水が凝固すると比重が1より小さくなる。
(3) 水には氷、水、水蒸気の三態がある。
(4) 水の蒸発熱は小さいため、一般的に消火に利用される。
(5) 水を電気分解すると、酸素と水素になる。

正解 (4)

水の蒸発熱は539cal/g（100℃）で非常に大きいため、消火に利用される。

Lesson 1　基礎的な物理学

3 熱量と比熱

🔥 熱量　重要度 B

　一般に、高温の物体と低温の物体とを接触させると、高温の物体から低温の物体へと**熱運動エネルギー**が移り、やがて、エネルギーが移動しなくなる**熱平衡状態**になります。熱量とは、物質のもつ分子の運動エネルギー量のことで、単位（エネルギー単位）は**ジュール（J）**が用いられます。

　熱量の単位は、純粋な**水1gを14.5℃から15.5℃まで高める**のに必要な熱量を**1cal（カロリー）**と定められています。これを熱量の単位として用いることもあります。熱量の単位にはジュール（J）とカロリー（cal）があり、ジュールは熱量のSI単位（国際度量衡委員会が定めた国際単位系単位）、カロリーは従来計量単位になります。**1カロリーは4.186ジュール**です。

🔥 比熱　重要度 A

　物体に一定量の熱を与えても、温度の上昇の仕方は物体の種類や量によって異なります。

　熱容量とは、物体の温度を1℃上げるのに必要な熱量を意味します。質量1gの物体の熱容量をその物質の**比熱**といい、物質の種類によって異なります。

　熱容量は、物体を加熱したときの温まりにくさ、あるいは、放置したときの冷めにくさをあらわすもので、**比熱×質量**で求めます。このことから比熱の大きなものは、熱容量が大きいといえ、熱容量の大きい物体は温まりにくく冷めにくい、という特徴があります。

　また、熱量と比熱、質量、温度差は次のような関係があります。

> **熱量＝比熱×質量×温度差**

　例　20℃の水100gを50℃に上げるのに必要な熱量はいくらか。ただし、水の比熱を4.2〔J/〔g・℃〕〕とする。

熱量＝比熱×質量×温度差　の式に当てはめて計算します。

4.2×100×（50−20）＝12600となり、12600Jが求められます。

■主な物質の比熱

物質名	比熱（J/〔g・℃〕）
アルミニウム（0℃）	0.877
鉄（0℃）	0.437
氷（−160℃）	1.0

物質名	比熱（J/〔g・℃〕）
コンクリート（室温）	約0.84
水銀（0℃）	0.140
水（15℃）	4.186

　熱容量、比熱の関係が理解できれば、質量はすぐに求められます。熱容量と比熱の公式は次のとおりです。

	単位	公式
熱容量	J/K（またはcal/℃）	熱容量＝比熱×質量
比熱	J/（g・℃）（またはcal/〔g・℃〕）	比熱＝熱容量÷質量

POINT

①熱量（Q）は 比熱（C）×質量（m）×温度差 で求める。
②比熱の大きい物質は熱容量も大きい。
③熱容量の大きい物質は温まりにくく冷めにくい。
④水の比熱は4.186J/（g・℃）（15℃のとき）。
⑤1cal＝4.186J

練習問題

比熱が2.5J/（g・℃）の物質100gの温度を10℃から30℃まで上昇させるのに要する熱量はいくらか。

（1）2.5kJ　（2）5.0kJ　（3）7.5kJ
（4）8.4kJ　（5）10.1kJ

熱量＝比熱×質量×温度差　で求められる。
したがって、2.5J/（g・℃）×100g×（30℃−10℃）＝5,000J＝5.0kJ

正解 (2)

Lesson 1 基礎的な物理学

4 熱の移動と熱膨張

🔥 熱の移動　重要度 A

熱の移動には、①伝導、②対流、③放射（輻射）の3つがあります。

①伝導

伝導とは、熱が物質中を次々ととなりの部分に伝わっていく現象のことです。この、熱が伝導する度合いをあらわす数値を熱伝導率といい、物質によって異なります。熱伝導率が大きいことは、その物質が熱を伝えやすいことを意味します。

一般に、熱をよく伝導する金属を良導体といい、熱を伝導しにくい液体や気体は不良導体（不導体）といいます。伝導には次の特徴があります。

- 熱伝導率は温度によって差がある。
- 固体は液体より熱伝導率が大きく、気体の熱伝導率は小さい。
- 金属は非金属より熱伝導率が大きい。

②対流

対流とは、液体（気体）の温度差によって液体（気体）が移動する現象のことです。

③放射（輻射）

放射（輻射）とは、熱せられた物体が放射熱を出し、他の物体に熱を与えることをいいます。

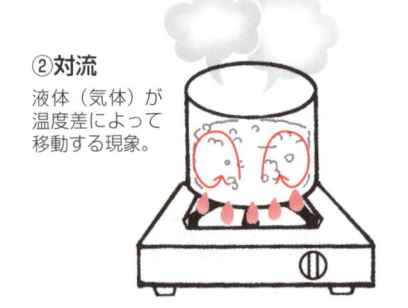

①伝導
熱が物質中を次々ととなりに伝わっていく現象。

②対流
液体（気体）が温度差によって移動する現象。

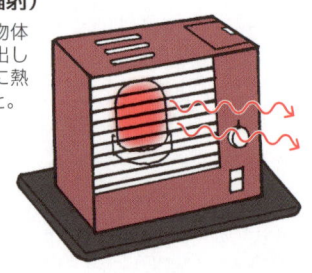

③放射（輻射）
熱せられた物体が放射熱を出して他の物体に熱を与えること。

🔥 熱膨張　　　　　　　　　　　重要度 B

物体は、温度が高まるにつれ膨張し体積が増えます。この現象を**熱膨張**といいます。金属棒などの固体を熱すると、その長さが伸びますが、これを**線膨張**といいます。対して、液体や気体など物体を熱すると体積が増えることを**体膨張**といいます。体膨張は線膨張の**約3倍**になります。

> 体膨張で増加した体積＝もとの体積×温度差×体膨張率
> 線膨張で増加した長さ＝もとの長さ×温度差×線膨張率

熱膨張は固体、液体、気体のそれぞれに分けられます。

- **固体の膨張**…温度上昇にともなう特定の2点間の距離の変化を考えます。線膨張と体膨張があります。
- **液体の膨張**…体膨張だけを考えます。危険物等を収納する液体容器に空間容積が必要なのは、物質の体膨張による容器の破損を防ぐためです。
- **気体の膨張**…体膨張だけを考えます。膨張は液体や固体に比べ、はるかに大きくなります。各気体の膨張率はほとんど同じで、その種類にかかわらず、温度が**1℃上がるごとに0℃のときの体積の約273分の1**ずつ（膨張率0.00366）膨張します。

練習問題

5,000ℓのガソリンが10℃から30℃になると、増える量は次のうちどれか。ただし、ガソリンの体膨張率は0.00135とする。

(1) 約135ℓ　(2) 約67.5ℓ　(3) 約270ℓ
(4) 約203ℓ　(5) 約500ℓ

体積＝もとの体積×温度差×体膨張率　で求められる。もとの体積＝5,000ℓ、体膨張率0.00135、温度差20℃（30℃－10℃）をこの式に代入すると、135ℓになる。

正解 (1)

Lesson 1 基礎的な物理学

5 温度と湿度

🔥 温度　　　重要度 B

温度を測定する計器には、水銀やアルコールを用いた液体温度計、光学的温度計などのほか、温度による液晶の色の変化を利用した簡易温度計もあります。公共の気象測定（天気予報）には、一般に純水銀のガラス製温度計が用いられています。

日常生活では、セルシウス温度（**摂氏温度　記号：℃**）であらわされ、国際単位系では絶対温度（**記号：K　ケルビン**）が用いられます。アメリカなど一部の英語圏では、ファーレンハイト度（**華氏温度　記号：℉**）が現在でも日常的に使われています。

■温度表示の種類

温度表示の種類	記号	定　義　等
セルシウス温度 （摂氏温度）	℃	1気圧のもとで氷の融点を0℃、水の沸点を100℃としてその間を100等分したもの。
絶対温度	K	摂氏温度＋273 0℃は絶対温度では273Kになる。
ファーレンハイト度 （華氏温度）	℉	摂氏温度×9/5＋32 0℃は華氏温度では、32℉になる。

🔥 湿度　　　重要度 B

空気中には水蒸気が含まれています。その水蒸気の増減により、空気は湿ったり乾いたりしています。このような空気の乾湿の度合いを**湿度**といいます。通常、湿度というと相対湿度を指しますが、湿度を指すことばにはこのほかに「絶対湿度」「実効湿度」があります。

①**相対湿度**

相対湿度とは、空気中に最大限含みうる水蒸気量（**飽和水蒸気量**）のうち、何％含んでいるかをあらわすものをいいます。

相対湿度（H）は、現在の空気中に含まれる水蒸気の量（I）と、その温度で同体積の空気を飽和したときの水蒸気の量（E）の百分率（％）であらわされます。

$$H = I \div E \times 100 \ (\%)$$

- 空気が水蒸気で飽和状態のとき（I＝Eのとき）　→　湿度100％
- 空気が水蒸気をまったく含んでいないとき（I＝0のとき）→　湿度0％

■気温ごとの飽和水蒸気量

気温（℃）	-10	0	5	10	15	20	25	30
1m³中の飽和水蒸気量（g）	1.95	4.8	6.8	9.4	12.6	17.3	23.0	30.3

②絶対湿度

　絶対湿度とは、相対湿度に対し、単位体積の空気中の水蒸気の質量のことをいいます。1m³の空気中に含まれる水蒸気のグラム数であらわします。

③実効湿度

　実効湿度とは、過去の湿度を考慮に入れた湿度のことです。太い柱や厚く積まれた衣類などは、過去の湿度の影響が長時間残り、急激な変化がおこりにくく、外界の湿度が高くても、物体が乾燥していることがあります。実効湿度は、火災の発生や延焼の危険性に大いに関係しています。

練習問題

湿度についての説明として、次のうち誤っているものはどれか。

(1) 相対湿度とは、飽和水蒸気量の相対％をあらわしたものである。
(2) 絶対湿度とは、単位体積当たりの空気中の水蒸気の質量のことをいう。
(3) 実効湿度とは、過去からの湿度を考慮に入れた湿度である。
(4) 相対湿度の値は気温が変化しても、空気中の水蒸気量が変化しなければ変わらない。
(5) 火災の発生・延焼の危険は実効湿度と関係がある。

相対湿度の値は、空気中の水蒸気量が変わらなくても、温度が変化すれば変わってくる。

正解 (4)

PART 2　基礎的な物理学及び基礎的な化学

Lesson 1　基礎的な物理学

6 比重と密度・圧力

比重と密度　重要度 A

比重とは、**基準物質と比べた重さ（質量比）**であり、基準物質となるものが、固体又は液体と気体とでは異なります。

①固体又は液体の比重と密度

固体や液体の比重は、その物質の重さと、それと同体積の1気圧、4℃での純粋な**水の重さとの比**をいい、単位はありません。

比重の求め方の公式：$\dfrac{物質の質量（g）}{同じ体積の水の質量（g）} =$ 比重

物質の**密度**は、**単位体積当たりの質量**をいい、1cm³当たりの質量であらわし、**単位はg/cm³**です。

密度の求め方の公式：$\dfrac{物質の質量（g）}{物質の体積（cm^3）} =$ 密度（g/cm³）

1気圧、4℃での純粋な水の密度は1g/cm³です。

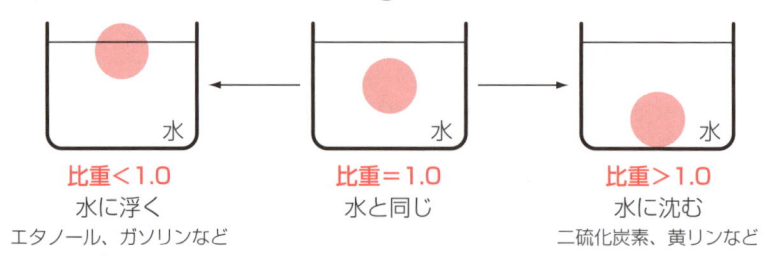

比重＜1.0	比重＝1.0	比重＞1.0
水に浮く	水と同じ	水に沈む
エタノール、ガソリンなど		二硫化炭素、黄リンなど

②気体の比重と密度

気体の比重（蒸気比重）は、標準状態（0℃、1気圧）での**空気1ℓの重さ（約1.293g）との比**であらわします。

気体の比重の求め方の公式：$\dfrac{気体の質量（g）}{同じ体積の空気の質量（g）} = \dfrac{気体の分子量}{空気の分子量} =$ 気体比重

圧力

重要度 C

圧力とは、単位面積当たりにはたらく力をいい、単位は慣用的に気圧（atm）であらわしますが、国際単位ではPa（パスカル）が用いられます。

$$1気圧（1atm）＝760mmHg（水銀柱760mm）≒1.013×10^5Pa$$
$$＝101.3kPa＝1013hPa（ヘクトパスカル）$$

大気の圧力は底面積1cm²、高さが760mmの水銀の重さにほぼ等しく、これを1気圧といいます（トリチェリーの実験）。

固体では、圧力が加わった一定方向にだけ伝えられます。液体や気体では、圧力が加わる方向は一定でも、あらゆる方向に同じように伝わります。

密閉した容器の中で静止している液体の一部の圧力を、ある大きさだけ増加させると液体内すべての点の圧力も、それと等しい大きさだけ増加します（パスカルの原理）。

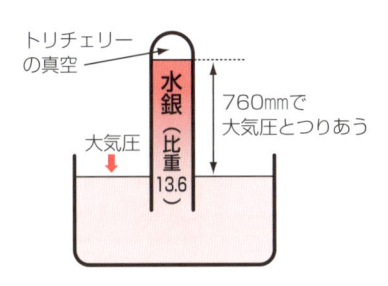

大気圧を0として示した圧力をゲージ圧力といい、真空を基準とした圧力の示し方を絶対圧力という。
絶対圧力＝1（大気圧）＋ゲージ圧力

練習問題

次の気体のうち、もっとも比重の大きいものはどれか。ただし、測定条件はすべて標準状態とする。

(1) 水素　　(2) メタン　　(3) 酸素
(4) アセチレン　(5) 二酸化炭素

それぞれの化学式と分子量は、(1)水素 H_2：2 (2)メタン CH_4：16 (3)酸素 O_2：32 (4)アセチレン C_2H_2：26 (5)二酸化炭素 CO_2：44となる。気体の比重は空気（分子量29）を基準とするので、気体の分子量が大きいものほど気体の比重も大きくなる。

正解 (5)

Lesson 1 基礎的な物理学

7 電気と静電気

電気 重要度 B

　危険物の貯蔵、取扱いには「**火気厳禁**」「**火気注意**」などの規制があります。これは、出火の原因となりうるものが火気だからです。電気火花や静電気火花も第4類危険物のような引火性液体を取扱う場所では、十分火源となります。

①電流と電圧

　同じ導線に流れる電流は、電源の電圧によってその値が異なり、電流は電圧に比例します。これを**オームの法則**とよび、次の公式であらわします。

$$電流 I (A) = 電圧 E (V) / 抵抗 R (Ω)$$

　電気をよく通す物質を**導体（良導体）**といい、逆に通さない物質を**不導体（不良導体）**といいます。

　電流が物質に流れる際の流れやすさを示す電気伝導率の高いものが導体で、金、銀、銅などの金属がその例です。

②電気火花

　電気火花とは、放電の仕方により、①電気的接点での**火花（スパーク）**、②回路の開閉等ごく短時間の**弧光放電（アーク）**、③高電圧の**火花放電**があります。電気火花の放電エネルギーはきわめて小さいのですが、第4類の引火性液体の蒸気などは、きわめて小さいエネルギーでも、容易に引火します。

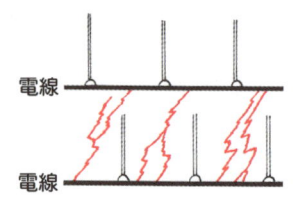

③電気設備

　危険物施設の設備は、可燃性蒸気等が滞留するおそれのない場所に設置すべきです。やむを得ず設置する場合は**防爆構造**とし、必要最小限度で設置しなければなりません。

静電気

重要度 A

静電気は摩擦電気ともいわれ、物体どうしの摩擦によって発生します。物体の電気絶縁抵抗が大きいものほど、また乾燥している場所ほど発生しやすくなります。人体にも帯電します。

ガソリンなどの液体が、高速でノズルから噴出したりホース内を流動したりする場合にも発生するので、注意が必要です。

静電気の放電エネルギーは

放電エネルギー$E(J) = 1/2 \times$ 帯電量$(Q) \times$ 電圧(V)

で求められ、電圧が大きくなるほどエネルギーも大きくなります。

静電気の災害を防ぐには、①発生させない、②危険範囲まで蓄積させない ことです。危険物を取扱う場所では、服装・湿度・接地などの予防対策が必要となります。

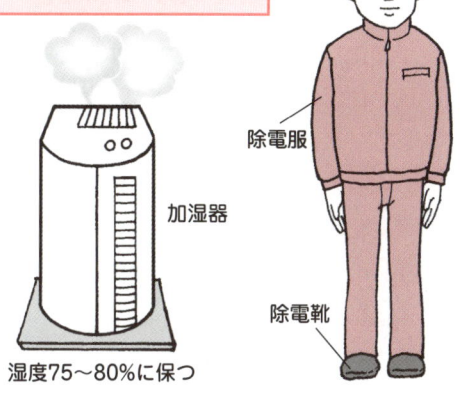

加湿器 湿度75〜80%に保つ

除電服
除電靴

練習問題

静電気についての説明として誤っているものは、次のうちどれか。

(1) 静電気は不良導体に蓄積されやすい。
(2) ナイロンなどの衣類は、木綿のものより静電気が発生しやすい。
(3) 静電気による火災は、燃焼物に適応した消火方法をとる。
(4) 液体を配管で移送するときの静電気の量は、流速に反比例する。
(5) 電気量をQとし、電圧をVとすると、静電気の放電エネルギーE(J)は、1/2×Q×Vで求められる。

正解 (4)

静電気が発生しやすいのは、流速が速く、乱流が発生しているときで、静電気の量は流速に比例する。

基礎的な化学

1 いろいろな物質の変化

化学変化と物理変化　重要度 A

化学変化とは鉄がさびてボロボロになる、木炭が燃焼して灰になるなど、ある**物質が性質の別の物質になる変化**のことをいいます。

対して、氷が溶けて水になる、ニクロム線に電気を通すと赤くなるなど**別の物質にはならず**、形や状態が変わるだけの変化を**物理変化**といいます。

物理変化では、化学式が変化の前後では変わりませんが、化学変化では異なります。その違いをしっかりと理解しておきましょう。

物理変化の例	化学変化の例
①バネが伸びる。 ②砂糖を水に溶かして砂糖水をつくる。 ③放置したドライアイスが昇華して二酸化炭素になる。 ④原油を分別蒸留してガソリンをつくる。 ⑤ゴマの種子を圧搾してゴマ油をつくる。 ⑥メチルアルコールに水を加え溶解させる。	①ガソリンが燃焼して二酸化炭素と水蒸気が発生した。 ②塩酸に亜鉛を加えたら水素が発生した。 ③炭化カルシウムに水を加えたらアセチレンガスが発生した。 ④水が分解して水素と酸素になった。 ⑤石灰石に塩酸をこぼしたら泡が発生した。
〔現象〕気化、凝結、融解、凝固、昇華、風解、潮解、蒸発、沸騰、溶解	〔現象〕化合、分解、酸化、還元、中和、置換、付加、重合

いろいろな化学変化

重要度 A

化学変化には化合や分解といった、さまざまな現象があります。

化合	2種類以上の物質から、それらとは異なる物質を生じる化学変化。 Ⓐ + Ⓑ → ⒶⒷ　　例）木炭が燃えて二酸化炭素になる。
分解	化合物が複数の成分に分かれる化学変化。  ⒶⒷ → Ⓐ + Ⓑ　　例）水を電気分解すると水素と酸素に分かれる。
複分解	2種類の化合物がその成分である原子又は原子団を交換して、2種類の新しい化合物になる化学変化。 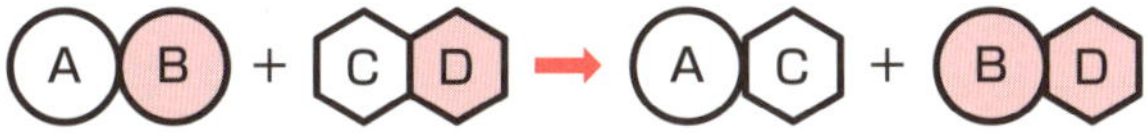 ⒶⒷ + ⒸⒹ → ⒶⒸ + ⒷⒹ 例）食塩に硫酸を加えると塩化水素を発生し、硫酸ナトリウムができる。
置換	ある化合物中の原子又は原子団が、他の原子又は原子団に置き換わる化学変化。 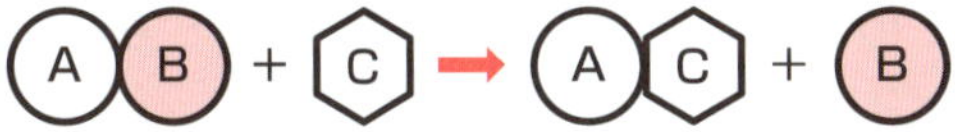 ⒶⒷ + Ⓒ → ⒶⒸ + Ⓑ 例）亜鉛に希硫酸を加えると$2H^+$とZn^{2+}が置き換わり、水素と硫酸亜鉛ができる。

練習問題

次の記述のうち、化学変化はいくつあるか。
A　エチルアルコールが燃えて青い炎を出した。
B　エチルアルコールにメチルアルコール、ホルマリン等を添加して変性アルコールをつくった。
C　大量の水に濃硫酸を少量ずつ加えて希硫酸をつくった。
D　生石灰を湿った空気中に放置したら、消石灰になった。
E　紙が濃硫酸にふれたら黒くなった。

（1）1つ　　（2）2つ　　（3）3つ　　（4）4つ　　（5）5つ

正解　(3)

BとCは物理変化、A、D、Eが化学変化である。

Lesson 2　基礎的な化学

2 物質の種類

🔥 物質の種類　重要度 A

物質の構成を化学的に分類すると、次のようになります。

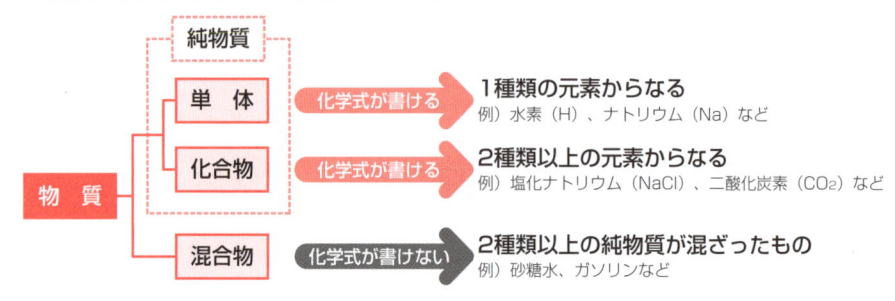

```
                純物質
                ┌──────┐
                │ 単体 │──化学式が書ける──→ 1種類の元素からなる
                │      │                    例）水素（H）、ナトリウム（Na）など
物質 ─┤      │
                │化合物│──化学式が書ける──→ 2種類以上の元素からなる
                └──────┘                    例）塩化ナトリウム（NaCl）、二酸化炭素（$CO_2$）など
                 混合物 ──化学式が書けない──→ 2種類以上の純物質が混ざったもの
                                              例）砂糖水、ガソリンなど
```

単体と化合物は、ともに化学式であらわせますが、単体は分解できず、化合物は電気分解や熱分解など、化学的方法で分解できます。一方、化学式であらわせない混合物は物理的・機械的な方法で、2種類以上の物質に簡単に分けられます。

🔥 同素体と異性体　重要度 B

①同素体

元素が同じ単体でも、性質の異なる物質が2種類以上存在するものを互いに**同素体**といいます。

■主な同素体の例

元素名	炭素（C）	酸素（O）	リン（P）	硫黄（S）
同素体名	ダイヤモンド 黒鉛	酸素 オゾン	黄リン 赤リン	結晶状硫黄 ゴム状硫黄

②異性体

分子式が同じでも分子内の構造が異なり、性質も異なる物質を**異性体**といいます。異性体には、構造異性体や立体異性体などがあります。

140

a. 構造異性体

炭素骨格の違い、官能基（炭化水素につく原子の集まり）の位置や種類の違いなどにより、**分子の構造式が異なる**ために生じる異性体のこと。構造異性体のうち、炭素骨格が同じで、官能基（メチル基：CH_3）のつく位置が異なる異性体のことを**位置異性体**といいます。

（例）C_2H_6O　エチルアルコール（エタノール）

```
    H   H
    |   |
H — C — C — OH
    |   |
    H   H
```

ジメチルエーテル

```
    H       H
    |       |
H — C — O — C — H
    |       |
    H       H
```

b. 立体異性体

分子の立体構造が異なるために生じる異性体のこと。**シス**とは、官能基が同じ位置にあるものをいい、対角線上にあるものを**トランス**といいます。

（例）$CH_3CH=CHCH_3$

シス-2-ブテン

$\underset{H}{\overset{CH_3}{>}}C=C\underset{H}{\overset{CH_3}{<}}$　シス位置にある

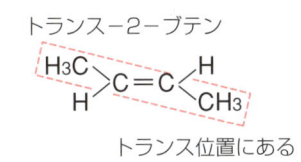

トランス-2-ブテン

$\underset{H}{\overset{H_3C}{>}}C=C\underset{CH_3}{\overset{H}{<}}$

トランス位置にある

練習問題

用語の説明として、次のうち誤っているものはどれか。

(1) 化合物とは、化学的方法によって2種類以上の物質に分解でき、また、化合によって合成できるもの。
(2) 混合物とは、2種類以上の物質が互いに化学結合せずに混ざり合ったもの。
(3) 単体とは、1種類の元素からできている物質のこと。
(4) 同素体とは、同じ元素からできていて性質が異なる2種類以上の単体のこと。
(5) 異性体とは、分子式と分子内の構造が同じで、性質が異なる物質のこと。

正解　(5)

異性体とは、分子式が同じでも性質が異なり、分子内の構造が異なる物質のことをいう。

Lesson 2　基礎的な化学

3 原子と分子

元素　重要度 A

　元素は、物質を構成している基本的成分のことで、現在知られている元素の数は100あまりです。元素をあらわす記号を**元素記号**又は**原子記号**といいます。その元素の原子番号や類似した性質を、一定の規則に従って並べたものを「元素の周期表」といいます。

■元素の周期表

周期＼族	1	2	3	4	5	6	7	8	9	10	11	12	13	14	15	16	17	18
1	H																	He
2	Li	Be											B	C	N	O	F	Ne
3	Na	Mg											Al	Si	P	S	Cl	Ar
4	アルカリ金属	アルカリ土類金属													非金属		ハロゲン	希ガス
5																		
6																		
7																		

　周期表の横軸を「族」といい、1族〜18族あり、同じ族に属する元素を同族元素といいます。また、縦軸を周期といいます。とくに水素原子（H）を除く1族の元素を**アルカリ金属**、Be、Mgを除く2族の元素を**アルカリ土類金属**、17族の元素を**ハロゲン**、18族の元素を**希ガス**といいます。

原子と分子　重要度 A

（1）原子

　物質を構成する元素には**原子**とよばれる固有の粒子が存在し、すべての物質は原子から構成されています。原子は、その中心にある**正電荷を帯びた1個の原子核**と、**負電荷を帯びたいくつかの電子**から構成されています。

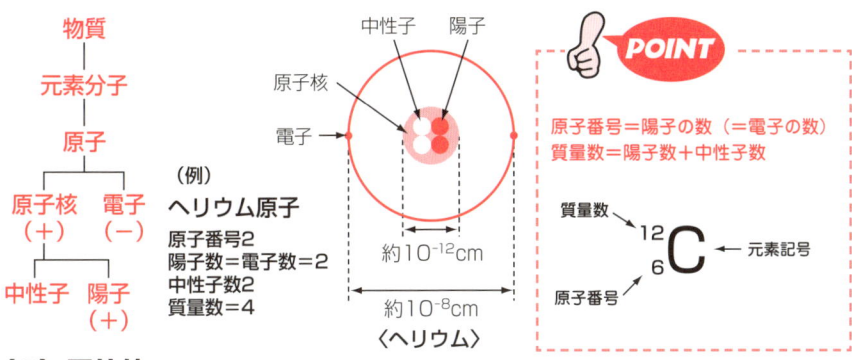

物質 — 元素分子 — 原子 — 原子核（＋）／電子（－）／中性子／陽子（＋）

（例）ヘリウム原子
原子番号2
陽子数＝電子数＝2
中性子数2
質量数＝4

〈ヘリウム〉
約 10^{-12} cm
約 10^{-8} cm

POINT
原子番号＝陽子の数（＝電子の数）
質量数＝陽子数＋中性子数

$^{12}_{6}C$
質量数／原子番号／元素記号

(2) 同位体

同位体とは、原子核中の中性子の数が異なる同一元素の原子（つまり陽子の数が同じで中性子の数が異なる原子）のことをいいます。

(3) 分子

分子とは、物質の特性をもつ最小の単位をいいます。分子は1個又は数個の原子が結合してできています。

（例）水素（H_2）　ヘリウム（He）　二酸化炭素（CO_2）

(4) イオン

イオンとは、陽（＋）又は陰（－）の電気を帯びた原子、又は原子団のことをいいます。

（例）水素イオン（H^+）

練習問題

次のうち、$^{12}_{6}C$の原子について、陽子と中性子の数を正しく示しているものはどれか。

	(1)	(2)	(3)	(4)	(5)
陽子	18	12	12	6	6
中性子	12	18	6	12	6

12は質量数（陽子＋中性子）を、6は原子番号（＝陽子数）をそれぞれ示している。よって、質量数12から原子番号6を引いたものが中性子数になり、陽子数は原子番号と等しいので（5）が正解となる。

正解 (5)

Lesson 2　基礎的な化学

4 原子量と分子量

原子量　重要度 B

　原子は、元素の種類と質量数で決まる固有の質量をもっています。質量はきわめて小さいため、**質量数12の炭素原子の質量を12**としたときの各元素の**原子の相対質量**とすることが、国際的に取り決められています。

　ごく少数の例外を除き、**原子量**は原子番号順で増加します。原子量は、**単位のない無名数**です。

■**主な元素の原子量**

元素名	原子量	元素名	原子量	元素名	原子量
水素（H）	1	窒素（N）	14	ナトリウム（Na）	23
炭素（C）	12	酸素（O）	16	硫黄（S）	32

分子量　重要度 B

　分子量とは、分子の質量の大小をあらわす数値であり、原子量同様、単位のない無名数です。分子量は、分子式に含まれる原子の原子量を合計して求めます。

例　二酸化炭素　CO_2　分子量　44
　　　CO_2　→　炭素原子1個＋酸素原子2個＝12×1＋16×2＝44

式量　重要度 B

　式量とは、イオンや組成式（イオン結晶をあらわす化学式）であらわされる物質についても、分子量と同様に相対質量であらわしたもので、単位はありません。式量も一般に、原子量の総和として求めます。

例　Na^+の式量はNaの原子量と同じ23.0
　　　SO_4^{2-}の式量は硫黄原子1個＋酸素原子4個と同じ96（＝32＋16×4）

物質量

重要度 A

物質量とは、**物質を構成する粒子数**によって示される量のことで、**モル（mol）**という単位であらわします。1molの物質は、**アボガドロ数（約$6.02×10^{23}$）**個の単位粒子を含んでいます。

$$物質量（mol）＝単位粒子の個数÷6.02×10^{23}$$

①物質1molの質量（モル質量　g/mol）

物質を構成している粒子のアボガドロ数個（$6.02×10^{23}$個）分の質量で、原子量・分子量・式量にグラム（g）をつけた質量になります。

例　水素（H_2）… 分子量 2　モル質量 2g/mol
　　酸素（O_2）… 分子量 32　モル質量 32g/mol

②気体1molの体積

0℃、1atm（標準状態）で1molの気体の体積を測定すると、気体の種類に関係なく**22.4ℓ**となります。

POINT　アボガドロの法則

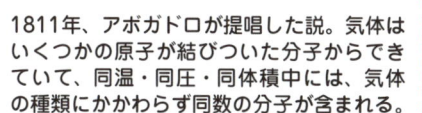

1811年、アボガドロが提唱した説。気体はいくつかの原子が結びついた分子からできていて、同温・同圧・同体積中には、気体の種類にかかわらず同数の分子が含まれる。

練習問題

原子量と分子量について誤っているものは、次のうちどれか。

(1) 原子量は質量数12の炭素原子の質量を12としたときの各元素の原子の相対質量である。
(2) 分子量は、分子の中に含まれている元素の原子量の和のことで、分子式から計算できる。
(3) 1モルとは、質量数12の炭素原子12gに含まれる原子の数を基準としている。
(4) 原子量、分子量の単位はグラム（g）であらわされる。
(5) 1モルの気体の体積は標準状態（0℃、1気圧）で22.4ℓである。

原子量、分子量、式量に単位はつかない。物質1モル当たりの質量（モル質量）にはgをつける。　**正解 (4)**

PART 2　基礎的な物理学及び基礎的な化学

Lesson 2 基礎的な化学

5 化学の基本法則

気体の体積と圧力・温度　重要度 A

①ボイルの法則

温度が一定であれば、**気体の体積は圧力に反比例**します。圧力を2倍にすると体積は2分の1に、5倍にすると5分の1になり、体積と圧力の積は一定になります。これを**ボイルの法則**といいます。

$PV = K$　　K（比例定数）は一定

圧力P_1、体積V_1の気体の圧力をP_2、体積がV_2であれば、

$P_1 \times V_1 = P_2 \times V_2$　となります。

■ボイルの法則

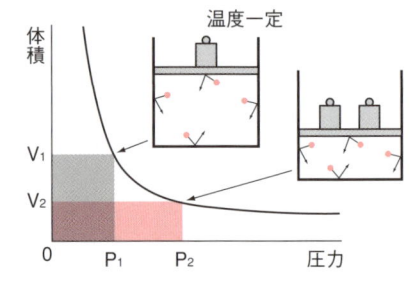

②シャルルの法則

圧力（P）を一定に保った状態では、一定質量の気体の体積は温度1℃上昇又は下降するごとに0℃での体積の**273分の1**ずつ膨張又は収縮します。すなわち、**圧力が一定なら気体の体積は絶対温度Tに比例**します。これを**シャルルの法則**といいます。

$V = KT$　　K（比例定数）は一定
ただし、T（K）＝273＋t℃

T_1℃で体積がV_1の気体をT_2℃にしたときの体積V_2を求めると

$T_1 = 273 + t_1$
$T_2 = 273 + t_2$ であるから
$V_1/T_1 = K$、$V_2/T_2 = K$となる。

これらをまとめると、次の関係式が成り立ちます。

$$\frac{V_1}{T_1} = \frac{V_2}{T_2}$$

■シャルルの法則

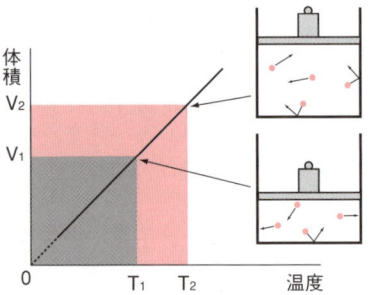

③ボイル・シャルルの法則

ボイルの法則、シャルルの法則から、**一定質量の気体の体積は圧力に反比例し、絶対温度に比例**します。これを**ボイル・シャルルの法則**といいます。

温度T_1、圧力P_1、体積V_1の気体を温度T_2、圧力P_2にしたとき、体積がV_2になったとすると、次の関係式が成り立ちます。

$$\frac{P_1 \cdot V_1}{T_1} = \frac{P_2 \cdot V_2}{T_2}$$

実在気体は圧力が高い場合や温度が低い場合は、ボイルの法則、シャルルの法則、ボイル・シャルルの法則が完全には当てはまらない場合があります。そこでこれらの法則に完全に従うような気体を仮想して、**理想気体**といいます。

④気体の状態方程式

1molの気体の体積は、0℃、1気圧（標準状態）では22.4ℓです。これをボイル・シャルルの法則に代入すると

$PV/T = 1 \times 22.4 / (0+273) \fallingdotseq 0.082$（L・atm/K・mol）となり、これは気体定数Rであらわせます。気体定数とは、気体の種類に無関係な定数です。

気体定数Rをボイル・シャルルの法則に用いると、次のようになります。

$$PV = RT \text{（気体1mol）}$$

温度と圧力を一定にしたまま気体の物質量をn（mol）にすると、体積は1molのときのn倍になります。n（mol）の気体の体積をVとおくと、1mol当たりの体積はV/nとなるので、次の関係式が成り立ちます。

$$PV/n = RT$$

したがって $PV = nRT$ （気体n〔mol〕）

この式を**状態方程式**といいます。また、分子量M（g/mol）の気体がw（g）あるとき、その物質量n（mol）はn＝w/Mとなるので、気体の状態方程式を次のようにあらわせます。

$$PV = \frac{w}{M} RT$$

⑤ ドルトンの法則

混合気体の全圧は各成分気体の圧力の和に等しい。これを**ドルトンの法則**又は**分圧の法則**といいます。

$$混合気体 P（全圧）＝P_A（分圧）＋P_B（分圧）＋\cdots\cdots$$

混合気体

P（全圧）　　PA（分圧）　　PB（分圧）

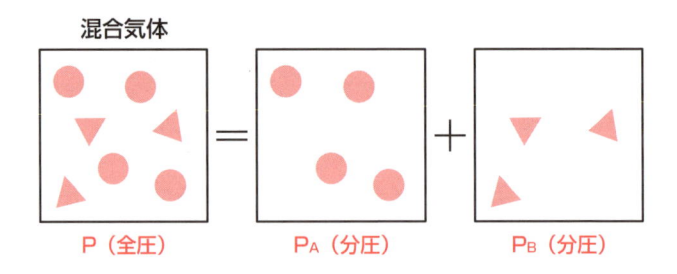

⑥ 質量保存の法則（質量不変の法則）

物質間に化学変化がおこる場合、物質の質量の総和は、その化学変化の前と後とで等しくなります。これを、**質量保存の法則**又は**質量不変の法則**といいます。

例 炭素が完全燃焼して二酸化炭素になる

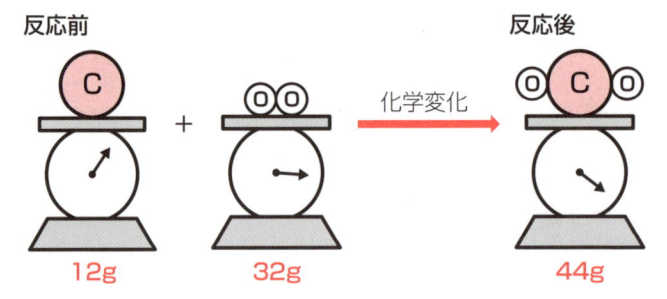

反応前　　　　　　　　　　　　　　反応後

12g　　　　32g　　　化学変化　　　44g

⑦ 倍数比例の法則

同じ2つの元素が化合して、2種以上の化合物をつくるとき、一方の元素の一定量と化合する他の元素の質量比は、簡単な整数比になります。これを**倍数比例の法則**といいます。

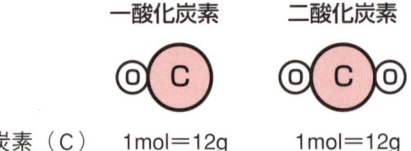

一酸化炭素　　二酸化炭素

炭素（C）　　1mol＝12g　　1mol＝12g
酸素（O）　　1mol＝16g　　2mol＝32g

12gの炭素（C）と化合している酸素Oの質量は
O/C：2 O/C ＝ 16／12：32／12 ＝ 1：2

⑧**定比例の法則**

　ある1つの化合物のなかで化合している元素の質量の比は一定になります。これを**定比例の法則**といいます。

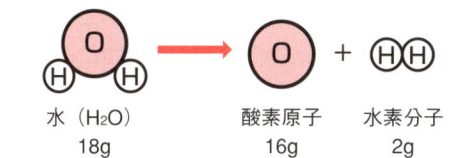

水（H_2O）　　　酸素原子　　水素分子
18g　　　　　　16g　　　　2g

水素（H）2mol 2g ： 酸素（O）1mol 16g ＝ 1：8

　この割合は、どのような方法でつくられた水でも一定になります。

POINT

（1）**質量保存の法則**……1774年　ラボアジェ
　　化学変化の前後では、物質の質量の総和は一定である。
（2）**倍数比例の法則**……1803年　ドルトン
　　同じ2つの元素が化合して、2種類以上の化合物をつくるとき、一方の元素の一定量と化合する他の元素の質量比は簡単な整数比になる。
（3）**定比例の法則**………1799年　プルースト
　　ある1つの化合物のなかで化合している元素の質量の比は一定である。
（4）**アボガドロの法則**…1811年　アボガドロ
　　すべての気体の1molは標準状態（0℃、1気圧）で約22.4ℓの体積を占め、そのなかには、アボガドロ数（6.02×10^{23}個）の気体分子を含む。

練習問題

次の文章の（　）に当てはまる数値はどれか。
圧力が一定のとき、一定量の理想気体の体積は、温度が1℃上昇するに従って0℃のときより（　）上昇する。

　（1）100分の1　　（2）173分の1　　（3）273分の1
　（4）256分の1　　（5）327分の1

シャルルの法則により、圧力を一定に保った状態では一定質量の気体の体積は、温度が1℃上昇（下降）するごとに0℃の体積の273分の1ずつ膨張（収縮）する。

正解　（3）

Lesson 2　基礎的な化学

6 化学式と化学反応式

化学式　　　重要度 B

化学式とは、元素記号を組み合わせて物質の構造をあらわす式のことをいい、分子式、組成式、示性式などがあります。酢酸を例としてあらわしてみます。

分子式	$C_2H_4O_2$	分子を構成する原子の数を、それぞれの元素記号の右下につけてあらわした式
組成式（実験式）	CH_2O	化合物を構成する原子やイオンの数の割合を、もっとも簡単な整数の比で示した化学式
示性式	CH_3COOH	分子式のなかから特有の化学的性質をもつ官能基を抜き出してあらわした化学式（価標を省略した構造式）
構造式	$\begin{array}{c} H \\ | \\ H-C-C \begin{array}{c} =O \\ -O-H \end{array} \\ | \\ H \end{array}$	分子内で原子の結合の仕方を価標であらわした化学式

化学反応式　　　重要度 B

化学式を使って化学変化をあらわした式を**化学反応式**といい、化学反応式では同じ種類の原子の数は左右両辺で互いに等しくなっていなければなりません。
　化学反応式には次の3つの規則があります。

①反応する物質の化学式を左辺に、生成する物質の化学式を右辺に、それぞれ＋（プラス）符号で結び、両辺は必ず→（矢印）で結びます。
②左辺と右辺のそれぞれの原子数が等しくなるように、化学式の前に係数をつけます。係数は、もっとも簡単な整数比になるようにします。
　例　$2KClO_3 \rightarrow 2KCl + 3O_2$
③触媒のように反応の前後で変化しない物質は、化学式には書きません。
　例　水素が燃えて水ができるとき
　　　$2H_2 + O_2 \rightarrow 2H_2O$

化学反応式による量的計算　重要度 A

化学反応式を用いて、各物質間の量的関係を求めることができます。たとえば

> 常温・常圧でメタン1ℓを燃焼させたときに必要な酸素量は?
> 常温・常圧でメタン1molを燃焼させたときに必要な酸素量は?

という問題が出たら…

①物質の化学式を考えます。メタンならCH_4。
②完全燃焼させるので、生成物は二酸化炭素（CO_2）と水（H_2O）になります。

$$C\ H_4$$
$$\swarrow\ \searrow$$
$$CO_2\quad H_2O$$

基本原則
Cが1個……O_2　1個くっつく
Hが4個……O_2　1個くっつく

基本原則を覚えておけば、炭素と水素の化合物の場合、必要な酸素量を簡単に求めることができます。

メタンが完全燃焼して、二酸化炭素と水が生じる

（化学反応式）$CH_4 + 2O_2 \rightarrow CO_2 + 2H_2O$

この原則に従うと、メタン1molの燃焼に必要な酸素量は、炭素が1mol、水素が1molの酸素を消費するので、合計2molとなります。また、メタン1ℓの燃焼に必要な酸素量は、理想気体のときは**物質量＝体積比**であるため、2ℓとなります。

練習問題

次の物質1molが完全に燃焼する場合、もっとも多くの酸素を必要とするものはどれか。

(1) アセトアルデヒド　(2) エチルアルコール　(3) 酢酸
(4) メチルアルコール　(5) アセトン

すべての物質の化学式と酸素との化学反応式を書くと分かりやすい。(1) CH_3CHO 1molが燃焼すると必要な酸素量は2.5mol (2) C_2H_5OH 3mol (3) CH_3COOH 2mol (4) CH_3OH 1.5mol (5) CH_3COCH_3 4molで、もっとも酸素量を多く必要とする物質は(5)のアセトンである。

正解 (5)

Lesson 2 基礎的な化学

7 熱化学

反応熱 重要度 A

化学反応にともなって1molの反応物質が発生又は吸収する熱量のことを反応熱といい、燃焼熱、生成熱、中和熱、溶解熱があります。化学反応で熱の発生をともなう反応を発熱反応、熱の吸収をともなう反応を吸熱反応といいます。

	定義	具体例
燃焼熱	物質1molが完全に燃焼するときの反応熱のこと	水素が酸素と反応して水になる $H_2(気) + 1/2 O_2(気) = H_2O(液) + 286kJ$
生成熱	化合物1molが単体から生成するときの反応熱のこと	炭素が水素と反応してメタンになる $C(固) + 2H_2(気) = CH_4(気) + 75kJ$
中和熱	酸と塩基の中和で水1molが生成するときの反応熱のこと	塩酸水溶液が水酸化ナトリウム水溶液と反応して塩と水になる（aqは水溶液） $HClaq + NaOHaq = NaClaq + H_2O + 56kJ$
溶解熱	物質1molを溶媒に溶かすときに発生又は吸収する熱のこと	水酸化ナトリウムが水に溶解して水酸化ナトリウム水溶液になる $NaOH(固) + aq = NaOHaq + 44.5kJ$

熱化学方程式 重要度 A

化学反応式に反応熱を記入し、両辺を等号（＝）で結んだ式を**熱化学反応式**といいます。発熱反応の場合は発生熱量を**＋**、吸熱反応の場合は吸収熱量を**－**であらわし、物質の状態を（気）、（液）、（固）と付記します。

A（固）＋B（気）＝C（気）＋D（気）＋QkJ（発熱反応）

A（固）＋B（液）＝C（液）－QkJ（吸熱反応）

炭素燃焼の熱化学方程式を例にとると

C(固)＋1/2 O₂(気) ＝ CO(気)＋111kJ　（炭素の不完全燃焼）　　　(1)式
CO(気)＋1/2 O₂(気) ＝ CO₂(気)＋283kJ　（一酸化炭素の完全燃焼）　(2)式

```
    C(固)＋1/2 O₂(気)＝ C̶O̶(̶気̶)＋111kJ   （炭素の不完全燃焼）    (1)式
 ＋) C̶O̶(̶気̶)＋1/2 O₂(気)＝CO₂(気)＋283kJ   （一酸化炭素の完全燃焼） (2)式
    C(固)＋   O₂(気)＝CO₂(気)＋394kJ
```
となります。

🔥 結合エネルギーによる計算　重要度 B

　物質は、できるだけエネルギー的に安定した状態になろうとします。分子ができるのは、原子がばらばらでいるより結合しあったほうがエネルギーが低く、安定した状態になるからです。原子間の結合を切るには外からエネルギーを与える必要があります。このエネルギーをその原子間の**結合エネルギー**といい、**結合1mol当たりの値**であらわします。原子間の結合を切るのは**吸熱反応**、結合ができるのは**発熱反応**です。

🔥 ヘスの法則（総熱量不変の法則）　重要度 B

　反応熱は、反応物質と生成物質が同じであれば、反応の途中の経路によらず、一定です。これを**ヘスの法則**、又は**総熱量不変の法則**とよびます。

　たとえば炭素の燃焼では、①1段階で炭素が二酸化炭素になる変化の場合、
C（固）$+ O_2$（気）$= CO_2$（気）$+ 394kJ$ となり、反応熱は394kJになります。
　また、②2段階で炭素が二酸化炭素になる変化の場合、
C（固）$+ 1/2 O_2$（気）$= CO$（気）$+ 111kJ$（炭素の不完全燃焼）
CO（気）$+ 1/2 O_2$（気）$= CO_2$（気）$+ 283kJ$（一酸化炭素の完全燃焼）
　反応熱の総和 $= 111kJ + 283kJ = 394kJ$ となり、どの経路をとっても1molの炭素から1molの二酸化炭素を生じるときの総熱量は一定です。

練習問題

化学反応にともなう反応熱を示していないものは、次のうちどれか。

(1) 蒸発熱　(2) 燃焼熱　(3) 生成熱
(4) 中和熱　(5) 溶解熱

反応熱とは、化学反応にともなって1molの反応物質が発生又は吸収する熱量のことで、燃焼熱、生成熱、中和熱、溶解熱がある。蒸発熱は液体1gが蒸発するときに吸収する熱量のことで、化学反応にともなう反応熱ではない。

正解 (1)

8 反応の速さと化学平衡

反応速度 重要度 B

反応速度とは、反応の速さのことをいい、「**単位時間における反応物質（又は生成物）の濃度変化のこと**」と定義されています。

化学反応がおこるには、反応する粒子が互いに衝突することが必要で、衝突頻度が高いほど反応速度が増します。反応速度に影響を与える要因には**濃度**、**圧力**、**温度**、**触媒の有無**などが考えられます。

①濃度、圧力；濃度（圧力）が高いほど衝突頻度が高まる

②温度；温度を高くするほど粒子の熱運動が激しくなる

③触媒の有無；触媒があると、活性化エネルギーが小さくなる

これら①～③は、反応速度は速くなります。

活性化エネルギー 重要度 A

化学反応はエネルギーの高い状態を経由してすすみます。このエネルギーの高い状態を**活性化状態**といい、そのときに必要な最小エネルギーを**活性化エネルギー**といいます。化学反応が進行するのは、衝突した粒子の運動エネルギーの和が正反応の活性化エネルギーより大きい場合です。

活性化エネルギーについては、過去に計算問題が出されたこともあるので、しっかり理解しておくことが必要です。

■活性化エネルギー

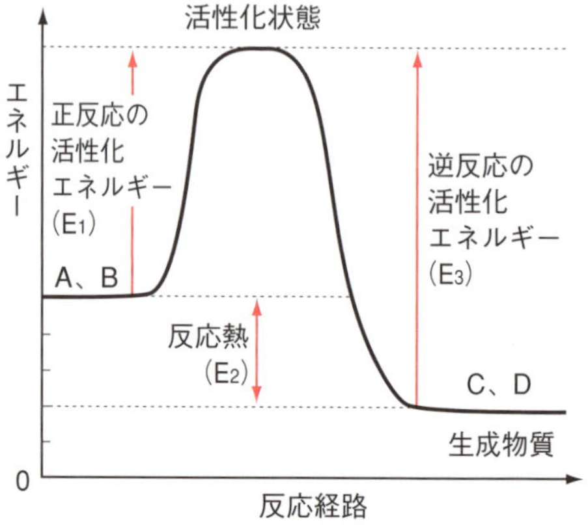

発熱反応を示している（$E_2>0$）

化学平衡

重要度 A

化学反応で、化学反応式の左辺から右辺へ進行する反応を**正反応**、その逆を**逆反応**といいます。正反応と逆反応が同時に進行する反応を**可逆反応**といい、記号⇄を用いてあらわされます。可逆反応で、正反応と逆反応の速さが等しく、見かけ上どちらの方向にも反応が進行していないような状態を**化学平衡**といいます。どちらか一方だけ進行する反応を**不可逆反応**といいます。

可逆反応 $A+B \underset{V_2}{\overset{V_1}{\rightleftarrows}} C+D$ で、A、B、C、Dのモル濃度を〔A〕、〔B〕、〔C〕、〔D〕とすると、正反応及び逆反応の速さは

$$V_1 = k_1 [A][B]$$
$$V_2 = k_2 [C][D]$$

平衡状態での反応の速さは$V_1=V_2$、すなわち

$$k_1[A][B] = k_2[C][D]$$

$$\frac{[C][D]}{[A][B]} = \frac{k_1}{k_2} = 一定$$

の関係が成り立ち、これを**化学平衡の法則**（**質量作用の法則**）といいます。

また、化学平衡にある反応系の条件を変えると平衡が、加えられた条件を打ち消す方向に移動することを**ル・シャトリエの法則**といいます。

練習問題

次の化学反応で示される反応が平衡状態にあるものとする。今、この反応を左辺から右辺へ移動させる条件として、次のうち適切なものはどれか。

$$A + B \rightleftarrows C + D + QkJ$$

（1）Bを増加する　（2）Cを増加する　（3）圧力を下げる
（4）圧力を上げる　（5）温度を上げる

上式の反応は発熱反応なので、①C又はDの濃度を減少する。②温度を下げると、左辺から右辺へ移動する。③上式の場合、圧力は上げても下げても変化しない。

正解　(1)

Lesson 2　基礎的な化学

9 溶液

溶解度と濃度　重要度 B

①溶液

液体に他の物質が溶け、均一な液体になることを溶解といいます。溶解によって得られる均一な液体を溶液といいます。このとき、溶かしている液体を溶媒といい、溶媒が水の場合、とくに水溶液といいます。溶けている物質は溶質といいます。

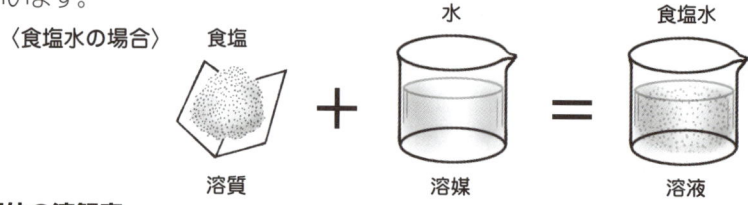

〈食塩水の場合〉
食塩（溶質） ＋ 水（溶媒） ＝ 食塩水（溶液）

②固体の溶解度

溶媒100g中に溶解している溶質の最大量のg数を、その溶質のその温度での溶解度といいます。固体の溶解度は、温度が高くなると一般に大きくなります。この関係をグラフにあらわしたものが溶解度曲線です。

1つの溶媒に、ある溶質がその溶解度まで溶けている溶液を飽和溶液といい、これに達していない溶液を不飽和溶液といいます。

右のグラフのように、食塩の場合は20℃のとき100gの水に約35.9gしか溶けません。したがって、20℃のときの食塩の水に対する溶解度は35.9となります。

■固体の溶解度曲線

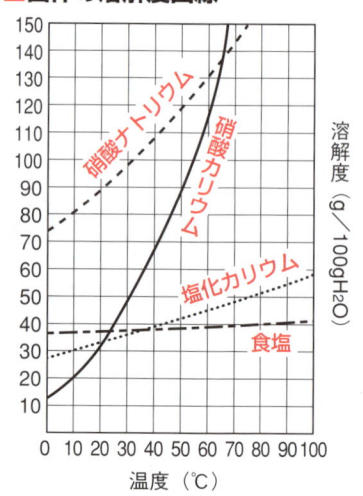

（硝酸ナトリウム、硝酸カリウム、塩化カリウム、食塩の溶解度曲線。縦軸：溶解度（g／100gH₂O）、横軸：温度（℃））

③気体の溶解度

気体の溶解度は、固体の場合と逆で、温度が上昇すると溶解度は減少します。溶解度があまり大きくなく、溶媒と反応しない気体の場合はヘンリーの法則

が成り立ちます。

④ **濃度**

溶液に含まれる溶質の量を溶液の濃度といい、次のあらわし方があります。

> **POINT**
>
> **ヘンリーの法則**
>
> 一定温度で、一定量の溶媒に溶ける気体の質量は圧力に比例する。

	定義	計算式
重量百分率（wt%）	溶液100g中に含まれる溶質のg数	溶質の重さ÷溶液の重さ×100
体積百分率（vol%）	溶液100ml中に含まれる溶質のml数	溶質が液体のときに用います。溶質の体積÷溶液の体積×100
モル濃度（mol/ℓ）	溶液中の試薬（溶質）のモル数（グラム分子量；分子量をg数であらわしたもの）で示した濃度	溶質の物質量(mol)÷溶液の体積(ℓ)
質量モル濃度（mol/kg）	溶媒1kgに溶けている溶質の物質量（mol）であらわした濃度	溶質の物質量(mol)÷溶媒の質量(kg)
規定度（N）	溶液1ℓ中の試薬の当量数（グラム当量）で示した濃度	1g当量＝物質量(g)＝分子量(g)÷n（価数）nは1分子当たり置換可能なH^+又はOH^-数

練習問題

0.1mol/ℓの濃度の炭酸ナトリウム水溶液をつくる操作として、正しいものはどれか。ただし、炭酸ナトリウム（Na_2CO_3）の分子量は106とし、水（H_2O）の分子量は18.0とする。

(1) 5.3gのNa_2CO_3を500mlの水に溶かす。
(2) 14.3gのNa_2CO_3・$10H_2O$を水に溶かして500mlにする。
(3) 14.3gのNa_2CO_3・$10H_2O$を485.7mlの水に溶かす。
(4) 5.3gのNa_2CO_3・$10H_2O$を水に溶かして500mlにする。
(5) 14.3gのNa_2CO_3・$10H_2O$を500mlの水に溶かす。

炭酸ナトリウム10水和物の物質量286（＝106＋18×10）×0.1＝28.6gを水に溶かして1ℓとする。全体量が半分の500mlなので、14.3gの炭酸ナトリウム10水和物を水に溶かして500mlにすると、0.1mol/ℓの濃度の溶液ができる。

正解 (2)

Lesson 2　基礎的な化学

10 酸・塩基・中和

酸と塩基　　　重要度 B

　物質を水に溶かすと、陽イオンと陰イオンに分かれます。これを**電離**といい、イオンに分かれる割合を**電離度**といいます。

　また、水に溶けると電離して**水素イオン（H^+）**ができる物質を**酸**といいます。塩酸・硝酸・酢酸などがあり、いずれも青色リトマス紙を赤色にします。一方、水に溶けると電離して**水酸化物イオン（OH^-）**ができる物質を**塩基**といいます。水酸化ナトリウムや水酸化カリウムなどがあり、赤色リトマス紙を青色にします。

（青色リトマス紙が赤くなったので酸性）

　1分子の酸が生じることのできる**H^+の数**を**価数**といいます。また、分子の塩基が電離して生じることのできるOH^-、又は受け取ることのできるH^+の数を**塩基の価数**といいます。

　電離度の大きい酸と塩基をそれぞれ強酸、強塩基といい、電離度の小さい酸と塩基は弱酸、弱塩基といいます。

中和の量的関係　　　重要度 B

　酸のH^+と塩基のOH^-が反応して水になる反応を、**中和反応**といいます。**中和反応では、常に1molのH^+が1molのOH^-と反応**します。したがって、中和反応を考えるときには、酸の出すH^+と塩基の出すOH^-が等しくなるよう係数をつける必要があります。

　そのため、モル濃度（M, mol/ℓ）の場合、中和反応での量的関係は酸塩基の価数により決まります。規定（N）の場合、酸と塩基は同じグラム当量で反応します。

酸からのH^+の物質量（mol）＝ 塩基からのOH^-の物質量（mol）

両者がちょうど中和すると

　　酸のn価×酸のモル濃度（M）×酸の量（ℓ）
　　＝塩基のn価×塩基のモル濃度（M）×塩基の量（ℓ）

で求めることができます。モル濃度（M, mol/ℓ）とは、溶液中の溶質のモル数（グラム分子量・分子量をg数であらわしたもの）で示した濃度のことです。

　　モル濃度（M, mol/ℓ）＝溶液1ℓ当たりの溶質のmol数

pH（水素イオン指数）　重要度 A

水素イオン指数は水溶液の酸性や塩基性の度合いをあらわす指数で、**pH（ペーハー）**という記号であらわします。

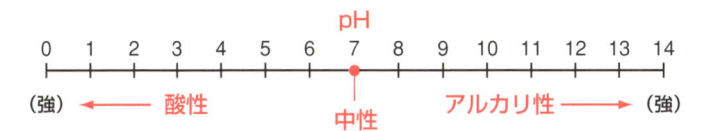

```
          pH
 0 1 2 3 4 5 6 7 8 9 10 11 12 13 14
 ├─┼─┼─┼─┼─┼─┼─┼─┼─┼─┼──┼──┼──┼──┤
(強) ←──  酸性  ──    中性    ──  アルカリ性  ──→ (強)
```

pH＝－log₁₀〔H⁺〕であらわされます。水溶液が酸性、中性、アルカリ性のいずれであっても水溶液中には、必ずH^+、OH^-が存在し、その濃度の積は一定で、$[H^+][OH^-] = 10^{-14}$ (mol/ℓ)² です。

練習問題

酸と塩基に関する記述として、次のうち誤っているものはどれか。

(1) 塩基は水溶液中で電離すると水酸化物イオン（OH^-）を生ずる。
(2) 希硫酸の水溶液に亜鉛を加えると水素を発生する。
(3) 酸と塩基から塩のできる反応を中和という。
(4) 酸は青色リトマス試験紙を赤色に変える。
(5) すべての酸と塩基からできた塩の水溶液はすべて中性である。

強酸と強塩基又は弱酸と弱塩基によってできた塩の水溶液は中性だが、強酸と弱塩基によってできた塩の水溶液は酸性で、弱酸と強塩基によってできた塩の水溶液は塩基性（アルカリ性）である。　**正解 (5)**

Lesson 2 基礎的な化学

11 酸化と還元

酸化と還元についてはよく出題されるので、しっかり理解しておきましょう。

酸化と還元の定義　重要度 A

酸化とは「酸素を得ること」で、**還元**は「酸素を失うこと」です。また、酸化が「電子を失うこと」、還元が「電子を得ること」とも言い換えられます。**酸化と還元**は**必ず同時**におこり、これを**酸化還元反応**とよびます。酸化あるいは還元だけがおこることはありません。

酸化剤と還元剤　重要度 A

酸化剤とは相手を酸化する物質で、酸化剤自体は還元されます。一方、**還元剤**は相手を還元する物質で、還元剤自体は酸化されます。

- 酸化剤の例…塩素、二酸化マンガン、過マンガン酸カリウム、強酸化性の性質をもつ第1類と第6類の危険物など。
- 還元剤の例…水素、炭素、一酸化炭素など

第6類の危険物となる**過酸化水素**は、酸化剤にも還元剤にもなる物質です。このように、反応する相手の物質によって、酸化剤として作用したり、還元剤として作用したりするものがあります。

その物質が、酸化されたか還元されたかは、酸化数の増減によって判別できます。酸化数の増えた原子は電子の減った原子（例 $I^- \to I_2$）で、酸化されています。一方、酸化数の減った原子（例 $Cl_2 \to Cl^-$）は、電子が増えた原子で、還元されています。

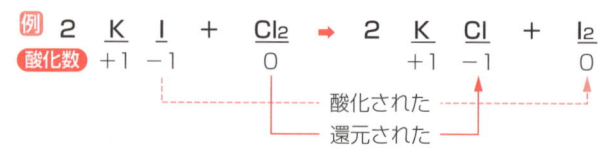

例　$2 \underset{+1}{K} \underset{-1}{I} + \underset{0}{Cl_2} \to 2 \underset{+1}{K} \underset{-1}{Cl} + \underset{0}{I_2}$
酸化数

- 酸化された
- 還元された

酸化数の決定法　重要度 B

(1) 単原子中の酸化数＝0（ゼロ）
　例　$H_2=0$、$Cu=0$
(2) 単原子イオンの酸化数＝イオンの電荷数（＋、－をつける）
　例　$Na^+=+1$、$Cl^-=-1$
(3) 化合物中の水素原子の酸化数＝＋1、化合物中の酸素原子の酸化数＝－2
　ただし、例外として過酸化水素（H_2O_2）中の酸素原子の酸化数＝－1
　例　H_2O（H：＋1、O：－2）
(4) 化合物中の各原子の酸化数の和（電気的に中性な化合物の酸化数の総和）＝0
　例　SO_2中のS原子の酸化数をxとおくと、O原子の酸化数＝－2なので
　　　$x+(-2)×2=0$、$x=+4$
(5) 多原子イオンの各原子の酸化数の和＝多原子イオンの電荷数
　例　MnO_4^-中のMn原子の酸化数をxとおくと
　　　$x+(-2)×4=-1$、$x=+7$
(6) アルカリ金属イオン（ナトリウムイオンなど）は常に＋1、アルカリ土類金属（カルシウムイオンなど）は常に＋2となっています。

練習問題

酸化と還元の説明で、次のうち誤っているものはどれか。

(1) 同一反応系において、酸化と還元は同時におこるとは限らない。
(2) 物質が酸素と化合することを酸化という。
(3) 化合物が水素を失うことを酸化という。
(4) 還元剤自体は酸化されやすい物質である。
(5) 物質が電子を受け取ることを還元という。

正解 (1)

酸化と還元は必ず同時におこる。物質Aが物質Bによって酸化される反応では、同時に物質Bが物質Aによって還元されている。

Lesson 2　基礎的な化学

12 元素の分類と性質

🔥 典型元素と遷移元素　　重要度 B

(1) 典型元素（266、267ページの元素の周期表を参照してください）

1族、2族、12族～18族の元素のことを典型元素といいます。典型元素には、金属元素と非金属元素があります。典型元素には、アルカリ金属のような特別な名の同族元素が存在します。希ガス以外の典型元素は同族の場合、価電子の数が同じなので、化学的性質が似ています。一方、族が異なると価電子の数が異なるため、同族の性質の違いも顕著になります。

(2) 遷移元素

3族～11族の元素のことをいいます。遷移元素は典型元素と違い、すべて金属元素になります。遷移元素の原子の価電子の数は2個あるいは1個なので、遷移元素の族番号による性質の変化は緩やかになります。

🔥 アルカリ金属とアルカリ土類金属　　重要度 B

アルカリ金属	アルカリ土類金属
1族元素（水素を除く） 価電子1個（1価の陽イオンになる） 金属光沢がある（銀白色） やわらかく、融点の低い軽金属 水と激しく反応し、水素を発生する 水溶液は強い塩基性を示す	2族元素（Be、Mgを除く） 価電子2個（2価の陽イオンになる） 密度・融点はアルカリ金属よりやや大きい 銀白色の軽金属 常温で水と反応し、水素を発生する 水溶液は強い塩基性を示す

アルカリ金属元素の6元素　Li（リチウム）、Na（ナトリウム）、K（カリウム）、Rb（ルビジウム）、Cs（セシウム）、Fr（フランシウム）

アルカリ土類金属の4元素　Ca（カルシウム）、Sr（ストロンチウム）、Ba（バリウム）、Ra（ラジウム）

ハロゲン　重要度 B

　ハロゲンは、**17族に属する元素**で、いずれも**有毒で1価の陰イオン**になりやすい性質をもっています。強い酸化作用を示し、水素や金属と反応しやすく、反応性は原子番号が小さいほど大きく（$F_2>Cl_2>Br_2>I_2$）、フッ素はハロゲン消火剤としても使われています。

■ハロゲンの特性

元素名	状態(20℃)	色	水との反応	水素との反応	消火剤としての利用	金属との反応性	酸化力
フッ素(F_2)	気体	淡黄色	激しく反応し、酸素を発生	冷暗所でも爆発的に反応	○	大 ↑↓ 小	強 ↑↓ 弱
塩素(Cl_2)	気体	黄緑色	一部反応	光で爆発的に反応	○		
臭素(Br_2)	液体	赤褐色	一部反応（塩素より弱い）	加熱・触媒で反応	○		
ヨウ素(I_2)	固体	黒紫色	水に難溶 反応しにくい	加熱・触媒でわずかに反応	×（毒性　強）		

金属と非金属　重要度 A

　ナトリウムやマグネシウム等金属元素は、単体の状態で、特有の**金属**としての性質をもっています。金属としての性質を示さないものは**非金属**といいます。この非金属には炭素、リン、硫黄などがあります。

　塊状では燃焼しない金属でも、粉末状にすると見かけの熱伝導が小さく、鉄、アルミニウムなど燃えやすくなる傾向があります。

■金属と非金属の性質の比較

	金属	非金属
酸化物の種類	塩基性酸化物	酸性酸化物
無機酸への溶解	溶ける	溶けない
常温での形状	固体（例外；水銀は液体）	固体、液体、気体
融点	高い	低温度、気体のものが多い
金属光沢	あり	なし（光を反射しない）
比重	大きい（例外；Naなど）	小さい
熱や電気の伝導性	良導体	不良導体（例外；炭素）
展性・延性	あり	なし（固体はもろい）

PART 2　基礎的な物理学及び基礎的な化学

（1）軽金属と重金属

金属元素では、比重が4より小さい**軽金属**（カリウムやマグネシウムなど）と、比重が4より大きい**重金属**（鉄や銅など）が存在します。

軽金属	比重＜4	K, Na, Ca, Mg, Al, Ba
重金属	比重＞4	Zn, Fe, Cu, Ag, Hg, Au, Pt

（2）イオン化傾向

単体中の金属原子が水又は水溶液中で陽イオンになるとき、金属の種類によっての、イオンへのなりやすさの違いをいいます。イオン化傾向は、腐食や起電力に関する問題を解くヒントになります。

■ **イオン（化）列**

Li　K　Ca　Na　Mg　Al　Zn　Fe　Ni　Sn　Pb　(H)　Cu　Hg　Ag　Pt　Au
リチウム　カリウム　カルシウム　ナトリウム　マグネシウム　アルミニウム　亜鉛　鉄　ニッケル　すず　鉛　水素　銅　水銀　銀　白金　金

溶ける　さびる　燃える　←　大　　　　イオン化傾向　　　　小　→　燃えない　さびない　溶けない

反応しやすい　　　　　　　　　　　　　　　　　　　　　　　反応しにくい

金属の単体は、還元剤としてはたらきますが、この物質が還元剤としてはたらく強さの順を大きいほうから並べたものがイオン（化）列です。還元剤が電子を放出する物質であることは、前項「11 酸化と還元」で学習しましたが、金属単体が水中で電子を放出して（失って）陽イオンになろうとする、そのなりやすさを**イオン化傾向**といいます。イオン（化）列とは、言い換えれば**金属元素をイオンになりやすい順**（イオン化傾向の大きい順）に並べたもの、ということです。ちなみに、水素は金属元素ではなく、水素イオン（H^+）になるためイオン（化）列のなかに加えられています。

イオン化傾向の大きい金属は、反応しやすい（溶けやすく、さびやすく、燃えやすい）といえ、イオン化傾向の小さい金属は反応しにくい（溶けにくく、さびにくく、燃えない）といえます。

(3) 金属の腐食

金属の腐食とは、さびることです。腐食は、金属と周囲の土壌との境界面で化学的、あるいは電気化学的作用によっておこる現象です。地下に埋設された鋼製のタンク配管が腐食するのも、この現象です。鋼製の配管よりイオン化傾向の大きい金属をめっきに使うことで、めっきのほうが優先的に腐食を受け配管の腐食を大幅に遅らせられます。

イオン化傾向	腐食
小 < 配管金属	すすむ
大 > 配管金属	防げる

腐食の影響を受けやすい場所
① 湿度が高い（水分が多い）
② 酸性の強い土中
③ 土質が異なる（乾燥した土と湿った土など）
④ 塩分（塩化物イオン）が多い
⑤ 直流電気鉄道の近く

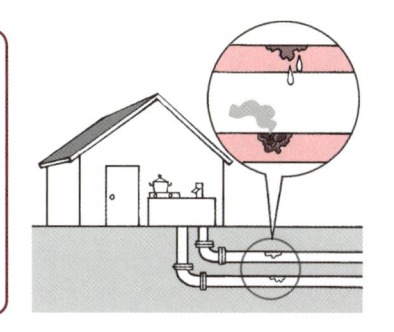

練習問題

次の鋼製の危険物配管を埋設する方法を示したもののうち、腐食しにくい方法はいくつあるか。
A 地中に埋設された危険物配管を、電気化学的腐食から防ぐためにイオン化傾向の大きい異種の金属と接続する。
B 強アルカリ性のコンクリート中に埋設する。
C 直流駆動電車の軌道に近い土壌に鋼製の配管を埋設する。
D 鋼製の配管は、砂と粘土の境等の土壌に埋設する。
E 鋼製の配管を、エポキシ樹脂塗料等で完全に被覆し土壌に埋設する。

　（1）5つ　　（2）4つ　　（3）3つ　　（4）2つ　　（5）1つ

腐食しにくいのはA、B、Eの3つ。C、Dのやり方では逆に腐食しやすくなる。　**正解** (3)

13 有機化合物

Lesson 2 基礎的な化学

有機化合物とその分類　重要度 B

有機化合物とは、一酸化炭素や二酸化炭素、炭酸塩などを除いた炭素の化合物のことをいい、骨格となる炭素原子の結合の仕方によって分類します（下図参照）。

■有機化合物の分類

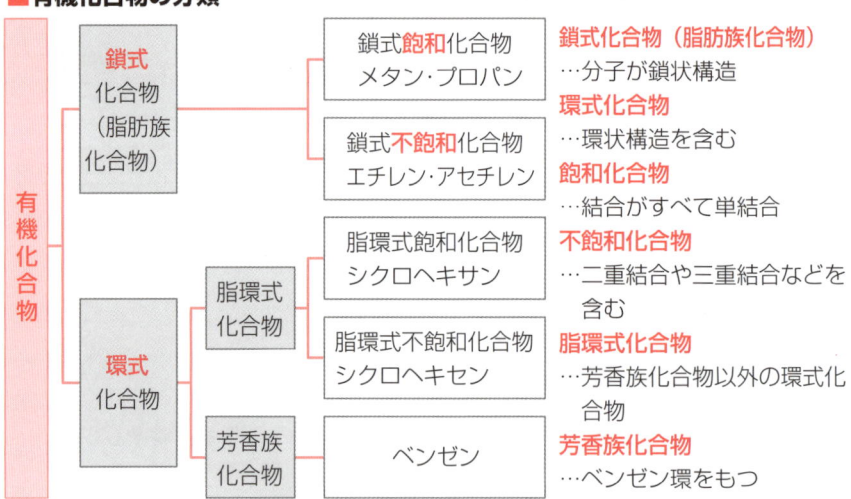

有機化合物
- 鎖式化合物（脂肪族化合物）
  - 鎖式飽和化合物　メタン・プロパン
  - 鎖式不飽和化合物　エチレン・アセチレン
- 環式化合物
  - 脂環式化合物
    - 脂環式飽和化合物　シクロヘキサン
    - 脂環式不飽和化合物　シクロヘキセン
  - 芳香族化合物
    - ベンゼン

鎖式化合物（脂肪族化合物）
…分子が鎖状構造

環式化合物
…環状構造を含む

飽和化合物
…結合がすべて単結合

不飽和化合物
…二重結合や三重結合などを含む

脂環式化合物
…芳香族化合物以外の環式化合物

芳香族化合物
…ベンゼン環をもつ

炭素と水素からなる化合物を**炭化水素**といいます。有機化合物では、分子が鎖状構造のものを**鎖式化合物（脂肪族化合物）**といい、環状構造を含むものを**環式化合物**といいます。メタンやプロパンのように結合がすべて単結合の有機化合物を**飽和化合物**といい、エチレンやアセチレンのように二重結合や三重結合などを含むものを**不飽和化合物**といいます。

また、ベンゼン分子のようにベンゼン環をもつものを**芳香族化合物**といい、芳香族化合物以外の環式化合物を**脂環式化合物**といいます。

🔥 官能基による分類　　重要度 C

　官能基とは、炭化水素基（R）に結合する特定の原子や原子団のことで、特有の化学的性質をもつものをいいます。

■官能基による分類

官能基名		構造	性質
メチル基（$-CH_3$）		$R-CH_3$（H,H,H）	疎水性
エチル基（$-C_2H_5$）		$R-CH_2-CH_3$	疎水性
ヒドロキシル基	アルコール基（$-OH$）	$R-O-H$	中性、親水性
	フェノール類（$-OH$）	$R-O-H$	酸性、親水性
カルボニル基	アルデヒド基（ホルミル基）（$-CHO$）	$R-C(=O)H$	還元性
	ケトン基（$>CO$）	$R_2C=O$	還元性なし
カルボキシル基（$-COOH$）		$R-C(=O)O-H$	酸性、親水性
ニトロ基（$-NO_2$）		$R-N(=O)O$	中性、疎水性
アミノ基（$-NH_2$）		$R-NH_2$	塩基性
スルホン基（$-SO_3H$）		$R-S(=O)(=O)O-H$	酸性
フェニル基（$-C_6H_5$）		$R-\bigcirc$	疎水性

　有機化合物の多くは、分子に含まれる官能基によってその性質が特徴づけられます。たとえば、ヒドロキシル基（$-OH$）をもつ化合物は水に溶けやすいという性質があらわれますが、同じOH基をもつ化合物でも、メタノールやエタノールなどのアルコール分子は中性ですが、ベンゼン環のH原子がOH基で置き換えられたフェノール類では酸性を示します。

■いろいろな有機化合物

分類	定義	例
①炭化水素類	炭素と水素からなる有機化合物	エチレン アセチレン
②アルコール類	鎖状炭化水素のHがOH基で置き換えられた形の有機化合物	メチルアルコール エチルアルコール
③フェノール類	ベンゼン環に結合するHがOH基で置き換えられた形の有機化合物	フェノール（石炭酸） ピクリン酸
④アルデヒド	アルデヒド基（−CHO）をもつ有機化合物	アセトアルデヒド ホルムアルデヒド
⑤ケトン	ケトン基（>CO）に2個の炭化水素基のついた形の有機化合物	アセトン メチルエチルケトン
⑥エーテル	酸素原子に2個の炭化水素基のついた形の有機化合物（−O−）	ジメチルエーテル ジエチルエーテル
⑦カルボン酸	カルボキシル基（−COOH）をもつ有機化合物	ギ酸 酢酸
⑧スルホン酸	スルホン基（−SO_3H）をもつ有機化合物	ベンゼンスルホン酸 メタンスルホン酸
⑨アミン	NH_3のHが炭化水素基で置き換えられた形（−NH_2）の有機化合物	アニリン ジメチルアミン
⑩アミノ酸	アミノ基とカルボキシル基とを併せもつ有機化合物	グリシン アルギニン
⑪ニトロ化合物	ニトロ基（−NO_2）が炭素原子に結合している有機化合物	ニトロベンゼン トリニトロトルエン（TNT）
⑫エステル	酸とアルコールから水がとれて生じる（脱水縮合）有機化合物	酢酸メチル 酢酸エチル
⑬高分子化合物	一般に平均分子量が10,000以上の有機化合物	タンパク質 脂質

🔥 有機化合物の特性　　　　　　重要度 ▶ B

有機化合物は、以下に示す特性をもっています。
①成分元素は主体が炭素（C）、水素（H）、酸素（O）、窒素（N）。
②一般に可燃性。
③一般に空気中で完全燃焼すると二酸化炭素（CO_2）と水（H_2O）を生じる。
④一般に水には溶けにくく、アルコール、アセトン、ジエチルエーテルなどの有機溶媒にはよく溶ける。

⑤一般に融点及び沸点の低いものが多い。
⑥多くは非電解物質。
⑦一般に無機化合物に比較して分子量が大きい。
⑧一般に反応は遅く、その反応機構は複雑。

第4類の危険物には有機化合物の特性をもつ危険物が含まれているので、これらの特性をよく理解しておく必要があります。

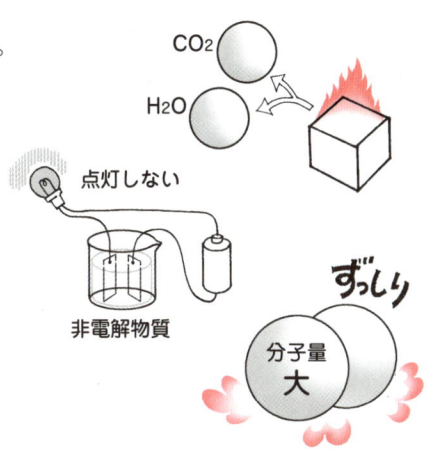

以下に、有機化合物と無機化合物の、一般的な性質の比較表を示します。

■ 有機化合物と無機化合物の性質の比較

	有機化合物	無機化合物
（結合様式）	●ほとんどが共有結合	●ほとんどがイオン結合
（水への溶解）	●溶けないものが多い	●溶けるものが多い
（有機溶媒への溶解）	●溶けるものが多い	●溶けないものが多い
（可燃性物質）	●多い	●少ない
（沸点及び融点）	●低いものが多い	●高いものが多い

練習問題

有機化合物について、次のうち誤っているものはどれか。

(1) 鎖式化合物と環式化合物の2つに大別される。
(2) 成分元素は、主に炭素、水素、酸素、窒素である。
(3) 一般に水に溶けにくい。
(4) 一般的に沸点が低いものが多い。
(5) 一般に不燃性である。

有機化合物は一酸化炭素や二酸化炭素、炭酸塩などを除いた炭素の化合物のことなので、一般に可燃性の性質をもつ。　**正解 (5)**

燃焼理論

1 燃焼の定義と原理

燃焼の定義　重要度 A

物質が酸素と化合することを酸化といいます。酸化反応が急激に進行し、著しく発熱して発光をともなうものがあります。この熱と光をともなう酸化反応を燃焼といいます。空気中で鉄がさびる現象なども緩やかな酸化になります。しかしこの酸化は、発光をともなわないため燃焼とはいいません。

燃焼の原理　重要度 A

燃焼がおこるには、以下の条件が必要です。

■燃焼がおこるのに必要な条件

①可燃性物質
②酸素供給体（空気等）　　｝燃焼の三要素
③熱源（点火エネルギー）
　　　　＋　　　　　　　　　燃焼の四要素
④燃焼の継続

燃焼にはこの三要素が同時に存在することが必要

燃焼がおこるのには燃焼の三要素が必要で、物質が燃え続けるには、燃焼の継続が必要になります。この4つめの要素を加えたものを燃焼の四要素といいます。

つまり、消火させるには、この四要素のどれか一つでも取り除けばよいということになります。

■燃焼の三要素・四要素

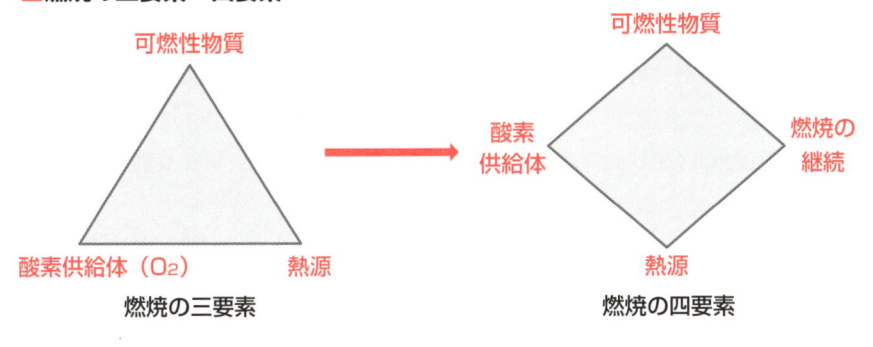

燃焼の三要素／燃焼の四要素（図）

燃焼の三要素	可燃性物質	有機化合物等、酸化されやすいすべての物質。 例）木材、石炭、ガソリン、メタンガス、動植物油類
	酸素供給体 （支燃物）	空気は、約21％の酸素が含まれた混合物で、一般的な酸素供給体として知られている。このほか、化合物中の酸素が酸素供給体としての役を負うものもある。例）第1類及び第6類の危険物や、第5類の危険物 可燃性物質の燃焼には酸素の濃度がある程度必要で、この濃度を限界酸素濃度という。限界酸素濃度は、可燃性物質の種類により異なる。
	熱源（点火エネルギー）	点火源ともいわれる。点火源となりうるものすべて。 例）火気、電気・静電気・摩擦・衝撃などの火花、酸化熱

　これら燃焼のほかに忘れてならないのが、自然発火です。油のしみた布を放置すれば、火災が発生しかねません。酸化熱が長期間蓄積される危険性にも注意が必要となります。

POINT

酸素の性質

- 比重　1.105　　融点　−218℃　　沸点　−183℃
- 無色無臭（ただし液体酸素は淡青色）
- 不燃性
- 支燃性があり、酸素濃度が高くなると可燃性の物質が激しく燃焼する
- ほとんど溶けないが、水にわずかに溶ける
- 酸化物をつくる
- 実験的には過酸化水素を分解して得られる
- 白金、金、銀、不活性ガス、ハロゲンなどとは直接化合しない

燃焼の仕方　　重要度 A

燃焼には、酸素供給が十分な完全燃焼と、酸素供給が不十分な不完全燃焼があります。

また、可燃物（燃料）は形態（気体、液体、固体）に応じていろいろな燃え方をします。

①気体の燃焼

気体が燃焼するには、可燃性ガスと空気が一定濃度範囲で混合する必要があります。この濃度範囲のことを**燃焼範囲**といいます。

②液体の燃焼

アルコールや灯油などの可燃性液体は、液体そのものは燃えず、液面から蒸発した可燃性蒸気が空気と混合し、なんらかの点火源による**蒸発燃焼**によって燃えます。

■液体の燃焼

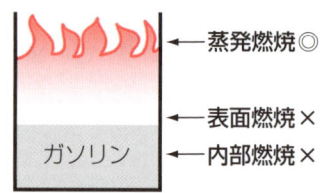

← 蒸発燃焼◎
← 表面燃焼×
ガソリン
← 内部燃焼×

③固体の燃焼

固体の燃焼には蒸発燃焼、表面燃焼、分解燃焼があります。細かく砕くと燃焼しやすくなります。

■燃焼のいろいろ

名称	燃え方		例	状態
蒸発燃焼	液面から蒸発した可燃性蒸気が空気と混合し、なんらかの火源により燃焼		アルコール 灯油	液体
	固体を加熱した場合、熱分解をおこすことがなくそのまま蒸発し、発生した蒸気が燃焼		硫黄 ナフタリン	固体
表面燃焼	固体表面で熱分解もおこらず、蒸発もしないで高温を保ち、酸素と反応して燃焼		木炭 コークス	
分解燃焼	可燃物が加熱分解し、その際発生する可燃性ガスが燃焼		木材 石炭	
	自己燃焼 内部燃焼	分解燃焼のうち、その物質中に酸素を含有するものの燃焼	ニトロセルロース セルロイド	

一酸化炭素は、炭素の不完全燃焼によっても発生します。消火薬剤として利用される二酸化炭素と比較してみると

　　炭素が　**不完全燃焼**したもの　→　一酸化炭素
　　　　　　完全燃焼したもの　→　二酸化炭素　　といえます。

■一酸化炭素と二酸化炭素の比較

性質＼ガス	一酸化炭素（CO）	二酸化炭素（CO_2）
常温の状態	無色、無臭の気体	無色、無臭の気体
空気に対する比重	0.97	1.5
燃焼性	空気中で燃える	燃えない
液化	困難	容易
毒性	有毒	有毒（窒息性がある）
水溶性	ほとんど溶けない	非常によく溶ける
その他	還元性をもっている	圧縮により容易に液化する

POINT

液体の燃焼は
① 蒸発燃焼である（液面から発生する可燃性蒸気が空気と混合し燃焼）。
② 液体自体は燃焼しない。
固体の燃焼には
蒸発燃焼、表面燃焼、分解燃焼
の3種類がある。

不完全燃焼による
一酸化炭素中毒は
危険！

練習問題

燃焼に関する説明として、該当しないものは次のうちどれか。

(1) 燃焼とは発光をともなう酸化反応であるが、発熱はともなわない。
(2) 燃焼の三要素とは、可燃物、酸素供給源及び点火源のことである。
(3) 固体の可燃物は細かく砕くと燃焼しやすくなる。
(4) 二酸化炭素は炭素が完全燃焼したときに発生するので、可燃物ではない。
(5) 酸化反応のすべてが燃焼に該当するわけではない。

燃焼とは、熱と光をともなう酸化反応のこと。　　**正解**　(1)

Lesson 3 燃焼理論

2 引火点と発火点

🔥 引火点　　　　重要度 B

可燃性液体の燃焼の難易度は、その**引火点**で決められます。引火点には、次の2つの定義があります。

引火点の定義
　①その液体が空気中で点火したとき、燃え出すのに十分な濃度の蒸気を液面上に発生する最低の液温。
　②液面付近の蒸気濃度が、ちょうどその蒸気の燃焼範囲（爆発範囲）の下限界に達したときの液温。

可燃性液体の温度がその引火点より高いときは、液面付近に発生した可燃性蒸気が火源により燃え出す危険があります。一般に引火点が低いものほど燃焼しやすく、取扱いに注意が必要です。

> **POINT**
> 引火点→燃焼範囲の下限界
> 引火点が低い→燃焼しやすい
> 　　　（取扱いに要注意）

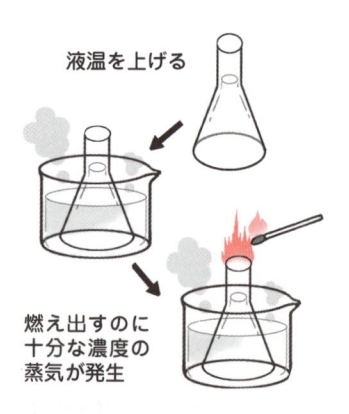

液温を上げる
燃え出すのに十分な濃度の蒸気が発生

🔥 発火点　　　　重要度 A

空気中で可燃性物質を加熱した場合、これに火炎あるいは火花などを近づけなくても発火し、燃焼を開始する最低の温度のことを**発火点**といいます。発火点は固体、液体、気体についても測定できます。引火点同様、発火点の低いものは取扱いに注意する必要があります。

第4類では、**発火点が100℃以下**のものは**特殊引火物**に指定されています。

■引火点と発火点の違い

	引火点	発火点
測定対象	液体可燃物と可燃性固体	固体、液体、気体の可燃物
定 義	液体が、空気中で点火したとき燃え出すのに十分な濃度の可燃性蒸気を表面上に発生する最低の温度	空気中で可燃性物質を加熱した場合、火源を近づけなくても物質自体が発火し燃焼を開始する最低の温度
火 源	必要	不要

■いろいろな物質の発火点

物質	発火点(℃)	物質	発火点(℃)
木材	400～470	二硫化炭素	90
黄リン	約50	木炭	320～370
三硫化リン	100	セルロイド	180
赤リン	260	無煙炭	440～500
硫黄	約360	コークス	440～600

POINT

引火点・発火点が低い = 危険性 **大**
（例）第4類危険物の特殊引火物

練習問題

「ある可燃性液体の引火点は40℃であり、発火点は300℃である」という記述について、正しいものはどれか。

（1）気温が40℃になると、燃焼可能な濃度の蒸気を発生する。
（2）気温が40℃になると、自然に発火する。
（3）液温が40℃になると蒸気を発生しはじめる。
（4）液温が300℃に達すれば引火する。
（5）液温が300℃に達すれば、火源がなくとも燃焼する。

液温40℃以下でも蒸気は発生しており、液温が40℃になると、引火して燃え出す。気温ではなく、液温が40℃でなければ引火しない。

正解 (5)

Lesson 3 燃焼理論

3 燃焼範囲

🔥 燃焼範囲と爆発　　重要度 A

　可燃性蒸気と空気との混合気に点火すると急激な燃焼、つまり爆発がおこることがあります。爆発の発生にはその混合割合が一定の濃度範囲にあることが必要で、この範囲を**燃焼範囲（爆発範囲）**といいます。

```
可燃性蒸気 ＋ 空気    →点火→   急激な燃焼（爆発）
（混合気）
```

（燃焼範囲が広い、又は下限界の低いもの→引火の危険が大）

　液体の表面（液面）には、その液温に応じて蒸気と空気との混合気が存在します。液面に近い部分の濃度がもっとも大きく、混合気の上方ほど濃度が小さくなります。

　液体の燃焼は**蒸発燃焼**といわれ、可燃性蒸気が空気と混合して燃焼し、さらに液面の熱で蒸発が促進されます。

■液面上の蒸気層の構成

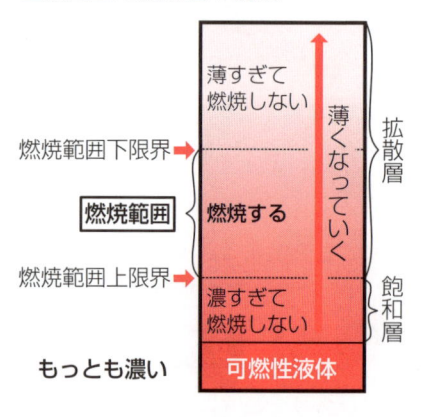

- 薄すぎて燃焼しない（拡散層）
- 燃焼範囲下限界 → 燃焼する（燃焼範囲）
- 燃焼範囲上限界 → 濃すぎて燃焼しない（飽和層）
- もっとも濃い　可燃性液体

■燃焼範囲（爆発範囲）

気体（蒸気）	燃焼範囲（爆発範囲）（容量%）	
	下限界	上限界
灯油	1.1～6.0	
ヘキサン	1.2～7.5	
ベンゼン	1.3～7.1	
二硫化炭素	1.0～50	
トルエン	1.2～7.1	
ガソリン	1.4～7.6	
ジエチルエーテル	1.9～36.0	
アセトン	2.15～13.0	
エチルアルコール	3.3～19.0	
水素	4～75	
メチルアルコール	6.0～36.0	
一酸化炭素	12～75	

燃焼範囲は、一般に空気との混合気体中に占める可燃性蒸気の常温・常圧で測定した**容量％（vol％）**であらわします。この濃度範囲のうち、低濃度のほうを**燃焼下限界**、高濃度のほうを**燃焼上限界**といいます。燃焼範囲が広く、下限界が低いものほど引火の危険性が高まります。

　たとえば、**ガソリンの燃焼範囲の下限界は1.4％、上限界は7.6％**で、これは、ガソリンと空気の混合気体の容積100ℓ中にガソリン蒸気が1.4～7.6ℓ（空気は92.4～98.6ℓ）含まれていることを示し、濃度がこの範囲内なら点火すると爆発的に燃えるということです。

　しかし、この燃焼範囲より可燃性蒸気が薄い又は濃い場合は、燃焼しません。燃焼がおこるには、この燃焼範囲が重要といえます。

　可燃性蒸気が発生しやすい第4類危険物の取扱いでは、この燃焼範囲をしっかり理解し、燃焼範囲内の可燃性蒸気が発生しないよう、十分に換気することが必要になります。

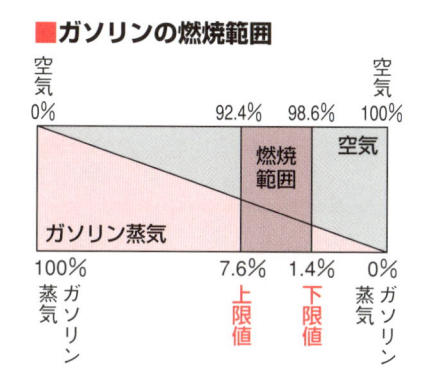

■ガソリンの燃焼範囲

空気 0%　92.4%　98.6%　空気 100%
ガソリン蒸気 100%　7.6%　1.4%　ガソリン蒸気 0%
燃焼範囲
上限値　下限値

練習問題

灯油の燃焼範囲1.1～6.0％について、正しいものは次のうちどれか。

（1）空気100ℓに灯油蒸気を1.1ℓ混合した場合は、点火すると燃焼する。
（2）空気1.1ℓと灯油蒸気98.9ℓとの混合気体は、点火すると燃焼する。
（3）灯油蒸気1.1ℓと空気98.9ℓとの混合気体は、点火すると燃焼する。
（4）空気100ℓに灯油蒸気1.1～6.0ℓ混合した場合は、長時間放置すれば自然発火する。
（5）灯油蒸気100ℓに空気1.1ℓを混合した場合は、点火すると燃焼する。

正解 (3)

灯油蒸気1.1ℓと空気98.9ℓとの混合気体は、灯油の燃焼範囲である1.1～6.0％に入るため、点火すると燃焼する。

Lesson 3 燃焼理論

4 危険物の物性

物質の危険性は、その物質の物理的性質と化学的性質を知り、物性の大小によって危険性を比較して判断します。

🔥 可燃物燃焼の難易　　重要度 A

可燃物が燃焼しやすいかどうかは、①着火しやすいか、②燃焼が継続しやすいか の2つのポイントで決まります。危険物には固有の引火点や発火点がありますが、これらが低いものほど着火しやすく、また酸素との接触面積が大きいものほど燃焼しやすくなります。

POINT

燃焼のポイント
①着火の難易
②燃焼継続の難易

燃焼の難易
①酸化されやすいものほど燃えやすい
②酸素との接触面積及び発熱量（燃焼熱）が大きいものほど燃えやすい
③熱伝導率が小さいものほど燃えやすい
④乾燥度が高い（含有水分が少ない）ものほど燃えやすい
⑤可燃性蒸気を発生しやすいものほど燃えやすい
⑥周囲の温度が高いほど燃えやすい

● **可燃物と酸素との結合力（化学親和力）**

酸化反応の難易は、可燃物と酸素との結合力（化学親和力）の大小で決まります。酸化反応での反応熱が大きいものほど、燃焼しやすくなります。

● **物体の粒子**

鉄の塊は加熱しても燃焼しませんが、鉄粉になると簡単に燃焼します。このように、物体の粒子が小さいほど空気と接触する面積が大きくなり、燃焼しやすくなります。

● **温度による影響**

温度が高いほど反応速度が高くなり、燃焼反応が促進され、早く燃えます。

● **不燃物質の含有度**

二酸化炭素のような完全酸化した物質は、それ以上燃焼できない不燃物なので、これらが多く混入していると燃焼しにくくなります。

■ **物質の危険性と燃焼の難易** （赤字は第4類の危険物の危険性を表す条件）

危険度▶小 （燃えにくい）	物質の危険性 （燃焼条件）	危険度▶大 （燃えやすい）
低い	（周囲の）温度・蒸気圧	高い
高い	沸点	低い
高い	引火点・発火点	低い
大きい	比熱	小さい
小さい	発熱量・燃焼熱	大きい
低い	火炎の伝搬速度	高い
低い	燃焼速度	高い
高い	熱伝導率	低い
発生しにくい	可燃性蒸気	発生しやすい
小さい	燃焼範囲（爆発範囲）	大きい
大きい	燃焼範囲の下限値	小さい
低い	乾燥度	高い
大きい	物体の粒子	小さい
大きい	最小着火エネルギー	小さい
高い	電気伝導度	低い
多い	不燃物質の含有度	少ない

酸素の接触面積が大きいものほど燃えやすい

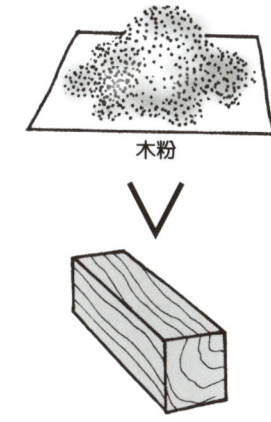

木粉
∨
木材

練習問題

次の物質の性状及び燃焼条件のうち、燃焼の難易に直接関係のないものはどれか。

（1）引火点が低い　（2）発火点が低い　（3）燃焼範囲が広い
（4）蒸気比重が大きい　（5）酸素との接触面積が大きい

燃焼のしやすさは、着火しやすいか、燃焼が継続しやすいかで判断される。蒸気比重の大小は燃焼のしやすさには直接関係ない。

正解　(4)

PART 2　基礎的な物理学及び基礎的な化学

Lesson 3 燃焼理論

5 自然発火

空気中の物質が常温で自然に発熱し、その熱が長時間蓄積されて発火点に達し、ついに燃焼する現象を**自然発火**といいます。

危険物のなかには、第5類の危険物のように自己燃焼し、自然発火するものがあります。第5類の場合は、酸素を含有していることから急激に反応がすすむため、たいへん危険です。また、第4類危険物のなかには酸化熱により発火する動植物油類があるので、自然発火の仕組みや条件についてしっかり理解しておく必要があります。

自然発火の仕組み　重要度 B

自然発火の機構には分解熱、酸化熱、吸着熱、発酵熱などがあります。

①分解熱による発熱：セルロイド、ニトロセルロース

セルロイドやニトロセルロースなどは、自然分解をすることがあり、このとき分解熱を生じます。換気の不十分な場所では、分解熱が蓄積され自然発火します。映画フィルムなどは、かつてセルロイドでつくられていたので、それらを保管していた倉庫で火災がおこったことがあります。

②酸化熱による発熱：乾性油、原綿、石炭、ゴム粉

第4類危険物の動植物油類での自然発火は、この酸化熱が原因です。乾性油は酸化しやすく、換気が不十分だと酸化熱が蓄積し、自然発火します。

アマニ油などの乾性油は、ぼろ布などにしみ込ませて放置すると自然発火し、火災の原因となります。

そのほかには、吸着熱による発熱（活性炭、木炭粉末）や、発酵熱という、微生物による発熱（たい肥、ごみ）などがあります。

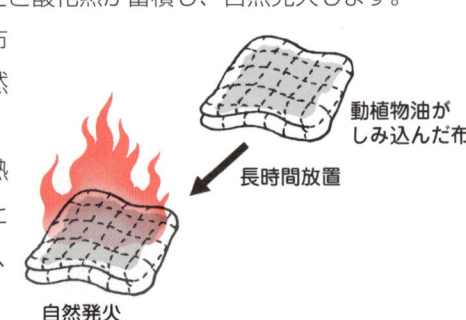

動植物油がしみ込んだ布　→　長時間放置　→　自然発火

自然発火の予防方法　重要度 A

自然発火の条件には**熱の蓄積**、**熱伝導率**、**たい積方法**、**空気の流動**、**発熱量**、**触媒物質**などがあります。

①熱の発生を抑える

自然発火は、熱が発生して蓄積されることによっておこるので、高温高湿の場所や直射日光を受ける場所を避けて貯蔵するなど、外部からの熱による自然分解がおこりにくい方法で保管する必要があります。

②熱の蓄積を防ぐ

熱の蓄積を防ぐには、次の対応が必要です。

- **空気の流れをよくする**……保管方法に注意し、整理整頓に努めるほか、たい積方法に気をつけます。
- **熱の物理的性質を考える**……発熱量の大きいもの、熱伝導の小さいもの、比熱の小さいものにはとくに注意します。
- **熱の化学的性質を考える**……温度の高いものや、触媒物質がそばにある場合は、化学反応が通常の条件より活性化するので、取扱いに注意します。

練習問題

自然発火をおこしやすい動植物油類を取扱う際に、自然発火をおこしやすいものはどれか。

(1) 容器に入った油を長時間直射日光にさらしていたとき。
(2) 油の入った容器をふたをせずに放置したとき。
(3) 繊維にしみ込ませたものを積み重ねて、長期間風通しの悪い場所に放置したとき。
(4) 容器の油に不乾性油を混合したとき。
(5) 倉庫の換気をよくしたとき。

繊維にしみ込んだ動植物油が空気中の酸素で酸化し、風通しが悪いため酸化熱が長時間蓄積して発火点に達し、自然発火をおこすことになる。　**正解 (3)**

Lesson 3 燃焼理論

6 混合危険

さまざまな混合危険 　重要度 C

　その物質1種類ならさほど危険ではなくても、それに複数の物質が混合又は接触することにより、発火又は爆発するおそれのあることを混合危険といいます。

混合危険は、次の4つに大別されます。
①酸化性物質と還元性物質とが混合する場合
②酸化性塩類と強酸とが混合する場合
③物質が互いに接触して化学反応をおこし、きわめて敏感な爆発性物質をつくる場合
④水と作用して発火・燃焼する場合

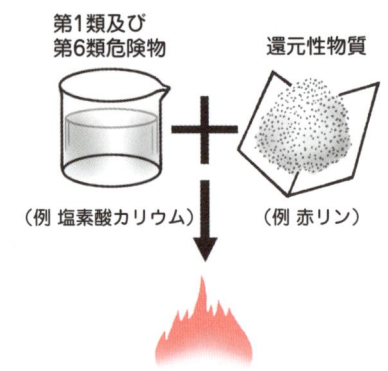

第1類及び第6類危険物（例 塩素酸カリウム） ＋ 還元性物質（例 赤リン）

　混合危険は、このように強酸化性物質と可燃性物質が混合したときにおこることが多いので、強酸化性物質である第1類・第6類危険物と、第2類・第4類危険物を同じ部屋に保管するのは非常に危険だといえます。

①酸化性物質と還元性物質とが混合する場合

酸化性物質……第1類及び第6類の危険物 ⎫
　　　　　＋　　　　　　　　　　　　　⎬ 危険
還元性物質……第2類及び第4類の危険物 ⎭

　この組合せでは①混合によってただちに発火するもの、②発熱後しばらくして発火するもの、③混合したものに加熱・衝撃を与えることによって発火・爆発を生じるもの　などがあります。
　第4類の危険物であるアルコール類は、無水クロム酸と接触すると激しく反応し、発火することがあります。

②**酸化性塩類と強酸とが混合する場合**

酸化性塩類（塩素酸塩類、過塩素酸塩類、過マンガン酸塩類）
　　　　　　　　＋
　　　　強酸（硫酸など）
｝危険

　混合することで不安定な遊離酸を生成し、可燃物と接触することで発火して、それ自体でも自然分解をおこして爆発することがあります。
　塩素酸塩類は、少量の強酸の添加によって爆発します。

③**敏感な爆発性物質をつくる場合**

　敏感な物質をつくる反応は、比較的知られていないことが原因で災害が発生することがあります。
　たとえばアンモニアは、塩酸やヨウ素（ヨードチンキ）、塩素酸塩といった物質と接触混合することで爆発性物質をつくります。

④**水と作用して発火・燃焼する場合**

　第2類や第3類には、水との接触により発火・燃焼するものがあります。詳しくは次項「7　水分との接触による発火」で学習します。

練習問題

次の危険物どうしの組合せで、混合しても爆発、又は発火の危険性のないものはどれか。

(1) 硝酸アンモニウムとグリセリン
(2) 硝酸ナトリウムとメチルアルコール
(3) ニトロセルロースとメチルアルコール
(4) 硫化リンと過マンガン酸カリウム
(5) 赤リンと塩素酸カリウム

正解　(3)

ニトロセルロースとメチルアルコールは危険物と保護液の関係なので、混合しても爆発又は発火の危険性はない。

Lesson 3 　燃焼理論

7　水分との接触による発火

🔥 水分と接触の危険性　　　重要度 B

　空気中の湿気を吸収したり、水分に接触したりしたときに発火するものがあります。**ナトリウム**、**カリウム**、**マグネシウム粉**、**アルミニウム粉**などのように水分と反応して可燃性ガス（水素やアセチレンなど）を発生し、**反応熱により発火**するものがこれに属します。

　水と接触することで、可燃性ガスを発生させるため、**注水消火は厳禁**です。

　水分との接触により可燃性ガスを生じる危険物の多くは、第3類の禁水性物品や第2類の金属粉に存在します。これらの保存には容器を密閉するなど、水分と接触しないよう配慮する必要があります。

　また、第1類危険物の過塩素酸塩類や無機過酸化物は、水との反応により酸素を発生させますが、第4類危険物は**水分との接触**により、**可燃性ガス**を生じて発火することはありません。

　第2類、第3類危険物に存在する水との接触により可燃性ガスを発生する物質を、右ページに一覧にしてあります。

　ほとんどのものが、水との接触により可燃性ガスである**水素**を発生します。水素は常温（20℃）で**無色無臭**、**軽く**、**反応性の高い**、**非常に燃えやすい**物質です。水素：酸素＝2：1（体積比）の混合気は、火をつけると爆発的に燃焼し危険です。このような可燃性ガスを発生させないよう、容器を密封して保存する必要があります。

👍 **POINT**

水と反応し、可燃性ガスを発生させる危険物は
　①第2類と第3類に存在する
　②水分と接触しないよう容器は密閉して保存する
　③消火の際は、注水消火は厳禁

水との接触により発生するガスには、有毒なものや、銅などと爆発性物質をつくるものも含まれます。炭化カルシウムから発生するアセチレンガスは、銅・銀・水銀と爆発性物質をつくり、硫化リンから発生する硫化水素や、リン化カルシウムから発生するリン化水素は有毒なうえ可燃性のガスなので、取扱いには注意が必要です。

■**水との接触により可燃性ガスを発生する物質**

物品名	類別	発生ガス
硫化リン	第2類	硫化水素
アルミニウム粉	第2類	水素
亜鉛粉	第2類	水素
マグネシウム粉	第2類	水素（熱水との接触による）
カリウム	第3類	水素
ナトリウム	第3類	水素
アルキルアルミニウム	第3類	アルコール蒸気
リチウム	第3類	水素
カルシウム	第3類	水素
バリウム	第3類	水素
ジエチル亜鉛	第3類	エタンガス
水素化ナトリウム	第3類	水素
水素化リチウム	第3類	水素
リン化カルシウム	第3類	リン化水素
炭化カルシウム	第3類	アセチレンガス
炭化アルミニウム	第3類	メタンガス

練習問題

次の物質のうち、水との接触により可燃性ガスを発生するものはいくつあるか。

ナトリウム　　　カリウム　　　マグネシウム粉　　　鉄粉
炭化カルシウム　過酸化カリウム　硝酸ナトリウム

(1) 3つ　　(2) 4つ　　(3) 5つ　　(4) 6つ　　(5) 7つ

正解 (2)

水との接触により可燃性ガスを発生する物質はナトリウム、カリウム、マグネシウム粉、炭化カルシウムの4つである。過酸化カリウム、硝酸ナトリウムは潮解性物質。鉄粉は酸に溶けて可燃性ガスを発生する。

Lesson 3 燃焼理論

8 爆発

　急激なエネルギー解放による圧力上昇と、それに起因する爆発音をともなう現象のことを**爆発**といいます。爆発には**粉じん爆発**、**可燃性蒸気の爆発**、**気体の爆発**などがあります。

さまざまな爆発　　重要度 B

①粉じん爆発

　可燃性物質が粉体（粉じん）となって空気中に浮遊している状態で、着火すると**粉じん爆発**をおこします。硫黄粉末や木粉など可燃性物質の粉末ばかりか、通常では燃焼しない小麦粉や砂糖、鉄粉なども粉末状態で空気中に飛散させ、密閉空間で着火すれば爆発します。粉じん爆発では、酸素との接触不足により、一部不完全燃焼がおこっています。

■粉じんの爆発下限

可燃性粉体	爆発下限（空気中g/m³）	可燃性粉体	爆発下限（空気中g/m³）
石炭	35	鉄	120
硫黄	35	小麦	60
アルミニウム	35	砂糖	19
石けん	45	ポリエチレン	25

②可燃性蒸気の爆発

　可燃性液体の蒸気が密閉状態のところで燃焼範囲（爆発範囲）にあると、火源によって爆発現象をおこします。

　第4類にはガソリン、灯油、ベンゼンなど、下限値の低い危険物が数多くあります。

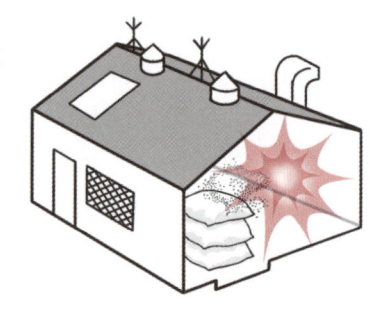

③気体の爆発

　可燃性気体の燃焼速度は比較的速く、可燃性蒸気のそれより速いので、危険

性も高まります。開放された空間では、空気と混合して燃焼範囲内での燃焼になるため、炎をあげて燃えますが、密閉空間では、燃焼範囲内の混合ガスに着火すると爆発をおこします。

可燃性気体の燃焼の特徴は、爆発にいたるまでの時間が比較的短いことです。とくに**水素ガス**や**アセチレンガス**は、その点に大きな特徴があり、非常に危険です。

④**火薬の爆発**

第1類と第5類には、火薬の原料となる危険物が存在します。

第1類の危険物は分子内に酸素を含有し、不燃性です。酸化性を含むため、可燃物と混合したものは爆発の危険性が高まります。**硝酸塩類**や**過塩素酸塩類**は花火などの原料になります。

分子内に酸素供給源と可燃物を共有する第5類の危険物は、火気や衝撃などによって爆発します。**ニトロ化合物**や**硝酸エステル類**は、火薬類の基材に使われています。

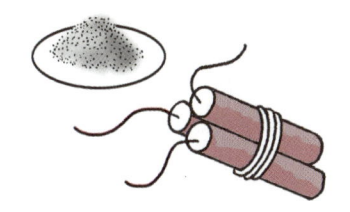

練習問題

粉じん爆発について、誤っているものは次のうちどれか。

（1）有機物が粉じん爆発したときは、必ず完全燃焼するので、一酸化炭素は発生しない。
（2）粉じんと空気が適度に混合すると、粉じん爆発がおこる。
（3）粉じん粒子が大きいと、可燃性物質が浮遊しにくいので粉じん爆発をおこしにくい。
（4）可燃性固体の微粉が空中に浮遊しているとき、なんらかの火源により爆発することをいう。
（5）開放された空間では、燃焼がおこり、粉じん爆発はおこりにくい。

粉じん爆発したときでも一部不完全燃焼がおこるため、一酸化炭素は発生する。　**正解（1）**

消火理論

1 消火理論

消火の三要素と四要素　重要度 B

消火活動とは「燃焼を中止させること」に相当します。すなわち

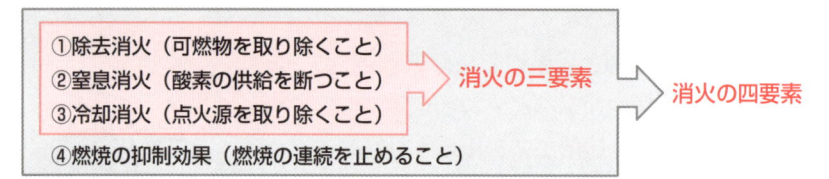

①除去消火（可燃物を取り除くこと）
②窒息消火（酸素の供給を断つこと）　➡ 消火の三要素 ➡ 消火の四要素
③冷却消火（点火源を取り除くこと）
④燃焼の抑制効果（燃焼の連続を止めること）

燃焼の三要素のうち一つでも取り除けば、燃焼は中止し、消火できます。

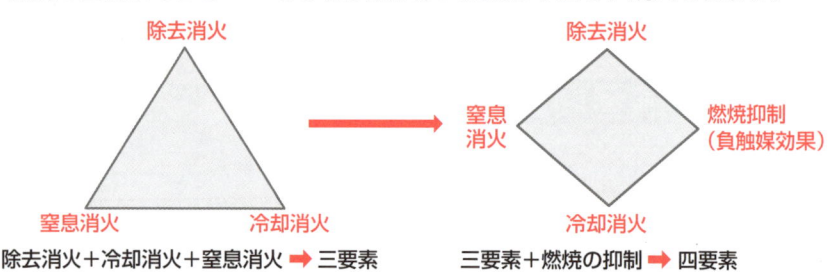

除去消火＋冷却消火＋窒息消火 ➡ 三要素　　三要素＋燃焼の抑制 ➡ 四要素

一般の消火では、消火方法のいろいろな組合せが利用されます。

①除去消火法

燃焼の一要素である可燃物を取り去る消火法。

● **希釈消火法**

液面上の**可燃性蒸気の除去**による消火法。

②窒息消火法

燃焼の一要素である**酸素の供給を断つ**消火法。不燃性の泡、ハロゲン化物、二酸化炭素、又は不燃性固体を用いる方法などがあります。

1） **不燃性の泡**で燃焼物を覆う。
　　空気又は二酸化炭素などを含む泡で、燃焼物の空気との接触を断つ消火法。
2） **ハロゲン化物の蒸気**で燃焼物を覆う。
　　ハロゲン化物を燃焼物に放射する方法は、ハロゲン化物がもつ窒息作用と抑制作用を利用する消火法。
3） **二酸化炭素**で燃焼物を覆う。
　　二酸化炭素による窒息消火。
4） **固体**で燃焼物を覆う。
　　燃焼物を土、砂、布団、むしろなど固体で覆う窒息消火。

③冷却消火法

　燃焼の一要素である熱源から熱をうばい、燃焼物を引火点又は固体の熱分解による可燃性ガス発生温度以下にすることで、燃焼の継続を止める消火法です。
　この方法のための消火剤として汎用されているものに**水**があります。水を噴霧状にして燃焼物にかければ冷却効果が上がり、気化した水蒸気による窒息効果もねらえます。

練習問題

消火理論について誤っているものは、次のうちどれか。

(1) 燃焼の三要素である可燃物、酸素供給源、点火源の一つを取り去っただけでは消火はできない。
(2) 水を噴霧状にして可燃物にかけて消火するのは、冷却効果とともに窒息効果をねらったものである。
(3) すべての泡消火剤に窒息効果がある。
(4) 水は比熱及び気化熱が大きいため、冷却効果が大きい。
(5) 爆風により可燃性蒸気を吹き飛ばす方法で消火できる場合もある。

燃焼の三要素のいずれか一要素でも取り除けば、消火できる。　　**正解 (1)**

Lesson 4 消火理論

2 消火（薬）剤

🔥 いろいろな消火（薬）剤　　重要度 A

　消火剤は、**水系消火剤**と**ガス系消火剤**の2つに大別できます。水系消火剤は水、泡、強化液など水を主体としたもので、**普通火災（A火災）**に有効です。ガス系消火剤には二酸化炭素、ハロゲン化物、粉末消火剤が含まれ、**油火災（B火災）**や**電気火災（C火災）**に有効です。

（1）水系消火剤

水	比熱や蒸発熱が非常に大きいという水の性質は、消火薬剤として高い**冷却効果**を発揮します。しかも、毒性も腐食性もないことから、普通火災の消火にはもっともよく用いられます。一方で、**油火災**に使用すると燃えている油が水面に浮いて危険が拡大することから、不適当な消火剤ともいえます。注水方法には**棒状注水**と**噴霧状注水**があり、噴霧状注水は**電気火災**にも対応できます。
強化液	凍結防止や消火効果を上げるため、各種の薬剤を溶かしたものを**強化液**といいます。強化液には炭酸カリウムの濃厚水溶液が用いられています。水と同様、**棒状注水**と**噴霧状注水**があり、噴霧状注水では**電気火災**にも対応できます。
泡消火剤	化学反応によってできる二酸化炭素でつくられる**化学泡**と、空気を混合してつくる**空気泡**があります。化学泡は主に消火器で、空気泡は固定消火設備で用いられます。化学泡は、**炭酸水素ナトリウム**と**泡安定化剤**を溶かしたA液と、**硫酸アルミニウム**を溶かしたB液との混合（化学反応）でできた二酸化炭素の細かい泡でつくり、安定化剤でこわれるのを防いでいます。空気泡は、水に**安定化剤**を溶かし、空気を混合してつくります。水に溶けやすいため、第4類危険物など水溶性液体可燃物には適用できません。

（2）ガス系消火剤

二酸化炭素	二酸化炭素は不燃性の重い気体で、空気を遮断する窒息消火を行います。地下街など換気ができない場所では、人がいると窒息死する危険があります。
ハロゲン化物	ハロゲン化物とは、メタンやエタンなどの炭化水素の水素原子をフッ素、塩素、臭素のハロゲン元素と置換したもので、置換することで不燃性になります。消火効果としては、負触媒作用による抑制効果になります。二酸化炭素同様、換気のできない地下街などでは、人がいると窒息死する危険があります。
粉末消火剤	炭酸水素ナトリウムなどに防湿処理をしたもので、抑制作用により消火します。薬剤としては炭酸水素ナトリウム、炭酸水素カリウム、リン酸第二アンモニウムなどがあります。

練習問題

消火剤として使われる炭酸水素ナトリウムに関する内容で、正しいものは次のうちどれか。

(1) 中性である。
(2) 加熱時に二酸化炭素と水蒸気を発生する。
(3) 水溶液に硫酸を加え発生する酸素を圧力源として薬剤が放射される。
(4) 灰色の固体で潮解性を有するので防湿処理が施してある。
(5) 硫酸ナトリウム水溶液を混合すると、泡消火薬剤となる。

炭酸水素ナトリウムは白色の固体で潮解性はなく、水溶液は加水分解により弱アルカリ性を示す。水溶液と硫酸を混合させると二酸化炭素を発生させる。泡消火薬剤となるのは硫酸アルミニウムである。

正解 (2)

Lesson 4 消火理論

3 危険物施設の消火設備

施設ごとの消火設備　重要度 B

製造所等の分類は
① 著しく消火困難な製造所等
② 消火困難な製造所等
③ その他の製造所等
で、それぞれに応じた消火設備を設けなければなりません。

　危険物の火災は一般火災に比べ、燃焼速度がきわめて速く、消火が困難などの特性をもっています。火災初期段階から危険物に適応した消火設備による消火活動を行う必要があります。そのため、危険物施設には一般建築物とは異なる基準が定められています。

　消火設備には以下の種別があります。
- 第1種　〇〇消火栓設備
- 第2種　スプリンクラー
- 第3種　〇〇消火設備
- 第4種　大型消火器
- 第5種　小型消火器、乾燥砂など

第4類の危険物の消火には、第3種〜第5種の消火設備が用いられます。

(1) 第1種消火設備（屋内・屋外消火栓）

　屋内（屋外）消火栓設備は水源、加圧送水装置、起動装置、放水用消火用具及びこれらを連結する配管などから構成されています。屋内消火栓設備は屋内の火災で最初に使われる、基本の設備です。屋外消火栓設備は、建築物の1階や2階の火災時に使われ、消火や延焼防止に役立つ設備です。

■政令別表第五

消火設備の区分		対象物の区分											
		建築物その他の工作物	電気設備	第1類の危険物		第2類の危険物			第3類の危険物		第4類の危険物	第5類の危険物	第6類の危険物
				アルカリ金属の過酸化物又はこれを含有するもの	その他の第1類の危険物	鉄粉、金属粉若しくはマグネシウム又はこれらのいずれかを含有するもの	引火性固体	その他の第2類の危険物	禁水性物品	その他の第3類の危険物			
第1種	屋内消火栓設備又は屋外消火栓設備	○			○		○	○		○		○	○
第2種	スプリンクラー設備	○			○		○	○		○		○	○
第3種	水蒸気消火設備又は水噴霧消火設備	○	○		○		○	○		○	○	○	○
	泡消火設備	○			○		○	○		○	○	○	○
	不活性ガス消火設備		○				○				○		
	ハロゲン化物消火設備		○				○				○		
	粉末消火設備 リン酸塩類等を使用するもの	○	○		○		○	○			○		○
	粉末消火設備 炭酸水素塩類等を使用するもの		○	○		○	○		○		○		
	粉末消火設備 その他のもの			○		○			○				
第4種又は第5種	棒状の水を放射する消火器	○			○		○	○		○		○	○
	霧状の水を放射する消火器	○	○		○		○	○		○		○	○
	棒状の強化液を放射する消火器	○			○		○	○		○		○	○
	霧状の強化液を放射する消火器	○	○		○		○	○		○	○	○	○
	泡を放射する消火器	○			○		○	○		○	○	○	○
	二酸化炭素等を放射する消火器		○				○				○		
	ハロゲン化物を放射する消火器		○				○				○		
	消火粉末を放射する消火器 リン酸塩類等を使用するもの	○	○		○		○	○			○		○
	消火粉末を放射する消火器 炭酸水素塩類等を使用するもの		○	○		○	○		○		○		
	消火粉末を放射する消火器 その他のもの			○		○			○				
第5種	水バケツ又は水槽	○			○		○	○		○		○	○
	乾燥砂			○	○	○	○	○	○	○	○	○	○
	膨張ひる石又は膨張真珠岩			○	○	○	○	○	○	○	○	○	○

(2) 第2種消火設備（スプリンクラー設備）

スプリンクラー設備

　天井に張り巡らした配管に、間隔をおいてヘッドが取り付けられています。火災がおこると、その熱でヘッドの感熱部分が溶解又は破壊されます。ヘッドからのシャワー状噴水で消火する設備で、火災の発見と消火を一段階で自動的に行います。この装置は、水源・加圧送水装置・自動警報装置・弁・配管・スプリンクラーヘッドなどからなっています。第1種消火設備同様、電気設備や水と反応しやすい物品（禁水性物品等）、**第4類危険物等**には使用できません。

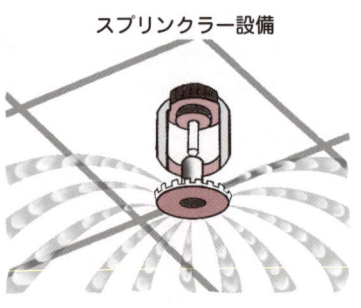

(3) 第3種消火設備（特殊消火設備）

　水蒸気又は水噴霧、泡、二酸化炭素等、ハロゲン化物又は消火粉末などを、固定された放射口から放射するものです。全固定式だけでなく、半固定式、移動式も含まれます。

　消火薬剤により使用対象区分が決められているので、注意が必要です。

① **水噴霧消火設備**……水源、加圧送水ポンプ、噴霧ヘッド、配管、弁などから構成されています。噴霧ヘッドから水を噴霧状に放射します。水と反応しやすい物品（**禁水性物品等**）には使用できません。

② **泡消火設備**……空気泡消火設備と化学泡消火設備があり、それぞれに固定式と移動式があります。

　水源、加圧送水ポンプ、泡原液（空気泡原液が容量比で3％又は6％の割合で水と混合して使用）、フォームチャンバー（貯蔵タンクなどのトップアングルの下部に取り付けられた放出装置）、配管、ヘッド又はホースなどから構成されています。水と反応しやすい物品（**禁水性物品等**や**電気設備**）には使用できません。

③**不活性ガス消火設備**……放射方式により、全域放出方式と局所放出方式があります。

二酸化炭素や窒素等を充てんしたボンベから保護対象施設に配管し、これにガス放出口などを設けたものです。二酸化炭素消火器の場合、放出した二酸化炭素が、室内又は対象物周辺の酸素濃度を低下させます（窒息効果）。室内の場合は人が残っていると**窒息の危険**があるので十分な注意が必要です。使用できるのは、**電気設備**と**第2類の引火性固体**、**第4類危険物**です。

二酸化炭素消火器 — サイホン管／二酸化炭素

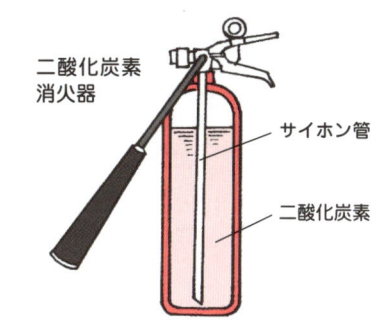

④**ハロゲン化物消火設備**……ハロン（ハロゲン化物消火薬剤）は、汚損の少ないすぐれた消火薬剤として、コンピューター室などに多用されてきましたがオゾン層を破壊する性質をもっているため、平成6年1月以降は生産中止となっています。現在、主として用いられているハロゲン化物はブロモトリフルオロメタン（ハロン1301）です。種類、構成などは不活性ガス消火設備とほとんど同じです。使用できるのは不活性ガス消火設備同様、**電気設備**と**第2類の引火性固体**、**第4類危険物**です。

ハロン1301消火器 — サイホン管／ハロン1301

⑤**粉末消火設備**……方式、構成その他は不活性ガス消火設備とほとんど同じですが、加圧用ガス（窒素ガス、二酸化炭素）を必要とします。加圧ガスを消火粉末容器に送り、粉末をヘッド又はノズルから放射します。消火薬剤により、その適応はやや異なります。

粉末消火設備

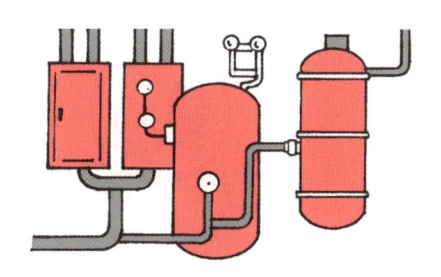

（4）第4種消火設備（大型消火器）

　通常、大型消火器といわれます。泡消火器、二酸化炭素消火器、粉末消火器（窒素ガス又は二酸化炭素加圧式）、強化液消火器などがあります。構造、適応火災などは第5種消火設備（小型消火器）に準じます。

　大型消火器は車輪に固定積載され、消火剤が多く放射時間が長い、太くて長い放射用ホースの放射距離範囲が広いなどの特徴があります。

- **能力単位**……消火能力の単位で表現された消火器の技術上の規格は次のとおりです。

火災の種類	能力単位
普通火災（A火災）	10単位以上
油火災（B火災）	20単位以上

- **消火剤の量**……検定によってこれらの能力単位が認められる消火剤の量は次のとおりです。

大型消火器の種類	消火剤の量
水消火器・化学泡消火器	80ℓ以上
機械泡消火器	20ℓ以上
強化液消火器	60ℓ以上
ハロゲン化物消火器	30kg以上
二酸化炭素消火器	50kg以上
粉末消火器	20kg以上

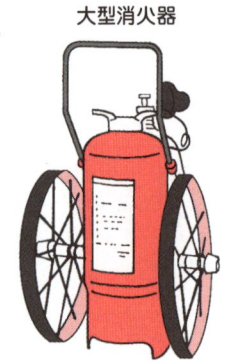

大型消火器

（5）第5種消火設備（小型消火器）

　一般に小型消火器とよばれ、初期火災、小規模火災を対象として製作されています。適応する火災と可燃物の種類によって次の3つに区別されています。

■適応火災を示す円形標識

A火災（普通火災）	B火災（油火災）	C火災（電気火災）
白色	黄色	青色
（炎…赤,可燃物…黒）	（炎…赤,可燃物…黒）	（電気の閃光…黄）

■火災の区別

火災の種類	可燃物の種類	標識の色
A火災	普通火災；普通可燃物（木材、紙類、繊維など）	白色
B火災	油火災；引火性液体など	黄色
C火災	電気火災；電線、変圧器、モーターなど	青色

それぞれの火災に対応する消火器は**白色（普通火災）**、**黄色（油火災）**、**青色（電気火災）**の標識を付けることになっています。消防法に基づく検定に合格すれば、消火器として認められます。

■消火器以外の第5種消火設備の能力単位

消火設備	種別	容量	対象物に対する能力単位 第1類から第6類までの危険物に対するもの	電気設備および第4類の危険物を除く対象物に対するもの
水バケツ又は水槽	消火専用バケツ	8ℓ	—	3個にて1.0
	水槽（消火専用バケツ3個付）	80ℓ	—	1.5
	水槽（消火専用バケツ6個付）	190ℓ	—	2.5
乾燥砂	乾燥砂（スコップ付）	50ℓ	0.5	—
膨張ひる石又は膨張真珠岩	膨張ひる石又は膨張真珠岩（スコップ付）	160ℓ	1.0	—

練習問題

第4類危険物の消火に使えない小型消火器は、次のうちどれか。

(1) リン酸塩類等を使用する小型消火器。
(2) 泡で消火する小型消火器。
(3) 二酸化炭素を放射する小型消火器。
(4) ハロゲン化物を放射する小型消火器。
(5) 棒状の強化液を放射する小型消火器。

棒状の強化液では、強化液表面に第4類危険物が浮いて広がり、かえって危険性が増すため使えない。ただし、霧状の強化液を放射する消火器であれば使える。　**正解 (5)**

Lesson 4 消火理論

4 消火器具の設置基準

消火器具の設置基準　重要度 B

　消火器具は設置基準によって場所、配置方法、標識の設置などが定められています。

①消火器具の設置場所
　消火器具の設置場所は、次のように定められています。
ア　通行や避難に支障がなく、使用にあたって**容易に持ち出せる箇所**に設置すること。
イ　床面からの高さが**1.5m以下の箇所**に設けること。
ウ　水その他消火剤が凍結、変質し、又は噴出するおそれが少ない箇所に設けること。ただし、保護のための有効な措置を講じたときは、この限りではない。
エ　消火器には、**地震の振動等による転倒を防止**するための適当な措置を講じること。ただし、粉末消火器やその他転倒により消火剤が漏出するおそれのない消火器は、この限りではない。

②消火器具の配置
　消火器具の配置の仕方は、次のように定められています。
ア　消火器具は、防護対象物の階ごとに次の場所の各部分から、それぞれ1つの消火器にいたる歩行距離（歩行する距離で測定した距離）が**20m以下**となるよう設置する必要があります。
　　● 建築物その他の工作物に設置するときは防火対象物
　　● 危険物又は指定可燃物に設置するときは危険物又は指定可燃物を貯蔵、又は取扱う場所
　　● 電気設備のある場所に設置するときはその場所

イ 一定量以上の指定可燃物の火災に対応して設置する大型消火器の場合は、防護対象物の各部分から1つの消火器にいたる**歩行距離**が**30m以下**となるよう設置する必要があります。

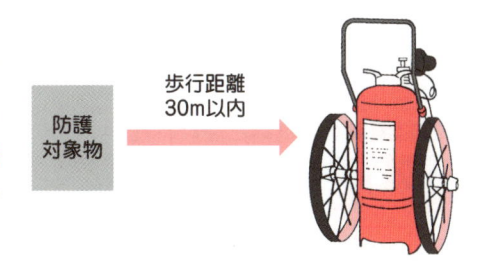

③二酸化炭素消火器又はハロゲン化物消火器に対する制限

二酸化炭素又はブロモトリフルオロメタン（ハロン1301）を除くハロゲン化物を放射する消火器は、地下街及び準地下街並びに換気について有効な**開口部の面積が床面積に対し1/30以下**である地階、無窓階又は居室で、その**床面積が20m²以下**の場所には設けられないとされています。

人体への影響があり、**窒息による死亡原因**にもなりかねないためです。

④消火器具の適応性

消火器具は、設置を要する対象物の区分に応じて、それぞれの消火に適応するものを設置しなければなりません。

⑤消火器具の標識

消防法施行規則第9条第4号に基づき、消火器具を設置した箇所には見やすい位置に**標識を設ける**こと、とされています。

（標識）**地を赤色、文字を白色とし、短辺8cm以上、長辺24cm以上**（大きさをこれの最小値以上とする場合は、短辺と長辺の比率をこの数値のとおりとする）として、次の文字を表示する。

ア 消火器にあっては「**消火器**」
イ 水バケツにあっては「**消火バケツ**」
ウ 水槽にあっては「**消火水槽**」

エ　乾燥砂にあっては「消火砂」
オ　膨張ひる石又、膨張真珠岩にあっては「消火ひる石」

■主な消火器の種類と使われ方

区分	種類	消火剤の主成分	適応火災※	消火効果
水を放射する	水消火器	水	A、(C)	冷却作用
	酸・アルカリ消火器	炭酸水素ナトリウム、硫酸	A、(C)	冷却作用
強化液を放射する	強化液消火器	炭酸カリウム	A、(B、C)	冷却作用（抑制作用）
泡を放射する	化学泡消火器	炭酸水素ナトリウム 硫酸アルミニウム	A、B	窒息作用 冷却作用
	機械泡消火器	合成界面活性剤泡又は水成膜泡		
ハロゲン化物を放射する	ハロン1211消火器	ブロモクロロジフルオロメタン	B、C	窒息作用 抑制作用
	ハロン1301消火器	ブロモトリフルオロメタン		
	ハロン2402消火器	ジブロモテトラフルオロエタン		
二酸化炭素を放射する	二酸化炭素消火器	二酸化炭素	B、C	窒息作用 冷却作用

※A：普通火災　B：油火災　C：電気火災　／　( ) は霧状に噴霧する場合

練習問題

消火器具の設置基準について、誤っているものは次のうちどれか。

(1) 通行又は避難に支障がなく、かつ使用に際して容易に持ち出すことができる箇所に設置する。
(2) 消火器には、地震の振動等による転倒を防止するための適当な措置を講じる必要がある。
(3) 一定量以上の指定可燃物の火災に対応して設置する大型消火器については、指定可燃物のある場所の各部分から1の消火器にいたる歩行距離が20m以下となるように配置しなければならない。
(4) 消火器具は、設置を要する対象物の区分に応じて、それぞれの消火に適応するものを設置しなければならない。
(5) 二酸化炭素を放射する消火器は、地下街には設けることはできない。

歩行距離で30m以下となるよう配置することが必要。このときの歩行距離とは、平面図で直線的に測定できる水平距離ではなく、歩行する距離をいう。

正解 (3)

PART 3

危険物の性質並びに その火災予防及び 消火の方法

Lesson 1 危険物の分類と性質

1 危険物の分類

■危険物の類ごとに共通する性状のまとめ

類別	性質	状態	特性
第1類	酸化性固体	固体	そのもの自体は燃焼しないが、他の物質を強く酸化させる性質をもち、可燃物と混合したときに熱、衝撃、摩擦によって分解し、激しい燃焼をおこさせる。
第2類	可燃性固体	固体	火炎によって着火し又は比較的低温（40℃未満）で引火しやすく、燃焼速度が速いため消火しにくいという性質をもつ。
第3類	自然発火性物質及び禁水性物質	液体・固体	空気と接触して自然に発火するか、水と接触して発火、もしくは可燃性ガスを発生する液体又は固体で、ほとんどが自然発火性、禁水性の両性質をもつ。
第4類	引火性液体	液体	1気圧20℃で液体であるもの又は20℃を超え40℃以下の間で液状となるもの、もしくは第3石油類、第4石油類及び動植物油類で、1気圧20℃で液状であり引火性の性質をもつ。
第5類	自己反応性物質	液体・固体	加熱分解などにより比較的低温で多量の熱を発生し、又は爆発的に反応が進行する性質をもつ。
第6類	酸化性液体	液体	そのもの自体は燃焼しないが、混在する他の可燃物の燃焼を促進する性質をもつ。

類ごとに共通する性状

重要度 A

危険物は消防法第2条第7項によって、「**危険物とは、別表第一の品名欄に掲げる物品で、同表に定める区分に応じ同表の性質欄に掲げる性状を有するものをいう**」と定義され、性質によって第1類から第6類に分類されています。**類ごとの性状**（左ページの表）はよく出題されるので確実に覚えましょう。

また、別表第一に掲げられた物品すべてが、濃度や形態などにかかわらず危険物というわけではなく、類ごとに決められた試験方法によって、消防法上の危険物かどうかが判定されます。

危険物の**性質**・**状態**・**特性**をきちんと覚えることにより、類ごとの貯蔵又は取扱いの共通基準（下表）や、火災が発生した場合の適切な消火活動に役立てられます。

類別	共通基準
第1類	可燃物との接触、混合、分解を促す物品との接近又は過熱、衝撃、摩擦を避けるとともに、アルカリ金属の過酸化物及びこれを含有するものにあっては、水との接触を避けること。
第2類	酸化剤との接触、混合、炎、火花、高温体との接近又は過熱を避けるとともに、鉄粉、金属粉及びマグネシウム並びにこれらのいずれかを含有するものにあっては、水又は酸との接触を避け、引火性固体にあってはみだりに蒸気を発生させないこと。
第3類	自然発火性物品（アルキルアルミニウム、アルキルリチウム及び黄リンなど）にあっては、炎、火花、高温体との接近、過熱又は空気との接触を避け、禁水性物品にあっては水との接触を避けること。
第4類	炎、火花、高温体との接近又は過熱を避けるとともに、みだりに蒸気を発生させないこと。
第5類	炎、火花、高温体との接近、過熱、衝撃又は摩擦を避けること。
第6類	可燃物との接触、混合、分解を促す物品との接近又は過熱を避けること。

PART 3 危険物の性質並びにその火災予防及び消火の方法

類別の試験　重要度 C

危険物は、その類に該当する危険性があるかどうかの試験の結果で判定され、ある一定の性状を示したものがその類に属する危険物となります。類ごとの試験概要を下表に示します。

類別	試験概要	
第1類 酸化性固体	(燃焼試験・大量燃焼試験) 酸化力の潜在的な危険性を判断するための試験 (落球式打撃感度試験・鉄管試験) 衝撃に対する敏感性を判断するための試験	
第2類 可燃性固体	(小ガス炎着火試験) 火炎による着火の危険性を判断するための試験 (引火点測定試験) 引火の危険性を判断するための試験	
第3類 自然発火性物質及び禁水性物質	(自然発火性試験) 空気中での発火の危険性を判断するための試験 (水との反応性試験) 水と接触して発火し、又は可燃性ガスを発生する危険性を判断するための試験	
第4類 引火性液体	(引火点測定試験) 引火の危険性を判断するための試験	
第5類 自己反応性物質	(熱分析試験) 爆発の危険性を判断するための試験 (圧力容器試験) 加熱分解の激しさを判断するための試験	
第6類 酸化性液体	(燃焼試験) 酸化力の潜在的な危険性を判断するための試験	

危険物の類ごとのまとめ

重要度 A

類ごとの共通する特性や火災の予防方法、消火方法を理解しておく必要があります。詳しくは次ページから学習します。ここでは、類ごとの燃焼性、消火方法、貯蔵方法について簡単にまとめたので、しっかり覚えましょう。

類別	性質	燃焼性	消火方法	貯蔵方法
第1類	酸化性固体	不燃性	冷却消火	密封をして冷暗所貯蔵
第2類	可燃性固体	可燃性	窒息消火 赤リン、硫黄等は冷却消火	密封をして冷暗所貯蔵
第3類	自然発火性物質及び禁水性物質	可燃性 一部不燃性	窒息消火	密封をして冷暗所貯蔵
第4類	引火性液体	可燃性	窒息消火	密栓をして冷暗所貯蔵
第5類	自己反応性物質	可燃性	冷却消火	通気のよい冷暗所貯蔵
第6類	酸化性液体	不燃性	燃焼物に応じた消火	耐酸性容器で密封貯蔵（過酸化水素を除く）

練習問題

第1類から第6類の危険物の性状として、次のうち正しいものはどれか。

(1) 液体の危険物の比重はすべて1より小さいが、固体の危険物の比重はすべて1より大きい。
(2) 同一の類の危険物に対する適応消火剤及び消火方法はすべて同じである。
(3) 引火性液体の燃焼は蒸発燃焼であるが、引火性固体の燃焼は主に分解燃焼である。
(4) 危険物には常温（20℃）において気体、液体及び固体のものがある。
(5) 分子内に酸素を含んでいて、他から酸素の供給がなくても燃焼するものがある。

正解 (5)

(5)は第5類の危険物の特徴である。分子内に酸素を含んでいるため燃焼が速く、消火しにくい。

Lesson 1 危険物の分類と性質

2 第1類の危険物

第1類の危険物とは　重要度 C

　消防法別表第一の第1類品名欄にある物品で、**酸化性固体の性状**をもつものをいいます。
　酸化性固体とは、酸化力の潜在的な危険性を判断するための**燃焼試験**と、衝撃に対する敏感性を判断するための**落球式打撃感度試験**で、政令で定める一定の性状を示す固体をいいます。

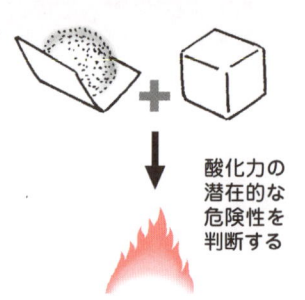

酸化力の潜在的な危険性を判断する

衝撃に対する敏感性を判断する

第1類危険物の代表例

- 塩素酸塩類（塩素酸ナトリウムなど）
- 過塩素酸塩類（過塩素酸カリウムなど）
- 無機過酸化物（過酸化カルシウムなど）
- 亜塩素酸塩類（亜塩素酸ナトリウムなど）
- 臭素酸塩類（臭素酸カリウムなど）
- 硝酸塩類（硝酸アンモニウムなど）
- ヨウ素酸塩類（ヨウ素酸ナトリウムなど）
- 過マンガン酸塩類（過マンガン酸カリウムなど）
- 重クロム酸塩類（重クロム酸カリウムなど）

共通する特性

- ほとんどが**無色の結晶**、又は**白色の粉末**である。
- 一般に不燃性物質だが、他の物質を酸化する酸素を分子構造中に含有し、加熱、衝撃、摩擦などによって分解し酸素を放出する**酸素供給体（強酸化剤）**のため、可燃物の燃焼を著しく助ける。
- **強酸化剤**のため、一般に、可燃物、有機物など酸化されやすい物質との混合物は過熱、衝撃、摩擦などによって爆発する。
- アルカリ金属の過酸化物及びこれらを含有するものは、水と反応して**酸素と**

熱を発生する。
- 潮解性をもつものは、木材、紙などにしみ込むので、**乾燥すると爆発**する危険性がある。

共通する消火の方法

- **大量の水で冷却**し、分解温度以下に下げる。
- **過酸化ナトリウム**については注水は避け、**乾燥砂**などを使用する。
- アルカリ金属の過酸化物などの火災の場合は消火法を、火災の時期によって以下のとおりに使い分ける。
  （初期段階）**炭酸水素塩類等**を使う粉末消火器又は乾燥砂等を使用する。
  （中期以降）周囲の可燃物などに注水して延焼防止を行う。

共通する火災予防の方法

- 衝撃、摩擦などを与えないよう注意し、火気を避ける。
- **可燃物**や**有機物**、その他の酸化されやすい物質（**還元性物質**）との接触や、**強酸類**との接触を避ける。
- 水と反応して酸素を放出するアルカリ金属の過酸化物は、**水との接触**を避ける。
- 潮解しやすいものは**湿気**に注意し、密封して冷暗所に貯蔵する。

練習問題

第1類の危険物の一般的な性状として、次のうち誤っているものはどれか。

(1) 一般に不燃性物質である。
(2) 可燃物等との混合物は、加熱、衝撃、摩擦などにより爆発する。
(3) 常温（20℃）において強い還元性固体又は還元性液体の性状を有するものである。
(4) 水と反応して酸素と熱を発生するものがある。
(5) 潮解性を有するものは、木材、紙などにしみ込み、乾燥すると爆発する。

第1類の危険物は強酸化剤であり、常温（20℃）で、酸化性固体の性状を有する。　**正解** (3)

Lesson 1 危険物の分類と性質

3 第2類の危険物

第2類の危険物とは

重要度 C

消防法別表第一の第2類品名欄にある物品で、**可燃性固体の性状**をもつものをいいます。

可燃性固体とは、火炎による着火の危険性を判断するための**小ガス炎着火試験**や、引火の危険性を判断するための**引火点測定試験**で、政令で定める一定の性状を示す固体又は引火性を示す固体をいいます。

火炎による着火の危険性を判断する

第2類危険物の代表例
- 硫化リン
- 赤リン
- 硫黄
- 鉄粉
- 金属粉（アルミニウム粉）
- マグネシウム
- 引火性固体（固形アルコールなど）

共通する特性
- いずれも可燃性の固体で、一般に比重は**1より大きく、水には溶けない**。
- 比較的**低温で着火しやすい**可燃性物質である。
- 燃焼速度が速く、有毒のものや、燃焼のとき**有毒ガス**を発生するものがある。
- 引火性固体は、引火の危険性がある可燃性の固体である。
- 酸化されやすく、燃えやすい物質（可燃性物質）である。
- 一般に、**酸化剤との接触又は混合**、**打撃**などにより爆発する危険性をもち、微粉状のものは、空気中で**粉じん爆発**をおこしやすい。
- 水と接触して発火し、又は水と作用して**有毒ガス**などを発生するものがある。

共通する消火の方法

- 水と接触して、発火したり有毒ガスや可燃性ガスを発生させたりする物品は、乾燥砂又は不燃性ガスなどで窒息消火する。
- 赤リンや硫黄は、燃焼量が少ない場合は大量注水による冷却消火を行い、多量の場合は水や強化液、泡などの水系の消火剤で冷却消火するか、乾燥砂などで窒息消火する。
- 引火性固体は泡、粉末、二酸化炭素、ハロゲン化物により窒息消火する。

共通する火災予防の方法

- 酸化剤との接触又は混合を避け、冷暗所に貯蔵する。
- 炎や火花、高温体との接近を避け、引火性固体は、みだりに蒸気を発生させないよう注意する。
- 鉄粉、金属粉及びマグネシウムは、水又は酸との接触を避ける。
- 防湿に注意し、容器は密封する。
- 粉じん爆発のおそれのある場合は火気を避け、十分に換気して、その濃度を燃焼範囲未満にする。又電気設備は防爆構造とし、静電気の蓄積を防ぎ、粉じんを扱う装置類には不燃性ガスを封入して粉じんのたい積を防止する。

練習問題

第2類の危険物に共通する火災予防の方法として、次のうち誤っているものはどれか。

(1) 還元剤との接触、又は混合を避けること。
(2) 炎、火花もしくは高温体等火源との接近、又は過熱を避けること。
(3) 冷暗所に貯蔵すること。
(4) 防湿に注意し、容器は密封すること。
(5) 引火性固体にあっては、蒸気をみだりに発生させないこと。

正解 (1)

第2類の危険物は、酸化剤と接触又は混合することで、発火する危険性がある。還元剤ではない。

Lesson 1　危険物の分類と性質

4 第3類の危険物

第3類の危険物とは

重要度 C

　消防法別表第一の第3類品名欄にある物品で、**自然発火性物質及び禁水性物質の性状**をもつものをいいます。

　自然発火性物質及び禁水性物質とは、空気中での発火の危険性を判断するための**自然発火性試験**や、水と接触して発火又は可燃性ガスを発生する危険性を判断する**水との反応性試験**で、政令で定める一定の性状を示す固体又は液体をいいます。

　性質欄に「〜物質」とある場合、固体と液体の両方があることを意味しています。

空気中での発火の危険性を判断する

水と接触して、発火したり可燃性ガスを発生したりする危険性を判断する

第3類危険物の代表例
- カリウム
- ナトリウム
- アルキルアルミニウム
- アルキルリチウム
- 黄リン
- アルカリ金属（リチウム等）
- 有機金属化合物（ジエチル亜鉛等）
- 金属の水素化物（水素化ナトリウム等）

共通する特性
- **空気又は水**と接触することで**発火**又は**可燃性ガス**を発生する。
- ほとんどの物品は、自然発火性、禁水性の両方の危険性をもつ。
　　例外）**黄リン**：自然発火性だけをもつ。
　　　　　リチウム：禁水性だけをもつ。

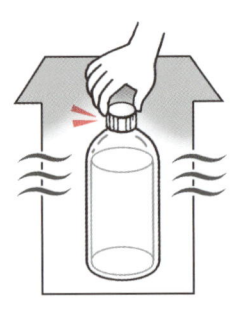

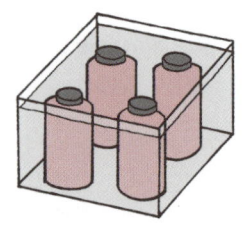

共通する消火の方法

- 禁水性物品の消火には、**炭酸水素塩類等**を用いた**粉末消火薬剤**、又はこれらの物品の消火のためにつくられた粉末消火剤を用いる。
- 禁水性物品以外の物品（黄リン等自然発火性だけの性状をもつ物品）の消火には水、強化液、泡など**水系の消火薬剤を**用いる。
- 乾燥砂、膨張ひる石（バーミキュライト）、膨張真珠岩（パーライト）は、第3類の危険物すべての消火に使える。

  ※禁水性物品は水と接触すると、発火したり可燃性ガスを発生したりするので、水や泡など水系の消火薬剤は使えない。

共通する火災予防の方法

- 禁水性の物品は、**水との接触**を避ける。
- 自然発火性の物品は、空気並びに、炎、火花、**高温体との接触又は****過熱**を避ける。
- 容器の破損又は腐食に注意し、密封して冷暗所に貯蔵する。
- 保護液に保存されている物品は、危険物が保護液から露出しないようにし、また保護液の減少などにも注意する。

練習問題

第3類の危険物に共通する特性として、次のうち誤っているものはどれか。

(1) 空気又は水と接触することにより、発火又は可燃性ガスを発生するものがある。
(2) すべて自然発火性及び禁水性の両方の危険性を有する。
(3) 火災予防では容器を密封し、冷暗所に貯蔵する。
(4) 火災予防では容器の破損又は腐食に注意する。
(5) 膨張ひる石（バーミキュライト）、膨張真珠岩（パーライト）は、すべての第3類の危険物の消火に使用可能である。

第3類はほとんどが自然発火性及び禁水性の両方の性質をもつが、例外として、黄リンは自然発火性だけを、リチウムは禁水性だけをもつ。

正解 (2)

Lesson 1 危険物の分類と性質

5 第4類の危険物

第4類の危険物とは　重要度 A

消防法別表第一の第4類品名欄にある物品で、**引火性液体の性状**をもつものをいいます。

引火性液体とは、引火の危険性を判断するため、政令で定められた引火点測定器による**引火点測定試験**で、政令で定める一定の**引火性を示す液体**をいいます。

引火の危険性を判断する

第4類危険物の代表例
- 特殊引火物（ジエチルエーテル、二硫化炭素など）
- 第1石油類（ガソリン、トルエンなど）
- アルコール類（メチルアルコール、エチルアルコールなど）
- 第2石油類（灯油、軽油など）
- 第3石油類（重油、グリセリンなど）
- 第4石油類（ギヤー油、シリンダー油など）
- 動植物油類（アマニ油、ヤシ油など）

共通する特性
- いずれも**引火性（可燃性）の液体**で、蒸気は空気と混合して火気などにより引火し、爆発、燃焼の危険がある。
- 蒸気比重は**1より大きく**、**空気より重い**ため低所に滞留しやすい。
- 液比重が**1より小さく**、**水には溶けない**ものが多いため、水の表面に広がりやすい。
- 電気の不良導体で、**静電気**が蓄積されやすい。
- 発火点の低いものがある（発火点が低いものほど発火の危険性が高い）。

静電気が蓄積されやすいので接地（アース）をする

212

共通する消火の方法

- 霧状の強化液、泡、ハロゲン化物、二酸化炭素、粉末などで、空気の遮断による窒息消火を用いる。
- 液比重が1より小さい危険物の火災には、水による注水消火は適さない。
- アルコールなどの水溶性液体は、**耐アルコール泡消火薬剤**（水溶性液体用泡消火薬剤）を使う。

共通する火災予防の方法

- **炎**、**火花**、**高温体**との接近を避け、蒸気を発生させないよう**換気**に注意し、容器は密栓をして冷暗所に貯蔵する。
- 液体の流動により**静電気**が発生しやすいので、**接地（アース）**をして、静電気を除去する。
- 低所に滞留した第4類危険物の可燃性蒸気は、屋外に排出する。
- 可燃性蒸気の滞留するおそれのある場所、又は発生しやすい場所では引火する危険性があるので、火花を発生する機械器具などの使用を避ける。
- 可燃性蒸気の滞留する可能性がある場所に設置された電気設備は、防爆性のあるものを用いる。
- 酸化プロピレンやベンゼンなど、有毒な蒸気を発生し、吸入すると中毒症状を引きおこすものがあるため、取扱いに注意する。

練習問題

第4類の危険物の性状について、次のうち正しいものはどれか。

(1) すべて引火性の液体で、分解燃焼する。
(2) 蒸気比重は1より大きく、液比重が1より小さいものが多い。
(3) 電気の良導体であり、静電気が蓄積されにくい。
(4) 動植物油類は通気孔のついた容器に入れ、冷暗所に貯蔵する。
(5) 酸化力が強く、無機化合物のものが多い。

(2)は第4類の危険物の特徴。第4類危険物は電気の不良導体であるため、静電気が蓄積されやすい。液体の燃焼は分解燃焼ではなく蒸発燃焼で、蒸気が空気と混合し燃焼範囲内にあると引火により爆発的に燃焼する。

正解 (2)

Lesson 1 危険物の分類と性質

6 第5類の危険物

第5類の危険物とは

重要度 C

消防法別表第一の第5類品名欄にある物品で、**自己反応性物質の性状**をもつものをいいます。

自己反応性物質とは、爆発の危険性を判断するための**熱分析試験**や、加熱分解の激しさを判断するための**圧力容器試験**で、政令で定める一定の性状を示す固体や液体をいいます。

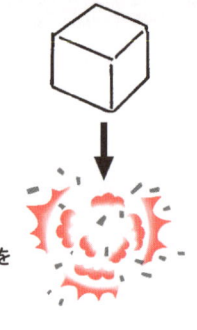

爆発の危険性を判断する

第5類危険物の代表例

- 有機過酸化物（過酸化ベンゾイルなど）
- 硝酸エステル類（ニトログリセリン、ニトロセルロースなど）
- ニトロ化合物（ピクリン酸、トリニトロトルエン）
- アゾ化合物（アゾビスイソブチロニトリル）
- ヒドロキシルアミン

共通する特性

- いずれも**可燃性の固体又は液体**で、比重は**1より大きい**。
- 燃えやすくて燃焼速度が速く、**消火**しにくい。
- 火気、加熱、衝撃、摩擦などにより発火し、**爆発**するものが多い。
- ニトロセルロースなど、空気中に長時間放置すると分解がすすみ、**自然発火**するものがある。
- ピクリン酸など、金属と作用して**爆発性の金属塩**を形成するものがある。
- 酸素を含んでいる自己反応性物質で、**自己燃焼**をおこしやすい。
- 一般的に水に不溶、又は溶けにくいものが多い。
- 過酸化ベンゾイルや硝酸メチルなど、毒性をもつものが多く、取扱いに注意を必要とする。

- 硝酸エステル類など、引火性のものがある。
- 爆薬などに用いられるものがある。

共通する消火の方法

- 大量注水による消火が一般的。泡消火剤も一部使われるが、空気を遮断するような窒息消火はほとんど効果がない。
- **爆発的できわめて燃焼が速く**、消火自体が困難なため、消火時期の判断に慎重さが求められる。
- 危険物が少量の場合、初期段階では消火できるが、量が多いと消火はきわめて困難になる。

共通する火災予防の方法

- **火気**や**過熱**、**高温体との接近**、**衝撃**、**摩擦**などを避ける。
- 換気のよい冷暗所に貯蔵する。
- 分解しやすいものは室温、湿気、通風に注意して管理する。

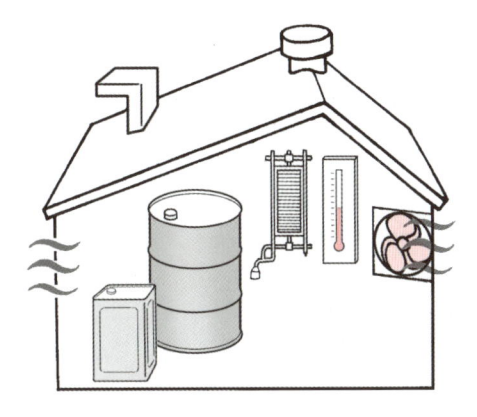

練習問題

第5類の危険物の性状について、次のうち誤っているものはどれか。

(1) いずれも可燃性の固体又は液体であり、比重はすべて1より小さい。
(2) 燃焼速度が速く、燃えやすい物質で、消火が困難である。
(3) 火気、過熱、衝撃、摩擦等により発火し、爆発するものが多い。
(4) 空気中に長時間放置すると分解がすすみ、自然発火するものがある。
(5) 酸素を含んでいるので、自己燃焼をおこしやすい。

第5類の危険物は一般に、比重が1より大きい自己反応性物質である。

正解 (1)

Lesson 1 危険物の分類と性質

7 第6類の危険物

第6類の危険物とは　　重要度 C

　消防法別表第一の第6類品名欄にある物品で、**酸化性液体の性状**をもつものをいいます。
　酸化性液体とは、酸化力の潜在的な危険性を判断するための**燃焼時間測定試験**で、政令で定める一定の性状を示す液体のことをいいます。

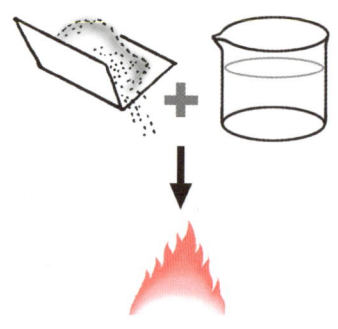

酸化力の潜在的な
危険性を判断する

第6類危険物の代表例
- 過塩素酸
- 過酸化水素
- 硝酸（硝酸、発煙硝酸）
- ハロゲン間化合物（三ふっ化臭素など）

共通する特性
- いずれも**酸化性**の**不燃性液体**（**強酸化剤**）で、**無機化合物**である。
- 比重は**1より大きく**、**水によく溶け**、水と激しく反応し発熱するものがある。
- 酸化力が強く、**有機物**と混合するとこれを**酸化**させ、着火させることがある。
- **腐食性**があり、皮膚に付着すると危険である。
- 蒸気は**有毒**である。

共通する消火の方法
- 一般には水や泡消火剤を用いた消火が適切だが、第6類危険物自体は不燃性なので、燃焼物に対応した消火方法をとる。
- 多量の水を使う場合、危険物が飛散しないよう注意する。
- 流出事故のときは、**乾燥砂**をかけるか**中和剤**で中和する。
- **蒸気は有毒**なので、防毒マスクなどで皮膚を保護して**風上**から消火する。
  ※二酸化炭素やハロゲン化物を用いた消火設備などや、炭酸水素塩類が含まれている消火粉末は不適当なので使わない。

共通する火災予防の方法

- 火気、直射日光などの熱源を避け、水と反応するものは水との接触を避ける。
- 可燃物、有機物などとの接触を避ける。
- 貯蔵容器は耐酸性のものを使い、過酸化水素を除く容器は密封して通風のよい場所で取扱う。
- 容器の汚損や危険物の漏出に注意する。
- 強酸化剤なので、還元性物質との接触を避ける。

POINT

第6類の危険物は第1類と同じく強酸化剤です。大きく異なっているのは、第6類の液体に対し、第1類が固体である点。そのほかは共通点が多くみられます。そのため、特性や消火方法、火災予防方法などを比較して覚えておくとよいでしょう。

練習問題

第6類の性状について、次のうち誤っているものはいくつあるか。
A　すべて無機化合物である。
B　比重は1より大きく、水と激しく反応し発熱するものがある。
C　有機物と混合すると着火するおそれがある。
D　腐食性があり、皮膚に付着すると危険である。
E　蒸気は有毒である。

　（1）なし　　（2）1つ　　（3）2つ　　（4）3つ　　（5）4つ

正解 (1)

すべて第6類危険物に共通する特性である。

Lesson 1 | Lesson 2

第4類危険物

1 第4類危険物の特性

　第4類の危険物は、危険物全体のおよそ9割を占めています。第4類の危険物には、ジエチルエーテルなどの特殊引火物、ガソリンや軽油などの石油類、メタノールなどのアルコール類、ヤシ油、アマニ油などの動植物油類があり、常温（20℃）ですべて引火性の液体です。

第4類危険物の分類法　重要度 A

　各品名については次のページから詳しく学習しますが、下表を参考に第4類の分類について理解しておきましょう。
　第4類の危険物は、引火点によって7つに分類されています。**引火点が低い**ほど、**指定数量が小さい**ほど**危険性は大きく**なります。また、①液比重が1より小さいものが多い、②水に溶けないものが多い、③蒸気比重は1より大きい、④電気の不良導体である、などの特徴があります。

品名	分類（引火点等）		指定数量（ℓ）	危険性
特殊引火物	発火点100℃以下又は引火点-20℃以下で沸点40℃以下		50	大 ↑
第1石油類	引火点21℃未満	非水溶性	200	
		水溶性	400	
アルコール類	C_1-C_3のアルコール		400	
第2石油類	引火点21℃以上70℃未満	非水溶性	1,000	
		水溶性	2,000	
第3石油類	引火点70℃以上200℃未満	非水溶性	2,000	
		水溶性	4,000	
第4石油類	引火点200℃以上250℃未満		6,000	↓ 小
動植物油類	引火点250℃未満		10,000	

■第4類危険物の7つの分類

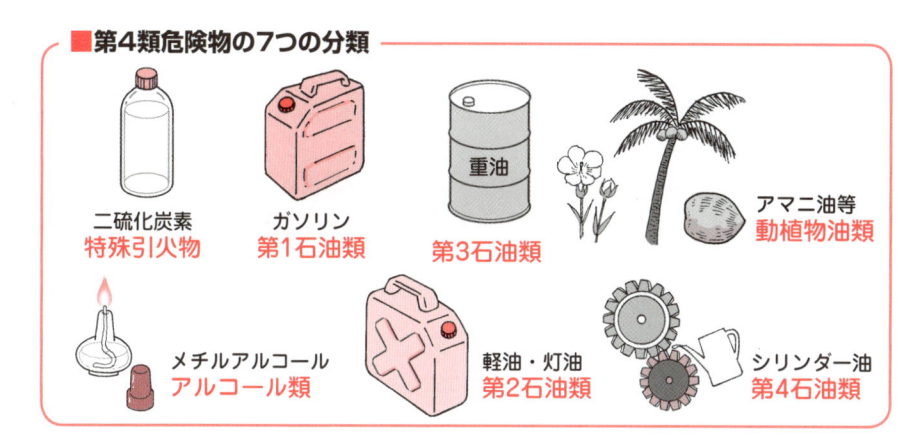

- 二硫化炭素 **特殊引火物**
- ガソリン **第1石油類**
- 重油 **第3石油類**
- アマニ油等 **動植物油類**
- メチルアルコール **アルコール類**
- 軽油・灯油 **第2石油類**
- シリンダー油 **第4石油類**

　石油類は、第1石油類～第4石油類に分類されていますが、第1石油類～第3石油類は**水溶性**と**非水溶性**に分けられ、指定数量も異なります。アルコールのように水と自由に溶けあう水溶性に対し、非水溶性は水と油のように分離して2層に分かれます。

　水溶性と非水溶性とを区別する試験方法としては、常温（20℃）で液体の危険物と同容量の純水とを緩やかにかき混ぜた後、**2層に分離しない**ものを**水溶性液体**、**2層に分離する**ものを**非水溶性液体**としています。

　有機化合物は水には溶けず、有機溶媒に溶けます。有機化合物であるアルコール（R－OH）、ケトン（R＝CO）、アルデヒド（R－CHO）、カルボン酸（R－COOH）のように酸素を含み、分子量が小さく、炭素数が少ないものには水溶性のものが多く、以下のものがあります。

種類	物品名（品名）
アルコール(R-OH)	メチルアルコール（ア）、エチルアルコール（ア）、プロピルアルコール（ア）
多価アルコール(R-OH)	エチレングリコール（3）、グリセリン（3）
ケトン(R=CO)	アセトン（1）
アルデヒド(R-CHO)	アセトアルデヒド（特）、酸化プロピレン（特）
カルボン酸(R-COOH)	酢酸（2）、プロピオン酸（2）、アクリル酸（2）
その他	ピリジン（1）

特；特殊引火物　ア；アルコール類　1；第1石油類　2；第2石油類　3；第3石油類

PART 3　危険物の性質並びにその火災予防及び消火の方法

多くの第4類危険物は一般的に水より軽く、水に溶けませんが、中には水より重い液体もあります。水より重い液体は数が少ないので覚えておきましょう。

■水より重い第4類の液体

非水溶性			水溶性		
物質名	品名	比重	物質名	品名	比重
二硫化炭素	特	1.26	ぎ(蟻)酸	2	1.22
クロロベンゼン	2	1.11	酢酸(氷酢酸)	2	1.05
クレオソート油	3	≧1.0	プロピオン酸	2	1.00
アニリン	3	1.01	アクリル酸	2	1.06
ニトロベンゼン	3	1.2	エチレングリコール	3	1.1
			グリセリン	3	1.26

特；特殊引火物　2；第2石油類　3；第3石油類

第4類の危険物は、いずれも引火性の液体で、その蒸気と空気との混合物は、混合割合がある範囲内のときだけ燃焼・爆発します。この場合の蒸気の割合が最大のものを燃焼上限界といい、最小のものを燃焼下限界といいます。

第4類の危険物は、蒸気比重が1より大きく、空気より重いため低所に流れ滞留します。遠く離れていても火源があるとそこまで流れていき、引火する危険性があります。

また、液比重も1より小さくて水に溶けないものが多く、流出すると水の表面に広がります。発火点が低いため火災がおきやすく、燃焼範囲が広がってしまうので注意が必要です。

発火点の低いものほど発火の危険性が高まりますが、第4類危険物の特殊引火物（二硫化炭素；発火点90℃、ジエチルエーテル；発火点160℃等）では、発火点の低いものが数多く存在します。発火点の低い危険物は、火源がなくても加熱されただけで発火する場合があるため、温度管理が重要です。

■水に溶ける物質

メチルアルコール・エチルアルコール・酢酸・ピリジン・酸化プロピレン・アセトン・アセトアルデヒド・グリセリン・エチレングリコール　など

第4類危険物の一般的な性質と危険性 重要度 A

第4類危険物の一般的な性質と危険性をまとめると、次の表になります。

危険物の性質	危険性
①すべて引火性の液体	引火しやすい可燃物である（燃焼する）
②引火しやすく燃焼しやすい可燃物	可燃物の除去や冷却による消火方法が困難
③蒸気比重＞1（1より大きい）	空気より重いため、可燃性蒸気が低所に滞留
④蒸気は空気と燃焼範囲の混合気を容易につくる	一定の濃度（燃焼範囲下限界）になると火気等による引火又は爆発の危険性がある
⑤引火点の低いものがある。常温（20℃）以下や0℃以下のものがある。	常温（20℃）で引火しやすい（燃焼しやすい）
⑥燃焼下限界（引火点）が小さいものが多い	危険性が高く、引火しやすい
⑦液比重＜1（1より小さい）で、水に不溶のものが多い	水の表面に薄く広がり、延焼等、拡大の危険性　大
⑧発火点が低い	発火の危険性　大 火源がなくても加熱されただけで発火
⑨酸化熱を蓄積するものがある	常温（20℃）で酸化しやすい 動植物油類は自然発火の危険性　大
⑩電気の不良導体が多い	静電気が蓄積されやすい。送油・撹拌時に静電気を発生しやすい→点火源となる
⑪有毒な蒸気を発生するものがある	蒸気を吸入すると急性又は慢性の中毒症状等人体への影響　大

練習問題

第4類の危険物の一般的な性状として、次のうち誤っているものはどれか。

(1) 蒸気比重は1より大きく、低所に滞留しやすい。
(2) 一般に沸点の低いものは引火しやすい。
(3) 液体の比重が大きい物質ほど蒸気密度は小さくなるので危険性は大きくなる。
(4) 酸化熱を蓄積するものがある。
(5) 一般に電気の不良導体であり、静電気が蓄積されやすい。

第4類の危険物には、(3) のような規則性はなく、引火点により危険性が判断されている。　**正解 (3)**

Lesson 2　第4類危険物

2 火災予防の方法

🔥 第4類危険物の火災予防　重要度 ▶ B

　引火しやすい第4類危険物の主な火災予防の方法には、①**可燃性蒸気を発生させない**、②**静電気を除去する**、③**発火源を近づけない**　などがあります。
　さまざまな特性をもった危険物があるため、管理方法も変わってきます。**温度、湿度、採光、換気、容器内 圧力**などに十分な配慮が必要となります。
　このほかの方法として
- 容器は密栓し、収納口を上にして冷暗所に貯蔵する。
- 通風と換気をよくする。
- 火花を出す機械類を使う際には、周囲に危険物がないか確認する。
- 海や河川、下水溝などに流出しないよう注意する。
- 高温体などの熱源を避ける。
- 蒸気が滞留するおそれのある場所では、防爆性のある電気設備を使用する。
- 危険物の流動などで静電気が発生する場所には接地（アース）を講じる。
- 容器の修理・加工作業の前には危険物を完全に抜きとる。
- 油分離装置や規定の溜め置き場の危険物は、あふれないよう随時くみ上げる。

などがあげられます。
　第4類危険物は引火性液体であり、過熱により可燃性蒸気が発生します。蒸気のなかには人体へ影響をおよぼす有毒のものもあり、取扱いには注意が必要です。また、発生した可燃性蒸気が燃焼の下限界にならないよう低所に滞留した蒸気は、屋外高所へ排出させるなどの必要があります。
　注意事項を次ページにまとめました。

アースをする 　　溜め置き場の危険物は随時くみ上げる 　　常に整理整頓 　　温度や湿度管理に注意を払う

■ 火災予防のための注意事項

取扱上の注意事項	理由
火気などに十分注意する	引火の危険性が高い
密栓して冷暗所に貯蔵する	長時間、日光にさらしたり高温にさらしたりすると、引火点以上に液温が上がり、蒸気が漏れるため
容器内に十分な空間容積（液体の危険物は、運搬容器の内容積の98％以下）をとる	液体の体積膨張による容器破損や栓からの漏れを防ぐため
容器の詰め替えは屋外で行う	空気による拡散・希釈効果により燃焼範囲の下限界に達しないようにするため
空容器の取扱いに注意する	燃焼範囲内濃度の蒸気が残っている危険性があるため
貯蔵所の換気を絶えず行う	室内（低所）に可燃性蒸気を滞留させないため
発生した可燃性蒸気はなるべく高所に排出する	可燃性蒸気が滞留するため。高所に排出することで空気による拡散・希釈効果を期待
電気の不良導体のため、静電気の発生・蓄積に注意する	蓄積した静電気が火花放電し、点火源になりやすいため（可燃性蒸気等に引火する危険性　大）
貯蔵所の電気設備は防爆構造にする	スイッチのON・OFF時に火花が飛び、点火源になりやすいため（可燃性蒸気などに引火する危険性が高い）
ドラム缶の栓をハンマーなどでたたくなど、火花を発生させない	火花で可燃性蒸気に引火する危険性が高い

PART 3　危険物の性質並びにその火災予防及び消火の方法

練習問題

第4類危険物の貯蔵、取扱いの注意事項として、次のうち誤っているものはどれか。

(1) 危険物の容器は密栓して冷暗所に貯蔵する。
(2) 可燃性蒸気が外部に漏れると危険なので、室内の換気を行わないようにする。
(3) 炎・火花・高温体などとの接近又は加熱を避ける。
(4) ドラム缶の栓を開閉するときは、ハンマーなど金属工具でたたかないようにする。
(5) 静電気が発生するおそれのある場合は、接地（アース）等の対策をたてる。

室内に可燃性蒸気を滞留させないため、貯蔵所の換気を絶えず行うことが必要。室内の換気を行わないと、可燃性蒸気と空気とが混合して、引火による爆発がおこりやすくなるため危険である。

正解　(2)

Lesson 2　第4類危険物

3 消火の方法

🔥 火災の種類と消火方法　　重要度 ▶ B

　引火性液体の火災は、**蒸気による火災**のため、その消火方法は①**窒息消火**、②**抑制消火** が効果的です。可燃物の除去による消火や、冷却作用による消火は効果がありません。

　窒息消火には**化学泡、機械泡、粉末、ハロゲン化物及び二酸化炭素消火器**を、抑制消火には**霧状放射の強化液、粉末及びハロゲン化物消火器**をそれぞれ用います。

　水より軽いガソリンなどの引火性液体は、棒状の水などで注水して消化する冷却消火では水面に引火性液体が浮いてかえって火面を広げることになり、危険性が増すことになります。

酸素（空気）の供給を断つ窒息消火

　水溶性の危険物に対して泡を用いる場合は、**耐アルコール泡**の表示のある泡消火薬剤を用います。

■火災の種類と消火方法

火災の種類	使用消火剤	消火方法
①ガソリン火災 ②灯油火災 ③ナタネ油火災 　　　　　　など	二酸化炭素 泡による窒息消火 ハロゲン化物 噴霧状の強化液 粉末	棒状の水による消火（棒状注水消火）ができない場合の消火剤は、ハロゲン化物など窒息効果または抑制効果のあるものを選択する
①アセトンの火災 ②アルコール類の火災 　　　　　　など	耐アルコール泡 ハロゲン化物 二酸化炭素 粉末	アルコール、アセトン等水溶性液体で、泡を溶かす性質（消泡性）をもつ場合の消火剤は、耐アルコール泡など、窒息効果のあるものを選択する

第4類危険物の消火設備は、次の表になります。第4類危険物の消火には、第1種（屋内消火栓設備又は屋外消火栓設備）及び第2種（スプリンクラー設備）の消火設備が使われていないことを覚えておきましょう。

■第4類危険物の消火設備（危政令別表第五）

	消火設備の区分
第3種	水蒸気消火設備又は水噴霧消火設備 泡消火設備 二酸化炭素消火設備 ハロゲン化物消火設備 リン酸塩類等を使用する粉末消火設備 炭酸水素塩類等を使用する粉末消火設備
第4種又は第5種	霧状の強化液を放射する消火器 泡を放射する消火器 二酸化炭素を放射する消火器 ハロゲン化物を放射する消火器 リン酸塩類等を使用する消火粉末を放射する消火器 炭酸水素塩類等を使用する消火粉末を放射する消火器
第5種	乾燥砂 膨張ひる石又は膨張真珠岩

※消火器は、第4種の消火設備については大型のものをいい、第5種の消火設備については小型のものをいう。
※リン酸塩類等とは、リン酸塩類、硫酸塩類その他防炎性を有する薬剤をいう。
※炭酸水素塩類等とは、炭酸水素塩類及び炭酸水素塩類と尿素との反応生成物をいう。

練習問題

第4類の危険物であるガソリンの火災の消火方法として、次のうち誤っているものはどれか。

（1）泡消火剤　　　　　　　（2）二酸化炭素消火剤
（3）ハロゲン化物消火剤　　（4）棒状注水
（5）耐アルコール性泡消火剤

ガソリンの火災に棒状注水をすると、水面にガソリンが浮いてかえって火面を広げ危険性が増すので、窒息効果又は抑制効果のあるものを選ぶ。

正解（4）

第4類危険物 各論

Lesson 2　第4類危険物

特殊引火物とは　　重要度 A

特殊引火物とは、①**1気圧で発火点が100℃以下のもの**、②**引火点が−20℃以下で沸点が40℃以下**のものをいいます。主なものにジエチルエーテル、二硫化炭素、アセトアルデヒド、酸化プロピレンがあります。

POINT
①指定数量　50ℓ。
②引火点はすべて0℃以下。
③発火点、沸点が他の危険物より低い。
④蒸気比重はすべて空気より重い。
⑤燃焼範囲が広い。
⑥第4類のなかで危険性がもっとも大きい。
⑦窒息消火を行う。

■特殊引火物の性状及び物性値

物品名	比重	引火点(℃)	発火点(℃)	沸点(℃)	燃焼範囲(vol%)	蒸気比重	液色	水溶性	毒性
ジエチルエーテル	0.71	−45	160	35	1.9〜36.0	2.56	無色	△	麻酔性有
二硫化炭素	1.3	−30	90	46	1.3〜50	2.64	無色	×	有
アセトアルデヒド	0.78	−39	175	20	4.0〜60	1.52	無色	○	有
酸化プロピレン	0.83	−37	449	35	2.8〜37	2.00	無色	○	吸入有害

○；溶ける　△；わずかに溶ける　×；溶けない

ジエチルエーテル　$C_2H_5OC_2H_5$　（用途：医薬品・香料等）

無色透明な揮発性の液体で、特有の甘い刺激臭があり、蒸気は有毒で**麻酔性**があります。水に溶けにくく、アルコールにはよく溶けます。**静電気を発生しやすく**、引火する危険性は高くなっています。

注意　貯蔵・取扱い場所では通風をよくし、火気を近づけないこと。直射日光を避け、沸点以上にならないよう冷所で温度管理を行うこと。

二硫化炭素　CS_2　（用途：防腐剤・セロファン等）

無色透明な揮発性の液体で、蒸気には特有な臭気があり**有毒**です。**水には溶けない**ものの、アルコールやジエチルエーテルには溶けます。発火点がとくに低いので注意が必要です。燃焼すると有毒な**亜硫酸ガス**を発生します。

注意 引火点も発火点も低く、とくに注意が必要となる。貯蔵・取扱い場所では通風をよくし、水より重いので、容器収納の場合は水を張って蒸発を防ぐこと（水没貯蔵）。

アセトアルデヒド　CH_3CHO　（用途：合成樹脂・染料等）

無色透明で刺激臭のある液体で、蒸気は粘膜を刺激して有毒です。いろいろな物質と作用し、酸化して酢酸になります。水によく溶け、エチルアルコールやジエチルエーテルにも溶けます。また、油脂などをよく溶かします。

注意 沸点がとくに低く揮発性が大きい。引火点も低いので、引火しやすい。貯蔵・取扱い場所では通風をよくし、容器は密封して冷所で貯蔵する。

酸化プロピレン　CH_3CHCH_2O　（用途：医薬品・顔料等）

無色透明で特有の臭気がある液体で、蒸気は吸入すると有毒で、皮膚に接触すると凍傷のような症状になります。水によく溶け、エチルアルコールやジエチルエーテルなどにもよく溶けます。化学的に活性で、いろいろな物質と反応して発熱します。

注意 重合（1種類の分子が複数結合して分子量の大きな化合物を生成する反応）をする性質があり、それが火災や爆発の原因となる。貯蔵の際は不活性ガスを封入すること。

練習問題

ジエチルエーテルと二硫化炭素の性状として、次のうち誤っているものはどれか。

(1) 引火点はいずれも0℃以下できわめて引火しやすい性質がある。
(2) いずれも揮発性の液体であるが、二硫化炭素の蒸気には毒性がある。
(3) 形状はいずれも無色透明の液体である。
(4) 蒸気比重はいずれも2より大きい。
(5) いずれも水没貯蔵する。

ジエチルエーテルは水没貯蔵ではなく、容器に入れて密栓し冷暗所に貯蔵する。　**正解**　(5)

PART 3　危険物の性質並びにその火災予防及び消火の方法

第1石油類とは

重要度 A

第1石油類とは、ガソリン、アセトン、ベンゼンその他**1気圧で引火点が21℃未満のもの**をいいます。石油類は第1〜第4石油類に分類されています。第1〜第3石油類には、非水溶性のものと水溶性のものがあります。

危険性は非水溶性のもののほうが大きく、そのため指定数量も水溶性のものの**2分の1**となっています。

POINT
① 指定数量　非水溶性　200ℓ
　　　　　　水溶性　　400ℓ
② 無色透明で特異臭がある。ガソリンは用途によって着色されている。
③ 液比重は水より小さい（比重＜1）。
④ 蒸気比重は空気より大きい（蒸気比重≧2）。
⑤ 流動性が大きく、引火しやすい。

	水溶性	指定数量	比重	蒸気比重	沸点	引火点	発火点	燃焼範囲	液色	毒性
ガソリン	非水溶性	200ℓ	0.65〜0.8	3〜4	40〜220	≦-40	300	1.4〜7.6	無色（自動車用：オレンジ色に着色）	―
ベンゼン			0.88	2.8	80	-11	498	1.3〜7.1	無色	有
トルエン			0.87	3.1	111	4	480	1.2〜7.1	無色	有（ベンゼンより少）
酢酸エチル			0.9	3.0	77	-4	426	2.0〜11.5	無色	―
メチルエチルケトン			0.8	2.5	80	-9	404	1.7〜11.4	無色	―
アセトン	水溶性	400ℓ	0.8	2.0	56	-20	465	2.15〜13.0	無色	―
ピリジン			0.98	2.7	116	20	482	1.8〜12.4	無色	有

ガソリン　（用途：燃料、塗料用溶剤など）

原油から分溜されたもののうち、**沸点が40〜220℃**ともっとも低い区分の液状炭化水素です。無色で特有の臭気がある揮発性の液体で、水には溶けません。蒸気は**空気の3〜4倍重く**、低所に滞留します。電気の**不良導体**のため流動の際に静電気が発生しやすく、引火しやすいので危険です。

注意 燃焼範囲の下限値が低いので、わずかな空気との混合で引火する。静電気防止のため激しい撹拌(かくはん)を避け、室内の乾燥にも注意する。

ベンゼン C_6H_6 （用途：工業原料、油脂の抽出用溶剤など）

無色透明の揮発性の液体で、芳香性の臭気があり**有毒**です。**水には溶けず**、エチルアルコールなど多くの有機溶剤によく溶けます。蒸気は空気より重く、低所に滞留します。流動により静電気が発生し、引火することもあります。

注意 **毒性が強く**、蒸気を吸入すると急性又は慢性の**中毒症状**をおこすため注意が必要。冬季に固化したものも引火の危険性があるので火気に注意。

アセトン CH_3COCH_3 〔水溶性〕（用途：合成樹脂の原料、ペンキの溶剤など）

無色透明の揮発性の液体で、特異な臭気がありますが、保存中に黄色くなります。**揮発しやすく**、樹脂や油脂などをよく溶かします。水やジエチルエーテル、アルコールにもよく溶けます。日光にさらすと**分解**します。

注意 燃焼下限値が低く引火しやすいので、火気を近づけない。静電気の火花でも引火するので注意する。蒸気発生を防ぐため、容器は密栓する。

練習問題

自動車ガソリンの一般的性状として、次のうち正しいものはどれか。

(1) 揮発性が低く、蒸気は空気よりも重い。
(2) 燃焼範囲は1.4〜7.6vol%である。
(3) 電気の良導体で静電気が発生しやすい。
(4) 沸点まで加熱すると発火する。
(5) 自動車用のものは青色に着色されている。

自動車ガソリンは揮発性が高く、蒸気比重は空気の3〜4倍で電気の不良導体であるため、静電気が発生しやすい。また、用途により着色されているが、自動車用のものはオレンジ色に着色されている。　**正解 (2)**

PART 3　危険物の性質並びにその火災予防及び消火の方法

アルコール類とは

重要度 B

炭化水素化合物の水素（H）の一部を水酸基（OH）で置換した形の化合物をアルコール類といいます。1価アルコールだけでなく多価アルコールも含みますが、消防法では飽和1価アルコールの含有量が60％未満の水溶液などを除き、**炭素数3までの飽和1価アルコール**（変性アルコールを含む）を対象としています。市販の消毒用エタノールも含まれます。

POINT

① 指定数量　400ℓ
② 無色透明の液体。
③ 水によく溶ける。
④ 飽和1価アルコールの含有量60％未満の水溶液等は含まない。
⑤ 比重は水より小さい（比重<1）。
⑥ 蒸気比重は空気より大きい（蒸気比重>1）。
⑦ 引火点　<25℃
⑧ 分子量が大きいほど水に溶けにくい。
⑨ 消火には耐アルコール泡を用いる。

	水溶性	比重	蒸気比重	沸点	引火点	発火点	燃焼範囲	液色	毒性
メチルアルコール	○	0.79	1.11	65	11	385	6.0〜36	無色	有
エチルアルコール	○	0.79	1.59	78	13	363	3.3〜19	無色	―
n-プロピルアルコール	○	0.8	2.1	97.2	23	412	2.1〜13.7	無色	―
イソプロピルアルコール	○	0.79	2.1	82	15	399	2.0〜12.7	無色	―

メチルアルコール　CH_3OH　（用途：燃料・医薬品など）

別名**メタノール**。無色透明の**芳香性**のある液体で、**揮発性が強く**水、エチルアルコール、ジエチルエーテルとよく混ざり、有機物もよく溶かします。夏季に液温が高いときは危険性をともないます。燃焼しても炎の色が見えにくく、煙もほとんど出ません。

注意　**毒性**があり、飲むと失明、死亡することもある。直射日光を避け、通風や換気に注意し、火気を近づけない。

エチルアルコール　C_2H_5OH　（用途：飲料用酒、化学薬品の原料など）

別名**エタノール**。無色透明で特有の芳香と味のある液体で、酒類の主成分となっています。**揮発性が強く**、水や多くの有機溶剤とよく混ざります。毒性はないものの**麻酔性**があります。引火性のため、液温が上昇する夏季は危険です。燃焼しても炎の色が見えにくく、煙もほとんど出ません。

注意　貯蔵・取扱い場所では直射日光を避け、通風や換気に注意し、火気を近づけないようにする。また、蒸気の発生を防ぐため容器は密栓して、冷暗所に貯蔵する。

n-プロピルアルコール　C_3H_7OH　（用途：溶剤など）

無色透明で**特有の芳香と味のある液体**で、水や多くの有機溶剤とよく混ざります。溶剤によく使われます。**引火点が23℃**の引火性で、冬季には燃焼範囲の混合気はできませんが、夏季には注意が必要です。

注意　貯蔵・取扱い場所では直射日光を避け、通風や換気に注意し、火気を近づけないようにする。容器は密栓し、冷暗所に貯蔵する。

n-プロピルアルコールは、塩化カルシウムの冷却飽和水溶液には溶けないため、エチルアルコールと区別できます。

練習問題

メチルアルコールとエチルアルコールの共通する性状として、次のうち誤っているものはどれか。

(1) 飽和1価アルコールである。
(2) 燃焼しても炎の色が淡いため見えにくい。
(3) 引火点は常温（20℃）より高く、沸点は100℃未満である。
(4) 比重は1以下であり、水と自由に混合する。
(5) 揮発性で特有の芳香臭があり、無色である。

正解　(3)

メチルアルコールは引火点11℃、沸点65℃、エチルアルコールは引火点13℃、沸点78℃である。

PART 3　危険物の性質並びにその火災予防及び消火の方法

第2石油類とは

重要度 A

第2石油類とは灯油、軽油その他1気圧で引火点が21℃以上70℃未満のものをいい、「塗料類その他の物品であって、組成等を勘案して総務省令で定めるものを除く」とされています。

第2石油類の水溶性の危険物はコンクリートを腐食させるので、床などの部分は腐食しない材料を用いなければなりません。

POINT
① 指定数量　非水溶性　1,000ℓ
　　　　　　水溶性　　2,000ℓ
② 液比重はほとんどのものが ≦1
　例外：クロロベンゼン、酢酸（氷酢酸）
　液比重＞1
③ 蒸気比重　空気より重い
④ 泡、二酸化炭素、粉末等で窒息消火（非水溶性）する。
⑤ 水溶性液体は耐アルコール泡を用いる。

	水溶性	指定数量	比重	蒸気比重	沸点	引火点	発火点	燃焼範囲	液色	腐食性
灯油	非水溶性	1000ℓ	0.79〜0.85	4.5	145〜270	≧40	220	1.1〜6.0	無色又は淡紫黄色	―
軽油			0.83〜0.9	4.5	170〜370	≧45	220	1.0〜6.0	淡黄色又は淡褐色	―
クロロベンゼン			1.11	3.88	138	28	593〜649	1.3〜9.6	無色	
キシレン			0.86〜0.88	3.66	138〜144	27〜33	463〜528	1.0〜7.0	無色	
酢酸（氷酢酸）	水溶性	2000ℓ	1.05	2.1	118	41	463	4.0〜19.9	無色	有
プロピオン酸			1.00	2.56	140.8	52	465	―	無色	有
アクリル酸			1.06	2.45	141	51	438	―	無色	有

灯油　（用途：燃料、塗料の溶剤など）

原油を蒸留するときに、ガソリンと軽油の中間にできます。**無色又は淡紫黄色**でやや揮発しにくく、石油の特異臭があります。水に溶けず、**油脂などを溶かします**。引火点以下でも、霧状や布にしみ込んだ場合などは引火しやすいので注意が必要です。

注意　静電気が発生、蓄積しやすく、その火花で引火しやすいので危険である。**蒸気は空気の4.5倍も重く**、低所に滞留するので注意が必要。

軽油 （用途：エンジン用燃料、機械の洗浄剤など）

別名**ディーゼル油**。原油を蒸留するときに、灯油と重油の中間にできます。**淡黄色又は淡褐色**の液体で、水には溶けません。引火点以下でも、霧状や布にしみ込んだ場合などは引火しやすいので注意が必要です。

注意 静電気が発生、蓄積しやすく、その火花で引火しやすいので危険である。
蒸気は空気の4.5倍も重く、低所に滞留するので注意が必要。

クロロベンゼン C_6H_5Cl （用途：香料など）

石油臭のある**無色透明**の液体で、水に溶けません。多くの有機溶剤と混合し、ジエチルエーテル、メチルアルコール、エチルアルコールに溶けます。油脂などを溶かします。**比重が1より大きい**のは、第4類のなかでもまれです。

注意 **きわめて引火しやすい**。流動により静電気が発生し、蓄積されやすい。
皮膚に接触すると体内に吸収され、蓄積されると神経系統がおかされる。

酢酸 CH_3COOH〔水溶性〕 （用途：医薬品など）

無色透明で**刺激性臭気**と**酸味**のある液体で、水溶液は**弱い酸性**です。純酢酸を96％以上含むものを**氷酢酸**といいます。これは**17℃以下で凝固**し、冬には氷結します。水、ジエチルエーテル、エチルアルコールによく溶けます。

注意 皮膚にふれると火傷をし、濃い蒸気を吸うと粘膜に炎症をおこすので、取扱いにはとくに注意する。貯蔵容器は耐酸性のものを使う。

練習問題

酢酸（氷酢酸）の性状として、次のうち誤っているものはどれか。

（1）水にはよく溶けるが、エチルアルコールやジエチルエーテルには溶けない。
（2）水溶液は腐食性を有し、弱酸性を示す。
（3）蒸気比重は、空気の約2倍である。
（4）10℃では凝固する。
（5）無色透明の酸味のある液体で刺激臭がある。

酢酸（氷酢酸）は水、エチルアルコール、ジエチルエーテルによく溶け、エチルアルコールと反応して酢酸エステルを生成する。　**正解** (1)

第3石油類とは　　重要度 A

　第3石油類とは、1気圧常温（20℃）で、液状で**引火点が70℃以上200℃未満のもの**をいいます。重油、クレオソート油などがあり、「塗料類その他の物品であって、組成を勘案して総務省令で定めるものを除く」とされています。

POINT
① 指定数量　非水溶性　2,000ℓ
　　　　　　水溶性　　4,000ℓ
② 液比重は重油を除いて　≧1
　　例外：重油のみ　液比重≦1
③ 常温（20℃）で液状。
④ 泡、二酸化炭素、粉末等で窒息消火（非水溶性）。
⑤ 二酸化炭素、粉末等で窒息消火（水溶性）。

	水溶性	指定数量	比重	蒸気比重	沸点	引火点	発火点	燃焼範囲	液色	有害性
重油	非水溶性	2,000ℓ	0.9～1.0	—	≧300	60～150	250～380	—	褐色又は暗褐色	—
クレオソート油			≧1.0	—	≧200	73.9	336.1	—	黄色又は暗緑色	蒸気は有害
アニリン			1.01	3.2	184.6	70	615	—	無色又は淡黄色	蒸気は有害
ニトロベンゼン			1.2	4.3	211	88	482	1.8～40	淡黄色又は暗黄色	蒸気は有毒
エチレングリコール	水溶性	4,000ℓ	1.1	2.1	197.9	111	398	—	無色	—
グリセリン			1.26	—	290	177	370	—	無色	—

● 重油は燃焼温度が高いため、消火がしにくい。

重油　（用途：エンジン・ボイラーの燃料、印刷インクなど）
　褐色又は暗褐色の粘性のある液体で、水にも熱湯にも溶けません。不純物として含まれる**硫黄**は、燃えると**有毒ガス**になります。重油は動粘度により1種（A重油）・2種（B重油）・3種（C重油）に分けられています。ボイラーの燃料や印刷インク、アスファルトの原料などに利用されます。

注意　引火点以下でも霧状のものは引火するときがある。燃焼すると発熱量が大きく温度が高いため、**消火はしにくく**なる。布にしみ込むと**自然発火**する。

クレオソート油　（用途：防腐剤、消毒剤、塗料など）

　コールタールを分留する際の230～270℃の間の留出物。黄色又は暗緑色の特異臭がある液体で、水に溶けないものの、エチルアルコールやベンゼンなどには溶けます。防腐剤や消毒剤、塗料などに用いられます。

注意　引火点が高いため危険は少ないものの、蒸気は有害である。いったん燃え出すと燃焼温度が高いので、消火がしにくくなる。

アニリン　$C_6H_5NH_2$　（用途：染料、香料など）

　無色又は淡黄色の特異臭のある油状の液体で、光又は空気の作用により褐色に変化します。水には溶けませんが、エチルアルコールやジエチルエーテルなどに溶けます。医薬品、染料の原料として利用されます。

注意　引火点が高いので危険は少ないが、蒸気は有害である。いったん燃え出すと燃焼温度が高いので、消火が困難となる。

グリセリン　$C_3H_5(OH)_3$〔水溶性〕　（用途：爆薬、潤滑剤など）

　別名グリセロール。無色透明な粘性のある可燃性液体で、水、エチルアルコールに溶けるものの、二硫化炭素やベンゼンには溶けません。爆薬、潤滑剤、医薬品などに用いられます。

注意　引火点が高いので、過熱しないかぎり危険は少ない。容器からの漏えい防止に注意する。

練習問題

第3石油類について、次のうち誤っているものはどれか。

（1）重油、クレオソート油、グリセリンなどが該当する。
（2）引火点が70℃以上200℃未満の液体である。
（3）水よりも軽いものがある。
（4）常温（20℃）で固体のものもある。
（5）過熱しないかぎり引火の危険性は少ない。

正解　(4)

第3石油類は重油、クレオソート油など、1気圧で温度20℃のとき、液状で引火点が70℃以上200℃未満のものをいう。

第4石油類とは

重要度 C

第4石油類にはギヤー油、シリンダー油、タービン油などがあり、1気圧常温のとき、液状で**引火点が200℃以上250℃未満のもの**をいいます。ただし、**可燃性液体量が40%以下**のものは除外されています。また、塗料類その他の物品で、組成を勘案して総務省令で定めるものは除かれています。

水より軽く、水に溶けず、粘り気の強い性質で、引火点が高く揮発性もほとんどないため、過熱しないかぎり引火の危険性はありません。

■主な潤滑油の種類

種類	比重	引火点	流動点
電気絶縁油		130～250℃程度	
冷凍機油		160～260℃程度	
切削油		70～310℃程度	
タービン油	0.88	200～270℃程度	−12
ギヤー油	0.90	170～310℃程度	−12
マシン油	0.92	80～340℃程度	−10

※潤滑油の揮発性・比重・引火点などは用途や使用条件によって異なります。
※ギヤー油、シリンダー油を除く潤滑油で、引火点が200℃未満のものは第3石油類に該当します。

POINT

①指定数量　6,000ℓ
②潤滑油と可塑剤が該当する。
③一般に水に溶けず、粘り気が大きい。
④水より軽い（比重≦1）。
⑤引火点が高く、揮発性がほとんどない。
⑥過熱しなければ、引火の危険性はない。
⑦引火すると、重油同様、消火が困難。
⑧水系の消火薬剤は不適。
⑨泡、ハロゲン化物、二酸化炭素、粉末により窒息消火。

練習問題

第4石油類について、次のうち誤っているものはどれか。

(1) 常温（20℃）では蒸発しにくい。
(2) 水よりも軽く、水に溶けるものが多い。
(3) 火災になった場合は液温が高くなり、消火が困難となる。
(4) 潤滑油や可塑剤など多くの種類がある。
(5) 一般にガソリンに比べ粘性が高い。

第4石油類は一般に、ギヤー油やマシン油など水に溶けず、粘り気の強い特性をもっていて、機械などの潤滑油として使われている。

正解 (2)

動植物油類とは

重要度 B

　動植物油類とは、動物の脂肪など又は植物の種子や果肉から抽出したもので、1気圧常温で**引火点が250℃未満**のものをいいます。ただし、一定の基準のタンク（加圧タンクを除く）又は容器に常温で貯蔵・保管されているものは除かれています。

POINT

① 指定数量　10,000ℓ
② 水に不溶で、水より軽い（**比重は約0.9ぐらい**）。
③ 可燃性。
④ 純粋なものは無色透明。
⑤ 不飽和脂肪酸を含む。
⑥ 布などにしみ込むと酸化・発熱し自然発火する。
⑦ 蒸発しにくく、引火しにくい。
⑧ 引火すると重油同様、消火がしにくい。
⑨ 水系の消火薬剤は不適。
⑩ 泡・ハロゲン化物・二酸化炭素・粉末により窒息消火。

油に水をかけるのは非常に危険

　動植物油類の自然発火は、油が空気中で酸化され、この反応で発生した熱（酸化熱）が蓄積され発火点に達しておこります。自然発火は、一般に**乾性油（ヨウ素価：大）**ほどおこりやすくなります。

　ヨウ素価とは、**油脂100gが吸収するヨウ素をg数であらわしたもの**をいい、不飽和脂肪酸（二重結合、三重結合）が多いほど大きく、また大きいほど自然発火しやすいといわれています。

（自然発火しにくい）　　　　　　　　　　　　（自然発火しやすい）

小　←　ヨウ素価　→　大

100以下	100〜130	130以上
不乾性油	**半乾性油**	**乾性油**
ツバキ油 オリーブ油 ヒマシ油	ゴマ油 ナタネ油 綿実油	アマニ油 キリ油

動植物油類は、①常温では引火しにくい、②灯油より引火性は高い、③水より軽い　という性質をもっています。

■動植物油類の性質

種類		比重	引火点(℃)	発火点(℃)	ヨウ素価	自然発火
不乾性油	ヤシ油	0.91	234	–	7〜10	危険性：小
	パーム油	0.92	288	316	48〜60	
	オリーブ油	0.91	324	343	75〜90	
	ヒマシ油	0.96	292	449	80〜90	
	落花生油	0.92	282	444	86〜103	
半乾性油	ナタネ油	0.91	300	446	95〜106	
	米ぬか油	0.92	280	–	99〜108	
	ゴマ油	0.92	255	–	103〜118	
	綿実油	0.92	306	343	100〜120	
	トウモロコシ油	0.92	254	393	105〜130	
	ニシン油	0.92	–	–	108〜155	
	大豆油	0.92	310	444	120〜142	
乾性油	ヒマワリ油	0.92	315	–	125〜136	
	キリ油	0.94	289	456	149〜176	
	イワシ油	0.93	–	–	154〜197	
	アマニ油	0.93	222	343	190〜204	
	エノ油	0.93	272	–	192〜208	危険性：大

練習問題

動植物油類について、次のうち誤っているものはどれか。

（1）一般に水よりも軽く、水に不溶である。
（2）引火点以上に加熱すると、引火危険が生じる。
（3）乾性油はぼろ布にしみ込ませて重ねると、自然発火することがある。
（4）不飽和脂肪酸が多いほど自然発火しやすい。
（5）燃焼している場合は、棒状注水のような冷却消火が有効である。

注水消火など水系の消火薬剤は不適で、泡、ハロゲン化物、二酸化炭素、粉末により窒息消火を行う。

正解（5）

5 事故事例

Lesson 2　第4類危険物

　乙種4類危険物の試験では、事故事例を教訓とした事故対策問題が出題されることがあるので、これらについてもしっかり理解しておく必要があります。

	事　例	原　因	対　策
1	給油取扱所で、新人従業員が、20ℓポリエチレン容器を持って灯油を買いに来た客に誤ってガソリンを売ってしまい、客がそれを灯油ストーブに使用したため異常燃焼をおこして火災となった。	新人従業員など、全従業員へ20ℓのポリエチレン製容器をガソリン運搬容器として使ってはならないなど、保安教育が徹底されていなかった。	①従業員の保安教育を徹底する。②運搬容器には品名、数量及び貯蔵・取扱上の注意事項などを表示すること。③全従業員に20ℓのポリエチレン容器をガソリン運搬容器として使ってはならないことを徹底すること。④容器に注入する前に油の種類及び色（自動車ガソリンはオレンジ色、灯油は無色又は淡紫黄色）を確認すること。⑤灯油の小分けでも、危険物取扱者が行うか、又は立ち会うこと。
2	従業員が給油取扱所の固定給油設備の前面カバーを取り外して点検したところ、地下専用タンクの送油管と固定給油設備の接続部付近から油がにじみ出ていた。	地下専用タンクの送油管と固定給油設備の接続部との接続が設置時に不完全だった、または長年使用し続けているうちに接続部にゆるみや亀裂が生じていた。	①定期的に前面カバーを取り外し、ポンプ及び配管の漏れを点検すること。②ポンプ及び配管の一部に著しく油ごみなどが付着している場合は、漏れの疑いがあるので、重点的に点検すること。③固定給油設備のポンプ周囲及び下部ピット内は常に清掃し、容易に点検できる状態にしておくこと。④給油中は常に吐出状態を監視し、ノズルから空気（気泡）が出ていないかどうか確認すること。⑤固定給油設備の下部ピットは、漏えいしても地下に浸透しないよう防水措置をしておくこと。ただし、アスファルトは油に溶けるため使用しないこと。
3	数日間休業した後、始業前に給油取扱所のガソリンを貯蔵する地下専用タンクを点検したところ、漏えい検査管から多量のタール状物質が検出された。	地下専用タンク底部に腐食による穴があき、ガソリン漏れが生じ、タンクの外面保護用のアスファルトが溶けた。	①始業時、終業時には常に油量を点検し、異常の有無を確認すること。②気密試験による点検を一定期間ごとに行い、とくに耐用年数を超えて設置されている施設については点検時期を早めたりして、異常の早期発見に努めること。

PART 3　危険物の性質並びにその火災予防及び消火の方法

事例	原因	対策
4 重油タンクが複数ある地下タンク貯蔵所で、荷卸しとして移動タンク貯蔵所から重油を注入する際、タンクを確認せず、作業員が誤って他の満液タンクに注入したため、そのタンクの計量口と通気管から重油が噴出した。	受入作業時のチェックミスや通常作業（規定の作業）を行わなかったなどが考えられる。また、複数の重油タンクの計量口が開放されていたことも考えられる。	①作業は、受入側、荷卸し側双方の立ち会いのもとで行うこと。 ②注入するタンクを確認し、注入ホースを結合する際も、そのタンクの注入口に誤りがないか確認すること。 ③注入する地下貯蔵タンクの残油量と移動貯蔵タンクの荷卸量を確認すること。 ④地下タンクの計量口は、計量するとき以外は常に閉鎖しておくこと。 ⑤地下タンクの通気管は、タンク内の圧力上昇を防止するため、常に開放状態にしておくこと。
5 移動タンク貯蔵所の運転手が、発注伝票の量を確認せず、荷卸しとして地下2階にある屋内タンク貯蔵所（容量1,500ℓ）に1,000ℓの軽油を注入すべきところを、誤って1,500ℓ注入したため、タンク容量を超え、計量レベルゲージ（ワイヤー貫通部）から軽油が流出した。	受入作業時に作業員の注入するタンクの残油量と注入量を確認しなかった初歩的な作業ミスである。	①荷卸し作業をするときは受入側、荷卸し側、双方の立ち会いのもとで行うこと。 ②必ず残油量と発注伝票を確認してから貯蔵タンクへ注入すること。 ③注入口付近には、その貯蔵タンクの危険物の量を表示する装置を設けること。 ④移動タンク貯蔵所の危険物取扱者は、受入れ立ち会いとともに危険物の注入状態を常時監視すること。
6 タンクローリーの運転手が、ローリーの配管に残っているガソリンをペール缶に抜き取り、さらにこのガソリンを金属製漏斗（ろうと）を使ってポリエチレン容器に移し替えていたところ、発生した静電気でスパークし、ガソリン蒸気に引火したため火災となった。	日常的にガソリンを移し替える際、金属製漏斗を使っていたことなど、作業員全員の危険物取扱に関する保安教育の不備が考えられる。また、移し替えるガソリンの流速が速すぎて静電気が発生し、火花放電によりガソリン蒸気に引火した。	①ガソリンを取扱う容器は金属製で、基準に適合したものを使う。 ②静電気発生防止のため、容器を接地（アース）すること。 ③移し替え作業は、静電気が逃げやすいよう散水してから行うこと。また、湿度が低い時期は静電気が発生しやすいので注意する。 ④指定された注入速度で、静電気の帯電を少なくすること。 ⑤危険物の取扱作業は通風、換気のよい場所で、ガソリンを取扱える危険物取扱者自らか、又は甲種又は乙4類危険物取扱者が立ち会うこと。 ⑥衣類などは帯電防止服及び帯電防止靴を着用すること。

	事 例	原 因	対 策
7	廃止した地下貯蔵タンクを解体中、タンクを溶断したときの火花でタンクが爆発し、タンクの鏡板が吹き飛んで作業員が負傷した。	タンク内の可燃性蒸気が完全に除去されていなかったため、タンク内に燃焼範囲内の蒸気が充満していた。	①タンクを掘り起こした現場でタンクの解体を行わないこと。 ②タンク内を洗浄し、水を完全に充てんすること（水の代わりに窒素ガスなどの不燃性ガスを封入して可燃性ガスと置換する方法もある）。 ③洗浄及び充てんする場合は、タンク内に可燃性蒸気がある可能性が高いので、静電気の発生を防止するため高圧では行わないこと。 ④残油などを抜き取るときは静電気の蓄積を防止するため、タンク及び受け皿を接地して除電すること。 ⑤可燃性蒸気が完全になくなる（タンク内に気相部がなくなった状態）までは、火花などを発する工具を使わないこと。
8	給油取扱所のガソリンを貯蔵していたタンクに灯油を入れたところ、タンクが突然、爆発した。	可燃性蒸気が完全になくなっていない状態で灯油を入れたので、タンク内に充満していたガソリンの蒸気が灯油に吸収されて燃焼範囲の濃度に薄まり、灯油の流入で発生した静電気の火花で引火した。	①種類の異なった危険物をタンクに注入する場合は、タンク内の可燃性蒸気を完全に除去（タンク内に気相部がなくなった状態）してから行うこと。 ②タンクに危険物を注入する場合は、静電気の発生を防止するため、流速を一定にし、なるべく流速を遅くすること。 ③静電気の発生を防止するため、接地してから行うこと。 ④ガソリンを取扱える危険物取扱者が自ら行うか又は甲種又は乙4類危険物取扱者が立ち会うこと。
9	給油などを顧客自らが行う給油取扱所（セルフ型スタンド）で、給油を行おうと自動車燃料タンクの給油口キャップをゆるめた際、噴出したガソリン蒸気に静電気が放電、引火して火災がおこった。	顧客自らが給油などを行う給油取扱所（セルフ型スタンド）では危険物取扱作業に不慣れな人もガソリンを注油するため、除電操作を行わなかったことによる人為的ミス。	①固定給油設備などのホース及びノズルの電気の導通を良好に保つこと。又は導電性材料を使用すること。 ②ガソリン蒸気に静電気が放電しないよう給油口キャップを開放する前は金属など（除電装置）にふれて除電すること。 ③顧客用固定給油設備のホース機器などの見やすいところに「静電気除去」に関する事項を表示すること。 ④給油取扱所の従業員などは、帯電防止服及び帯電防止靴の着用を励行すること。 ⑤地盤面に随時散水し、人体などに帯電している静電気を逃がしやすくすること。

事 例	原 因	対 策
10 給油取扱所でガソリンを他の容器に詰め替えていたところ、付近で使用中のストーブに引火して火災となった。	ガソリンの蒸気がストーブの付近まで流れ、引火して火災となった。	①ガソリンなど危険物の取扱いは、周囲の状況を確認し火気の付近は絶対に避けるなど、危険要因を取り除いてから行うこと。 ②可燃性蒸気が燃焼範囲の下限界に入らないよう、危険物の取扱いは通風、換気のよい場所で行うこと。 ③取扱う容器は金属製とし、静電気を帯電させないために接地すること。
11 軽トラック荷台に、灯油18ℓ入りポリエチレン容器8缶をエレファントノズルを付けたまま密栓も容器の転倒防止措置もせずに積載、運搬していたところ、交差点で乗用車と衝突し、その衝撃で容器が転倒して灯油が荷台から路上に漏えいした。	日常的に容器の転倒防止措置を行わず、積載方法が規定に準じていなかったことが考えられる。	①運搬容器は基準に適合したものを使い、必ず密栓すること。 ②運転手は安全運転を心がけ、運搬容器が転倒、破損などしないよう必ず防止措置を講じて積載すること。 ③運搬容器は、収納口を上方に向けて積載すること。

練習問題

次の事故事例を教訓とした今後の事故対策として誤っているものはどれか。
「給油取扱所において、20ℓポリエチレン容器を携えて灯油を買いに来た客に新人従業員が誤ってガソリンを売ってしまい、客がそれを灯油ストーブに使ったため異常燃焼をおこして火災となった」

(1) 従業員の保安教育を徹底すること。
(2) 運搬容器には、品名、数量及び貯蔵・取扱上の注意事項、給油者名を表示すること。
(3) 容器に注入する前に油の種類を必ず確認すること。
(4) 灯油の小分けであっても、乙4類危険物取扱者自らが行うか、又は立ち会うこと。
(5) 注油する油の色を確認すること。

正解 (2)

運搬容器には、品名、数量及び貯蔵・取扱上の注意事項は表示するが、給油者名を表示する規定はない。

模擬問題

解答は p253

危険物に関する法令 (15題)

問題 1 危険物を運搬する場合、混載ができない組合せは次のうちどれか。ただし、いずれの危険物も指定数量の10分の1以上とする。
(1) 第1類危険物と第4類危険物
(2) 第2類危険物と第4類危険物
(3) 第3類危険物と第4類危険物
(4) 第5類危険物と第4類危険物
(5) 第6類危険物と第1類危険物

問題 2 ガソリンを取扱う製造所等において、危険物取扱者以外の者が危険物の取扱いをすることができるのは、次のうちどの場合か。
(1) 都道府県知事の許可があるとき。
(2) 危険物保安統括管理者又は危険物保安監督者の指示を受けたとき。
(3) 市町村長等の指示を受けたとき。
(4) 丙種危険物取扱者の立ち会いを受けたとき。
(5) 乙種第4類危険物取扱者の立ち会いを受けたとき。

問題 3 危険物の取扱作業の保安に関する講習を受けなければならない期間を過ぎているものは、次のうちどれか。
(1) 1年前から製造所などで危険物の取扱作業に従事し、半年前に免状の交付を受けた。
(2) 3年前に免状の交付を受けたが、製造所などで危険物の取扱作業に従事していない。
(3) 半年前に講習を受け、継続して製造所などで危険物の取扱作業に従事している。
(4) 5年前に免状の交付を受け、その後、危険物の取扱作業に従事していなかったが、2年前から製造所などで危険物の取扱作業に従事している。

(5) ２年前に免状の交付を受け、その後、危険物の取扱作業に従事していなかったが、半年前から製造所などで危険物の取扱作業に従事している。

問題 4 現在、灯油500ℓを貯蔵している。これと同じ場所に貯蔵した場合、指定数量以上貯蔵しているものとみなされるのは、次のうちどれか。
(1) アセトン　100ℓ
(2) エチルアルコール　100ℓ
(3) ガソリン　50ℓ
(4) ギヤー油　2,000ℓ
(5) 軽油　600ℓ

問題 5 危険物の規制について、誤っているものは次のうちどれか。
(1) 指定数量以上の危険物は、市町村条例により規制を受ける。
(2) 指定数量以上の危険物を許可又は承認を受けずに貯蔵すると、市町村長などからその危険物の除去を命じられることがある。
(3) 危険物施設は製造所、貯蔵所、取扱所に３区分されている。
(4) 航空機、船舶、鉄道又は軌道による危険物の貯蔵、取扱い又は運搬については、消防法令の適用を受けない。
(5) 製造所などを設置しようとする者は、市町村長などの許可を受けなければならない。

問題 6 消防法別表第一に掲げられている危険物の組合せとして、正しいものは次のうちどれか。
(1) 重油、消石灰
(2) 発煙硝酸、液体酸素
(3) ガソリン、プロパン
(4) アルコール類、硝酸
(5) 塩酸、塩素酸塩類

問題 7 次の製造所等で、貯蔵量・取扱量に制限のないものはいくつあるか。
　　　　屋内貯蔵所、屋内タンク貯蔵所、簡易タンク貯蔵所、
　　　　地下タンク貯蔵所、移動タンク貯蔵所
(1) １つ　　(2) ２つ　　(3) ３つ　　(4) ４つ　　(5) ５つ

問題8 ガソリンスタンドの構造及び設備の基準について、誤っているものは次のうちどれか。

(1) ガソリンスタンドには「火気注意」と表示した掲示板を設ける。
(2) 間口10m以上、奥行6m以上の給油空地を保有する。
(3) 給油などのためにガソリンスタンドに出入りする者を対象とした飲食店の建物を併設できる。
(4) 専用タンク及び廃油タンクは地盤面下に埋設して設ける。
(5) 廃油タンクの容量は10,000ℓ以下とする。

問題9 保有空地を必要としない施設は、次のうちどれか。

(1) 製造所　　(2) 屋外タンク貯蔵所　　(3) 一般取扱所
(4) 屋内貯蔵所　　(5) 給油取扱所

問題10 製造所等を設置又は変更する場合の手続きとして、誤っているものは次のうちどれか。

(1) 製造所などを設置する者は、市町村長などに設置承認を申請しなければならない。
(2) 設置を申請しても、市町村長などから設置許可を受けるまでは工事に着工できない。
(3) 工事が終了しても、完成検査を受け基準に適合していると認められなければ、当該製造所などの使用を開始できない。
(4) 製造所などを変更する者は、市町村長などに変更許可を申請する。
(5) 完成検査前検査は、液体危険物タンクがある場合に必要となる。

問題11 危険物保安監督者に関して、正しいものは次のうちどれか。

(1) 危険物保安監督者は、取扱う指定数量にかかわらず、すべての製造所などで選任しなければならない。
(2) 危険物保安監督者を選任する権限があるのは、製造所などの所有者、管理者又は占有者である。
(3) 丙種危険物取扱者は、6か月以上の実務経験があれば、危険物保安監督者に選任できる。

(4) 甲種危険物取扱者であれば、実務経験がなくても危険物保安監督者に選任できる。
(5) 危険物保安監督者は、危険物施設保安員の指示に従って保安の監督をしなければならない。

問題12 危険物の貯蔵及び取扱いに関する基準について、次のうち誤っているものはどれか。
(1) 移動タンク貯蔵所から給油取扱所の専用タンクにガソリンを注入中、このタンクに接続している固定給油設備を使用して自動車に給油する場合は、吐出量を抑えて給油する。
(2) 油分離装置に油がたまったら、あふれないよう随時くみ上げる。
(3) 屋内貯蔵タンクの元弁は、危険物を入れ、又は出すとき以外は閉鎖しておかなければならない。
(4) 地下貯蔵タンクの計量口は、計量するとき以外は閉鎖しておかなければならない。
(5) 移動タンク貯蔵所は、完成検査済証、定期点検記録などの必要な書類を車両に備え付けておかなければならない。

問題13 予防規程に定めるべき事項に該当しないものは、次のうちどれか。
(1) 危険物の保安のための巡視、点検及び検査に関すること。
(2) 危険物の保安に係る作業に従事する者に対する保安教育に関すること。
(3) 危険物保安監督者が、旅行、疾病その他の事故によって職務を行えない場合、その職務を代行する者に関すること。
(4) 製造所などの位置、構造及び設備を明示した書類及び図面の整備に関すること。
(5) 製造所などの設置又は変更の許可申請の手続きに関すること。

問題14 危険物取扱者免状に関する次のA～Eの記述のうち、誤っているものはいくつあるか。
A 危険物取扱者が法令に違反した場合は市町村長が免状の返納を命じる。
B 免状の記載事項に変更が生じたときは、免状の書換えを申請しなければな

らない。
C 免状は、危険物取扱者試験の合格者に対して都道府県知事が交付する。
D 免状書換えの申請先は、その免状を交付した都道府県知事だけである。
E 免状に添付した写真が撮影後10年を経過したときは、免状の書換えを申請しなくてはならない。

(1) 1つ　(2) 2つ　(3) 3つ　(4) 4つ　(5) 5つ

問題15　次のA～Eのうち、市町村長等が製造所等の使用停止命令を発令できる事由はいくつあるか。

A 危険物保安監督者を選任しなければならない製造所などであるにもかかわらず、その選任をしていない場合。
B 選任された危険物保安監督者が消防法令の規定に違反している場合。
C 危険物の貯蔵又は取扱いが、政令の定める技術上の基準に従っていない場合。
D 製造所などの位置、構造及び設備が、政令で定める技術上の基準に適合していない場合。
E 変更許可を受けずに製造所などの位置、構造又は設備を変更した場合。

(1) 1つ　(2) 2つ　(3) 3つ　(4) 4つ　(5) 5つ

基礎的な物理学及び基礎的な化学 (10題)

問題16　物理変化と化学変化について、誤っているものは次のうちどれか。
(1) 水が温められて水蒸気になるのは、化学変化である。
(2) ドライアイスが二酸化炭素になるのは、物理変化である。
(3) 炭（木炭）が燃えるのは、化学変化である。
(4) 銅がさびるのは、化学変化である。
(5) ニクロム線に電流を流すと赤熱するのは、物理変化である。

問題17　比熱が1.5J/(g·℃)である液体200gの液温を10℃から50℃に上昇させる場合、必要な熱量はいくらか。
(1) 6 kJ　(2) 8 kJ　(3) 12 kJ
(4) 60 J　(5) 300 J

問題18 静電気を防止したり、その発生を抑制したりする方法として、誤っているものは次のうちどれか。
(1) 接触する2つの物体は、絶縁抵抗の小さいものを選択する。
(2) 取扱う設備にアースを取りつける。
(3) 給油のホース内流速を遅くする。
(4) 帯電防止の衣服や靴を身につける。
(5) 湿度を下げて作業を行う。

問題19 液体が気体になるのに必要な熱を何というか。
(1) 凝縮熱
(2) 蒸発熱
(3) 昇華熱
(4) 融解熱
(5) 凝固熱

問題20 燃焼に関する説明として、誤っているものは次のうちどれか。
(1) 燃焼の三要素とは可燃物、酸素供給源及び点火源のことである。
(2) 燃焼とは発熱、発光などをともなう酸化反応である。
(3) 点火源とは、可燃物と酸素が反応をおこすために必要なエネルギーのことである。
(4) すべての可燃物は、どんな場合でも空気がなければ燃焼しない。
(5) 固体の可燃物は細かく砕き、粉状にすると燃焼しやすくなる。

問題21 引火点についての説明として、次のうち正しいものはどれか。
(1) 可燃性液体の蒸気の発生量が、燃焼範囲の上限値を示すときの液温をいう。
(2) 可燃性液体の蒸気の発生量が、燃焼範囲の下限値を示すときの液温をいう。
(3) 可燃物が燃焼を継続しているときの温度をいう。
(4) 可燃物を空気中で加熱した場合、ほかから点火されなくても自ら発火する最低温度をいう。
(5) 発火点と同じ意味で、可燃物が気体又は液体のときは発火点といい、固体のときは引火点という。

問題22 次のA〜Eの消火剤のうち、油火災及び電気火災のいずれにも適合するものはいくつあるか。

  A 棒状の強化液
  B 合成界面活性剤泡
  C 二酸化炭素
  D リン酸塩類等を使用する消火粉末
  E 炭酸水素塩類等を使用する消火粉末

(1) 1つ (2) 2つ (3) 3つ (4) 4つ (5) 5つ

問題23 消火に関する説明として、正しいものは次のうちどれか。
(1) ハロゲン化物による消火は、すべて窒息効果によるものである。
(2) 発火点以下にすれば消火できる。
(3) セルロイドなどの内部（自己）燃焼物質の火災には、窒息効果による消火が適している。
(4) 水は、比熱及び気化熱が大きいため冷却効果が小さい。
(5) 爆風により可燃性蒸気を吹き飛ばして消火させる方法もある。

問題24 比熱の定義として、正しいものは次のうちどれか。
(1) その物質1gの温度を1℃高めるのに必要な熱量
(2) その物質1gが融解するのに必要な熱量
(3) その物質1gが気化するのに必要な熱量
(4) その物質1gが燃焼するのに必要な熱量
(5) その物質1gが凝固するのに必要な熱量

問題25 「ある液体の発火点は385℃である」という記述について、正しいものは次のうちどれか。
(1) 液温が385℃に達すれば、火源がなくとも燃焼する。
(2) 液温を385℃に加熱したら、火源があれば燃焼する。
(3) 液温を385℃に加熱しても、火源がなければ燃焼しない。
(4) 液温が385℃に達すれば、火源があれば燃焼を継続する。
(5) 液温が385℃未満では、火源があっても燃焼しない。

危険物の性質並びにその火災予防及び消火の方法 (10題)

問題26 危険物の類ごとの性状として、次のうち誤っているものはどれか。
(1) 第1類 …… 酸素との化合物で、すべて固体である。
(2) 第2類 …… 引火又は着火しやすい液体である。
(3) 第3類 …… 自然発火性物質及び禁水性物質である。
(4) 第5類 …… 分解し爆発的に燃焼する物質で、固体又は液体である。
(5) 第6類 …… 酸化性の液体で、それ自体は燃焼しない。

問題27 第4類の危険物の一般的性状について、正しいものは次のうちどれか。
(1) すべて自然発火する危険性をもつ液体である。
(2) 液体の比重は、1より大きい。
(3) 蒸気比重は、1より大きい。
(4) すべて水によく溶け、有機溶媒には不溶である。
(5) 摩擦、衝撃などによって、発火や爆発の危険性がある。

問題28 特殊引火物の性状として、誤っているものは次のうちどれか。
(1) 発火点が100℃以下の二硫化炭素は、特殊引火物のなかでも発火点がとくに低い危険物の一つである。
(2) 二硫化炭素は芳香をもつ液体で、水に溶けやすく、水より軽い。
(3) ジエチルエーテルは、特有の刺激性の臭気があり、アルコールによく溶ける。
(4) アセトアルデヒドは非常に揮発しやすく、水によく溶ける。
(5) 酸化プロピレンは、水やエチルアルコールに溶ける無色透明の液体である。

問題29 ガソリンを貯蔵していたタンクに灯油を入れるときは、タンク内のガソリンの蒸気を完全に除去してから入れなければならないが、その理由として、正しいものは次のうちどれか。
(1) タンク内のガソリンの蒸気が灯油の蒸気と混合して、灯油の発火点を著しく上昇させるため。
(2) タンク内のガソリンの蒸気が灯油の蒸気と混合すると発熱し、その熱で灯油の温度を上昇させるため。

(3) タンク内に充満していたガソリンの蒸気が灯油に吸収されて燃焼範囲の濃度に薄まり、灯油の流入で発生した静電気の火花で引火することがあるため。
(4) タンク内に充満していたガソリンの蒸気が灯油と混合して熱を発生させ、自然発火することがあるため。
(5) タンク内に充満していたガソリンの蒸気が灯油に吸収されて燃焼範囲以下の濃度に薄まり、灯油の流入で発生した静電気の火花で引火することがあるため。

問題30 消火剤として泡を使用する場合の必要な性能として、正しいものは次のうちどれか。
(1) 熱に対して不安定であること。
(2) 燃焼物より比重が大きいこと。
(3) 粘着性がないこと。
(4) 加水分解しやすいこと。
(5) 流動性があること。

問題31 第5種消火設備のうち、A、B、Cの火災の区別と着色（地色）との組合せで、正しいものは次のうちどれか。

	A火災（一般火災）	B火災（油火災）	C火災（電気火災）
(1)	白色	青色	黄色
(2)	白色	黄色	青色
(3)	赤色	青色	黄色
(4)	赤色	黄色	青色
(5)	青色	黄色	赤色

問題32 第4類の危険物に共通する火災予防の方法について、誤っているものは次のうちどれか。
(1) 引火を防止するため、みだりに火気を使用しない。
(2) 可燃性蒸気の発生を防止するため、容器は密栓しておく。
(3) 静電気が発生するおそれのある場合は、接地（アース）する。
(4) たとえ少量でも容器に液体が残っていたら、可燃性蒸気が発生する場合があるので注意する。

(5) 可燃性蒸気は低所より高所に滞留するので、高所の換気を十分に行う。

問題33 ガソリンの性状として、正しいものは次のうちどれか。
(1) 発火点は約300℃、引火点は灯油より高い。
(2) 電気の良導体なので、流動などの際に静電気を発生しない。
(3) メチルアルコールより燃焼範囲が広い。
(4) 自動車用ガソリンは、淡青色又は淡緑色に着色されている。
(5) 水より軽く、水に不溶である。

問題34 第4類危険物の消火方法についての記述として、次のうち誤っているものはどれか。
(1) 灯油の火災に、ハロゲン化物消火器を使用する。
(2) ガソリンの火災に、粉末消火剤を放射し窒息消火する。
(3) 重油の火災に、泡消火器は有効である。
(4) 軽油の火災に、二酸化炭素消火器を使用する。
(5) ガソリンの火災に、注水消火は有効である。

問題35 「顧客に自ら給油等をさせるセルフ型スタンドにおいて、顧客が給油を行おうとしたところ、緩めた給油口から噴出したガソリン蒸気に静電気火花が飛び、火災がおこった。」
　このような事故を防止するための給油取扱所における対策として、適切でないものは次のうちどれか。
(1) ガソリン蒸気に静電気火花が飛ばないよう、給油口キャップにふれる前は金属などにふれないようにする。
(2) 固定給油設備などのホース及びノズルの素材には、導電性材料を用いる。
(3) 顧客用固定給油設備のホース機器などの見やすいところに「静電気除去」に関する事項を表示する。
(4) 地盤面に随時散水し、人体などに帯電している静電気を逃がしやすくする。
(5) 給油取扱所の作業員は、帯電防止服及び帯電防止靴を着用する。

模擬問題の解答と解説

危険物に関する法令

問題1 （1）危険物を運搬する場合、混合すると爆発・燃焼する危険性のある物は混載できません。第4類危険物と混載できないのは、第1類及び第6類の危険物なのでしっかり覚えましょう。なお、指定数量の10分の1以下の危険物については混載の禁止はありません。

問題2 （5）危険物取扱者以外の者が危険物を取扱えるのは、甲種又は乙種（指定の類）の危険物取扱者の立ち会いを受けたときです。ガソリンを取扱う製造所などの場合、乙種第4類危険物取扱者の立ち会いがあれば、危険物取扱者以外の者でも危険物を取扱えます。

問題3 （4）製造所などで危険物の取扱作業に従事している危険物取扱者は、保安講習を3年以内に受講する義務があります。危険物取扱作業に従事していなかった者が新たに従事することになった場合は、その日から1年以内に受講するのが原則です。

問題4 （5）灯油の指定数量は1,000ℓなので、灯油500ℓは0.5倍になります。アセトン、エチルアルコールはそれぞれ0.25倍（指定数量400ℓ）、ガソリンは0.25（指定数量200ℓ）、ギヤー油は約0.33（指定数量6,000ℓ）、軽油は0.6（指定数量1,000ℓ）なので、合計して指定数量以上になるのは（5）だけです。

問題5 （1）指定数量以上の危険物は消防法令により規制を受けます。市町村条例によって規制されるのは、指定数量未満の危険物の場合です。

問題6 （4）消防法別表第一に掲げられている危険物の組合せに関する問題です。気体や塩酸、消石灰は消防法上の危険物ではないので（1）（2）（3）（5）はすぐに消去できるはずです。アルコール類は第4類危険物、硝酸は第6類危険物です。

問題7 （2）設問中の製造所などで貯蔵量・取扱量に制限のないものは屋内貯蔵所、地下タンク貯蔵所の2つです。

問題8 （1）製造所などには貯蔵又は取扱う危険物の性状に応じた注意事項を表示する掲示板を設けなければなりません。ガソリンは第4類の危険物なので、火気注意ではなく「火気厳禁」です。ガソリンスタンド（給油取扱所）に関する基準はよく出題されるので、理解しておきましょう。

問題9 （5）保有空地とは、消防活動及び延焼防止のために製造所などの周囲に確保する空地です。保有空地を必要としない施設は、屋内タンク貯蔵所、地下タンク貯蔵所、移動タンク貯蔵所、給油取扱所、販売取扱所の5つです。

問題10 （1）設置でも変更でも、申請するのは許可であって承認ではありません。所定の事項を記載した許可申請書を市町村長などに提出します。なお、完成検査前検査は、液体危険物タンクのない製造所などについては不要です。

問題11 （2）危険物保安監督者を選任しなければならない製造所などは、政令で定められています。危険物保安監督者になれるのは甲種又は乙種の危険物取扱者のうち、製造所などで6か月以上実務を経験した者に限られています。また危険物施設保安員とは、危険物保安監督者のもとで製造所などの保安業務を補佐する者です。

問題12 （1）給油取扱所の専用タンクに危険物を注入しているときは、そのタンクに接続する固定給油設備は使えません。したがって、吐出量を抑えて給油するとしている（1）は誤りです。

問題13 （5）許可申請の手続きなどは、法令によって定められています。予防規程が火災を予防するために作成される自主保安基準であることを理解して、主な記載事項を頭に入れておきましょう。

問題14 （2）Aは市町村長ではなく、都道府県知事です。Dは居住地・勤務地を管轄する都道府県知事でもかまいません。

問題15 （2）Bはその危険物保安監督者の解任命令、Cは貯蔵又は取扱いに関する基準遵守命令、Dは製造所などの基準適合命令がまず発令され、これらの措置命令に違反した場合にはじめて製造所などの使用停止が命じられます。

基礎的な物理学及び基礎的な化学

問題16 （1）物理変化と化学変化の違いについて、しっかり理解しておく必要があります。水が温められて水蒸気になるのは、物質の状態が変化しただけであって、別の物質になったわけではありません。これは物理変化です。

問題17 （3）比熱が1.5J／（g・℃）である液体200gの液温を10℃から50℃に上昇させる場合、必要な熱量は、比熱×物質の質量×温度差　で求められるので、1.5J／（g・℃）×200g×（50℃ − 10℃）= 12,000J = 12kJ　になります。

問題18 （5）静電気の防止や抑制には、①接触する2つの物体は絶縁抵抗の小さいものを選択する、②物体がこすれないようていねいに取扱い、摩擦を少なくする、③給油ホース内の流速を遅くする、④衣服や靴は除電作用のあるものを身につける、⑤湿度を75%以上に上げて作業を行う、⑥アースをつける　などの方法があります。

問題19 （2）液体が気体になるのに必要な熱を「蒸発熱」といいます。

問題20 （4）燃焼に関する説明として（1）、（2）、（3）、（5）は正しい。第1類及び第6類の危険物や、第5類の危険物など化合物中の酸素が酸素供給体としての役目を担うものもあるため、すべての可燃物がどんな場合でも、空気がなければ燃焼しないとはいえません。

問題21 （2）引火点は、①液体が空気中で点火したとき、燃え出すのに十分な濃度の蒸気を液面上に発生する最低の液温、②液面付近の蒸気濃度が、ちょうどその蒸気の燃焼範囲（爆発範囲）の下限界に達したときの液温、と定義されています。

問題22 （3）A〜Eの消火剤のうち、油火災及び電気火災のいずれにも適合するものは二酸化炭素、リン酸塩類などを使う消火粉末、炭酸水素塩類などを使う消火粉末の3つです。

問題23 （5）（1）ハロゲン化物による消火は窒息効果のほか、抑制効果もあります。（2）発火点ではなく、引火点以下です。（3）内部燃焼の消火には窒息消火は適していません。（4）水は比熱、気化熱ともに大きいために冷却効果が大きく、消火剤としてもっとも一般的に利用されています。

問題24 （1）比熱の定義は、その物質1gの温度を1℃高めるのに必要な熱量です。

問題25 （1）空気中で可燃性物質を加熱した場合、これに火炎あるいは火花などを近づけなくても発火し燃焼を開始する最低の温度のことを発火点といいます。設問に「ある液体の発火点は385℃である」とあるので、「液温が385℃に達すれば、火源がなくとも燃焼する」が正しい記述になります。

危険物の性質並びにその火災予防及び消火の方法

問題26 （2）第2類の危険物に共通する性質は「可燃性固体」ということだから、液体ではありません。第1類から第6類までの類ごとに共通する性状は頻出の基本的事項なので、確実に理解しておいてください。

問題27 （3）第4類危険物には（1）や（5）のような性状はありません。蒸気比重は1より大きいため低所に滞留しますが、液比重は1より小さく、水に溶けにくいものが多いため、危険物が水に浮いて火災範囲を広げるおそれがあります。

問題28 （2）特殊引火物は、乙4類の試験でよく出題されます。物品名とそれぞれの性状などをしっかり覚えておきましょう。二硫化炭素は無色透明の液体で、一般に特有の不快臭を持ち、水には溶けません。また、水より重いため、水没させたタンクに貯蔵します。

問題29 （3）ガソリンを貯蔵していたタンクに灯油を入れるとき、タンク内のガソリンの蒸気を完全に除去してから入れる理由は、タンク内に充満していたガソリンの蒸気が灯油に吸収されて燃焼範囲の濃度に薄まり、灯油の流入で発生した静電気の火花で引火することがあるからです。

問題30 （5）消火剤として泡を使用する場合の必要な性能は、①熱に対して安定であること　②燃焼物より比重が小さいこと　③粘着性があること　④加水分解しないこと　⑤流動性があること　です。

問題31 （2）第5種消火設備には、小型消火器があります。火災の区別と着色（地色）との組合せは、A火災（一般火災）が白色、B火災（油火災）が黄色、C火災（電気火災）が青色です。身近にある粉末（ABC）消火器のマークを確認してみましょう。

問題32 （5）第4類危険物の蒸気比重は1より大きく、空気より重いので、発生した可燃性蒸気は低所に滞留します。したがって、高所ではなく低所の換気を十分に行う必要があります。

問題33 （5）ガソリンの引火点は－40℃以下で、灯油は40℃以上です。電気の不良導体なので、流動などの際に静電気を発生しやすく、燃焼範囲は1.4～7.6vol％（メチルアルコールは6.0～36vol％）です。自動車用ガソリンは、灯油や軽油と識別するためオレンジ色に着色されています。

問題34 （5）第4類危険物の火災は、窒息効果又は抑制効果により消火することが原則とされています。水より軽く、水に溶けない危険物の火災に注水すると、危険物が水に浮いて火面を広げるので、水による消火は適しません。

問題35 （1）静電気事故を防止するための給油取扱所での対策として、給油口キャップにふれる前は必ず金属など（静電気除去装置）にふれ、人体などに帯電している静電気を除去することが重要です。

巻末資料集

■主な第4類危険物の性状等比較表

区分	品名	比重	引火点℃	発火点℃	燃焼範囲%	蒸気比重	水溶性の有無	毒性
特殊引火物	ジエチルエーテル	0.71	-45	160	1.9~48	2.5	わずかに有	麻酔性有
特殊引火物	アセトアルデヒド	0.78	-39	175	4.0~60	1.5	有	有
特殊引火物	酸化プロピレン	0.83	-37	449	2.8~37	2.0	有	吸入有害
特殊引火物	二硫化炭素	1.3	-30	90	1.3~50	2.6	無	有
第1石油類	ガソリン	0.65~0.8	-40	300	1.4~7.6	3~4	無	
第1石油類	ぎ酸メチル	0.98	-18.9	449	5.9~20	2.07	わずかに有	
第1石油類	ベンゼン	0.88	-11	498	1.3~7.1	2.8	無	有
第1石油類	メチルエチルケトン	0.8	-9	404	1.7~11.4	2.5	わずかに有	
第1石油類	さく酸エチル	0.9	-4	426	2.0~11.5	3.0	わずかに有	
第1石油類	トルエン	0.87	4	480	1.2~7.1	3.14	無	ベンゼンより小
第1石油類	ピリジン	0.98	20	482	1.8~12.4	2.73	有	有
第1石油類	アセトン	0.8	-20	465	2.15~13	2.0	有	
アルコール類	メチルアルコール	0.79	11	385	6.0~36	1.11	有	有
アルコール類	エチルアルコール	0.79	13	363	3.3~19	1.59	有	麻酔性有
アルコール類	n-プロピルアルコール	0.8	23	412	2.1~13.7	2.1	有	
アルコール類	イソプロピルアルコール	0.79	15	399	2.0~12.7	2.1	有	
第2石油類	キシレン(メタ)	0.9	27	527	1.1~7.0	3.7	無	
第2石油類	クロロベンゼン	1.11	28	593~649	1.3~9.6	3.88	無	
第2石油類	酢酸	1.05	41	463	4.0~19.9	2.1	有	
第2石油類	灯油	0.79~0.85	40~60	220	1.1~6.0	4.5	無	
第2石油類	軽油	0.83~0.9	45~70	220	1.0~6.0	4.5	無	
第2石油類	テレピン油	0.86	35	240	0.8以上	4.7	無	
第2石油類	しょう脳油	0.87~1.0	47.4				無	
第3石油類	重油	0.9~1.0	60~150	250~380			無	
第3石油類	アニリン	1.01	70	615	13~11	3.22	無	有
第3石油類	クレオソート油	1.0以上	73.9	336			無	
第3石油類	ニトロベンゼン	1.2	88	482	1.8~40	4.3	無	有
第3石油類	エチレングリコール	1.1	111	398		2.1	有	
第3石油類	グリセリン	1.3	177	370			有	
第4石油類	ギヤー油	0.9	220				無	
第4石油類	シリンダー油	0.95	250				無	
第4石油類	モーター油	0.82	230				無	
第4石油類	タービン油	0.88	230				無	

■消防法に定める危険物の類別・性質・品名及び指定数量

類別・性質	品名		指定数量	
第1類 酸化性固体	1. 塩素酸塩類　7. ヨウ素酸塩類 2. 過塩素酸塩類　8. 過マンガン酸塩類 3. 無機過酸化物　9. 重クロム酸塩類 4. 亜塩素酸塩類　10. その他のもので政令で定めるもの 5. 臭素酸塩類　11. 前各号に掲げているもののいずれかを含有するもの 6. 硝酸塩類		第1種酸化性固体	50kg
			第2種酸化性固体	300kg
			第3種酸化性固体	1,000kg
第2類 可燃性固体	1. 硫化リン　2. 赤リン　3. 硫黄			100kg
	4. 鉄粉			500kg
	5. 金属粉　8. 前各号に掲げているもののいずれかを含有するもの 6. マグネシウム 7. その他のもので政令で定めるもの		第1種可燃性固体	100kg
			第2種可燃性固体	500kg
	9. 引火性固体			1,000kg
第3類 自然発火性 物質及び 禁水性物質	1. カリウム　2. ナトリウム			10kg
	3. アルキルアルミニウム　4. アルキルリチウム			10kg
	5. 黄リン			20kg
	6. アルカリ金属（カリウム及びナトリウムを除く）及びアルカリ土類金属 7. 有機金属化合物（アルキルアルミニウム及びアルキルリチウムを除く） 8. 金属の水素化物	9. 金属のリン化物 10. カルシウム又はアルミニウムの炭化物 11. その他のもので政令で定めるもの 12. 前各号に掲げるもののいずれかを含有するもの	第1種自然発火性物質及び禁水性物質	10kg
			第2種自然発火性物質及び禁水性物質	50kg
			第3種自然発火性物質及び禁水性物質	300kg
第4類 引火性液体	1. 特殊引火物			50ℓ
	2. 第1石油類	非水溶性のもの	ガソリン、ベンゼン、トルエン	200ℓ
		水溶性のもの	アセトン	400ℓ
	3. アルコール類			400ℓ
	4. 第2石油類	非水溶性のもの	灯油、軽油	1,000ℓ
		水溶性のもの	氷酢酸、ぎ酸	2,000ℓ
	5. 第3石油類	非水溶性のもの	重油、クレオソート油	2,000ℓ
		水溶性のもの	グリセリン	4,000ℓ
	6. 第4石油類		ギヤー油、シリンダー油	6,000ℓ
	7. 動植物油類		ヤシ油、アマニ油	10,000ℓ
第5類 自己反応性 物質	1. 有機過酸化物　8. ヒドロキシルアミン 2. 硝酸エステル類　9. ヒドロキシルアミン塩類 3. ニトロ化合物　10. その他のもので政令で定めるもの 4. ニトロソ化合物 5. アゾ化合物　11. 前各号に掲げるもののいずれかを含有するもの 6. ジアゾ化合物 7. ヒドラジンの誘導体		第1種自己反応性物質	10kg
			第2種自己反応性物質	100kg
第6類 酸化性液体	1. 過塩素酸 2. 過酸化水素 3. 硝酸 4. その他のもので政令などで定めるもの 5. 前各号に掲げるもののいずれかを含有するもの			300kg

■酸と塩基の比較

酸		塩基
水素イオン(H^+)を生じる	水に溶解	水酸化物イオン(OH^-)を生じる
他の物質に与える（水素イオン(H^+)の供与体）	水素イオン(H^+)の授受	他の物質から受け取る（水素イオン(H^+)の受容体）
受容体	電子対の授受	供与体
青→赤	リトマス紙変化	赤→青

■一般に利用されるpH指示薬と変色域

pH指示薬	変色域	色の変化	
		酸 →	塩基
メチルオレンジ	pH3.1〜pH4.4	赤色 →	橙色
リトマス	pH4.5〜pH8.3	赤色 →	青色
ブロモチモールブルー（BTB）	pH6.0〜pH7.6	黄色 →	青色
フェノールフタレイン	pH8.0〜pH10.0	無色 →	赤紫

■中和時の指示薬の選択

組合せ	中和でできる塩	中和点の液性	指示薬
強酸＋強塩基	中性塩（正塩）	中性	リトマス又はBTB
強酸＋弱塩基	弱酸性塩	弱酸性	メチルオレンジ
弱酸＋強塩基	弱塩基性塩	弱塩基性	フェノールフタレイン
弱酸＋弱塩基	中性塩（正塩）	中性	リトマス

■物質1molの質量・粒子数・気体の体積との関係

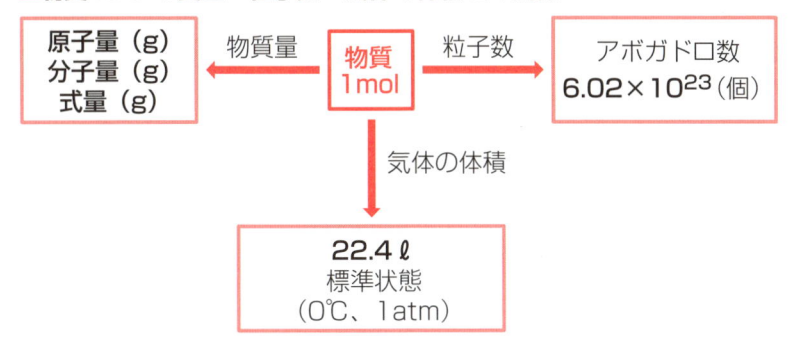

原子量（g）／分子量（g）／式量（g） ←物質量— **物質1mol** —粒子数→ アボガドロ数 6.02×10^{23}（個）

↓気体の体積

22.4ℓ 標準状態（0℃、1atm）

■気体の分子量とモル質量、アボガドロ数、気体の体積の関係

物質名	水 素	窒 素	酸 素	二酸化炭素
化学式	H_2	N_2	O_2	CO_2
分子量	2	28	32	44
モル質量	2g/mol	28g/mol	32g/mol	44g/mol
アボガドロ数（個/mol）	6.02×10^{23}	6.02×10^{23}	6.02×10^{23}	6.02×10^{23}
気体の体積（標準状態）	22.4ℓ/mol	22.4ℓ/mol	22.4ℓ/mol	22.4ℓ/mol

■比重と密度のまとめ

固体又は液体	基準物質	1気圧、4℃での純粋な水
	物質の比重	比重＝物質の質量／物質と同体積の1気圧、4℃での純粋な水
	密度	密度＝重量÷体積（単位g/cm³）
気体	基準物質	標準状態（0℃、1気圧）での空気

巻末資料集

■酸素の性質

物理化学的性質	化学式	O_2
	分子量	32.0
	色	無色（液体酸素は淡青色）
	におい	無臭
	比重	1.105（空気＝１）
	融点	-218℃
	沸点	-183℃

特色（性質）	1. 不燃性である 2. 支燃性がある 3. 酸素濃度が高くなると可燃性物質が激しく（爆発的に）燃焼する 4. 水にあまり溶けない 5. 酸化物をつくる 6. 実験的には過酸化水素を分解して得られる 　　$2H_2O_2 \rightarrow 2H_2O + O_2$ 7. 白金、金、銀、不活性ガス、ハロゲンなどとは直接化合しない

■単体・化合物・混合物の見分け方のポイント

	単体	化合物	混合物
化学式	書ける	書ける	書けない
分解の有無	×	○（化学的方法）	○（物理的・機械的方法）
例	水素（H_2） 酸素（O_2） リン（P） 亜鉛（Zn） ナトリウム（Na） など	水（H_2O） エタノール（C_2H_5OH） アンモニア（NH_3） 食塩（NaCl） ベンゼン（C_6H_6） など	ガソリン 灯油 セルロイド 空気 食塩水 など

■物質の三態のまとめ

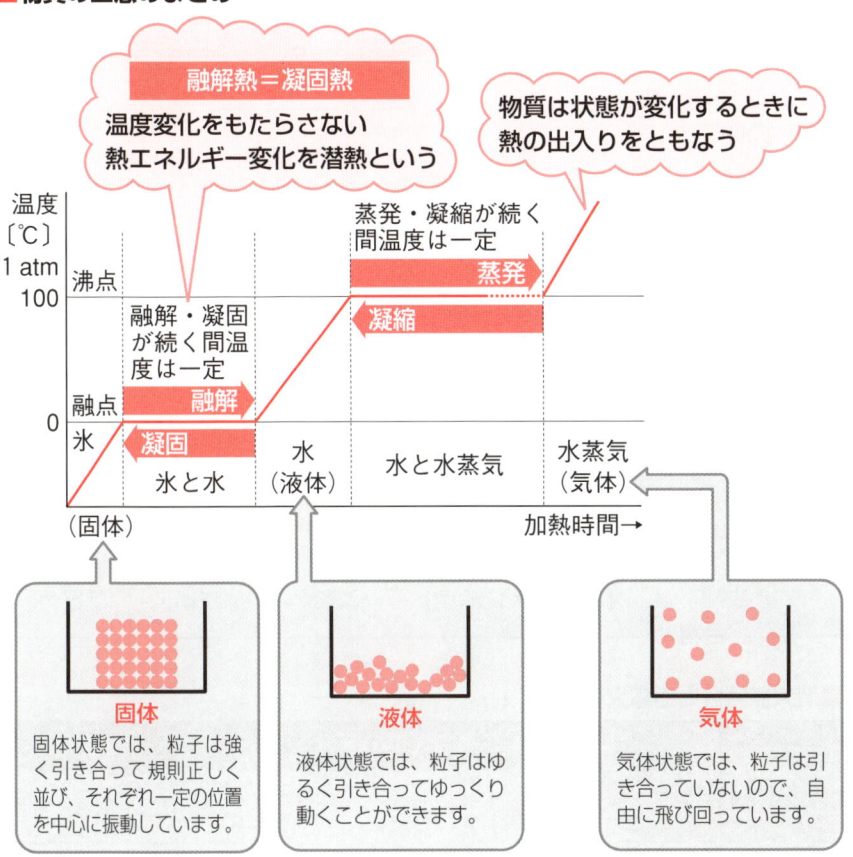

融解熱＝凝固熱
温度変化をもたらさない熱エネルギー変化を潜熱という

物質は状態が変化するときに熱の出入りをともなう

温度〔℃〕 1 atm

沸点 100 ─ 蒸発・凝縮が続く間温度は一定　蒸発／凝縮

融解・凝固が続く間温度は一定　融解／凝固

融点 0 ─

氷（固体）／氷と水／水（液体）／水と水蒸気／水蒸気（気体）

加熱時間→

固体
固体状態では、粒子は強く引き合って規則正しく並び、それぞれ一定の位置を中心に振動しています。

液体
液体状態では、粒子はゆるく引き合ってゆっくり動くことができます。

気体
気体状態では、粒子は引き合っていないので、自由に飛び回っています。

■各気温での飽和水蒸気量

気温（℃）	-10	0	5	10	15	20	25	30
1m³に含みうる飽和水蒸気量（g）	1.95	4.8	6.8	9.4	12.6	17.3	23.0	30.3

湿度の値は空気中の水蒸気の量が変化しなくても、気温が変化すれば変わります。
気温15℃で12.6gの水蒸気量を含む空気が20℃になると、
気温20℃のときの飽和水蒸気量は17.3gなので、湿度は
H＝12.6／17.3×100＝73％　となります。

■ガソリン・灯油・軽油・重油の比較

品名	ガソリン	灯油	軽油	重油
品名	第1石油類	第2石油類		第3石油類
水溶性	非水溶性			
指定数量	200ℓ	1,000ℓ		2,000ℓ
比重	0.65~0.8	0.8	0.85	0.9~1.0
蒸気比重	3~4	4.5	4.5	
沸点(℃)	40~220	145~270	170~370	≧300
引火点(℃)	≦-40	≧40	≧45	60~150
発火点(℃)	300	220	220	250~380
燃焼範囲(vol%)	1.4~7.6	1.1~6.0	1.0~6.0	
液色	無色（自動車用；オレンジ色に着色）	無色又は淡紫黄色	淡黄色又は淡褐色	褐色又は暗褐色

■消火器区分と適応火災

消火器の区分	適応火災の区分			消火効果		
	普通火災(A火災)	油火災(B火災)	電気火災(C火災)	冷却	窒息	抑制
水、酸・アルカリ	○		△	○		
強化液	○	△	△	○		△
泡・耐アルコール泡	○	○		○	○	
ハロゲン化物		○	○		○	○
二酸化炭素		○	○		○	
消火粉末（リン酸塩類）	○	○	○		○	○
消火粉末（その他）		○	○		○	○

※△は霧状に放射する場合

■第4類危険物の消火方法

	水溶性	非水溶性	消火剤
特殊引火物	酸化プロピレン、アセトアルデヒド	二硫化炭素 ジエチルエーテルはわずかに水に溶ける	◎泡、二酸化炭素、粉末、ハロゲン化物、噴霧強化液 ▲二酸化炭素、粉末、ハロゲン化物、耐アルコール泡
第1石油類	アセトン ピリジン 酢酸メチル ぎ酸メチル	ガソリン、ベンゼン、トルエン メチルエチルケトン、酢酸エチルはわずかに水に溶ける	同　上
アルコール類	メチルアルコール、エチルアルコール、プロピルアルコール		▲二酸化炭素、粉末、ハロゲン化物、耐アルコール泡
第2石油類	酢酸	灯油、キシレン、軽油	特殊引火物に同じ
第3石油類	グリセリン エチレングリコール	重油、クレオソート油、アニリン、ニトロベンゼン	特殊引火物に同じ
第4石油類		ギヤー油、シリンダー油、タービン油、マシン油、モーター油など	◎泡、二酸化炭素、粉末、ハロゲン化物、噴霧強化液
動植物油類		ナタネ油、大豆油、ゴマ油、ヤシ油、オリーブ油、ニシン油、トウモロコシ油、ヒマワリ油、アマニ油、エノ油、キリ油など	同　上

※◎は非水溶性危険物に対するもの、▲は水溶性危険物に対するもの

■規則別表第4

	第一類	第二類	第三類	第四類	第五類	第六類
第一類		×	×	×	×	○
第二類	×		×	○	○	×
第三類	×	×		○	×	×
第四類	×	○	○		○	×
第五類	×	○	×	○		×
第六類	○	×	×	×	×	

※×は混載を禁止する印　※○は混載に差し支えない印　※この表は指定数量の1/10以下の危険物については適用しない

■元素の周期表

族\周期	1	2	3	4	5	6	7	8	9
1	1 H 1.008 ● 水素								
2	3 Li 6.941 リチウム	4 Be 9.012 ベリリウム							
3	11 Na 22.99 ナトリウム	12 Mg 24.31 マグネシウム							
4	19 K 39.10 カリウム	20 Ca 40.08 カルシウム	21 Sc 44.96 スカンジウム	22 Ti 47.87 チタン	23 V 50.94 バナジウム	24 Cr 52.00 クロム	25 Mn 54.94 マンガン	26 Fe 55.85 鉄	27 Co 58.93 コバルト
5	37 Rb 85.47 ルビジウム	38 Sr 87.62 ストロンチウム	39 Y 88.91 イットリウム	40 Zr 91.22 ジルコニウム	41 Nb 92.91 ニオブ	42 Mo 95.94 モリブデン	43 Tc (99) テクネチウム	44 Ru 101.1 ルテニウム	45 Rh 102.9 ロジウム
6	55 Cs 132.9 セシウム	56 Ba 137.3 バリウム	57〜71 ランタノイド	72 Hf 178.5 ハフニウム	73 Ta 180.9 タンタル	74 W 183.8 タングステン	75 Re 186.2 レニウム	76 Os 190.2 オスミウム	77 Ir 192.2 イリジウム
7	87 Fr (223) フランシウム	88 Ra (226) ラジウム	89〜103 アクチノイド						

凡例:
- 原子番号 — H — 元素記号
- 原子量 — 1.008
- 元素名 — 水素
- 単体が20℃・1気圧で ●=気体 ★=液体 記号なし=固体
- □:非金属の典型元素　□:金属の遷移元素　□:金属の典型元素

注) 原子量は、IUPAC原子量委員会 (1994) と日本化学会原子量小委員会 (1995) で承認された有効数字4桁の数値。

アルカリ金属（Hを除く）
アルカリ土類金属（Be, Mgを除く）

57〜71 ランタノイド	57 La 138.9 ランタン	58 Ce 140.1 セリウム	59 Pr 140.9 プラセオジム	60 Nd 144.2 ネオジム	61 Pm (145) プロメチウム	62 Sm 150.4 サマリウム	63 Eu 152.0 ユウロビウム

89〜103 アクチノイド	89 Ac (227) アクチニウム	90 Th 232.0 トリウム	91 Pa 231.0 プロトアクチニウム	92 U 238.0 ウラン	93 Np (237) ネプツニウム	94 Pu (239) プルトニウム	95 Am (243) アメリシウム

注)（ ）内の数字はもっとも長い半減期をもつ同位体の質量数

族\周期	10	11	12	13	14	15	16	17	18
1									₂He 4.003 ヘリウム
2				₅B 10.81 ホウ素	₆C 12.01 炭素	₇N 14.01 窒素	₈O 16.00 酸素	₉F 19.00 フッ素	₁₀Ne 20.18 ネオン
3				₁₃Al 26.98 アルミニウム	₁₄Si 28.09 ケイ素	₁₅P 30.97 リン	₁₆S 32.07 硫黄	₁₇Cl 35.45 塩素	₁₈Ar 39.95 アルゴン
4	₂₈Ni 58.69 ニッケル	₂₉Cu 63.55 銅	₃₀Zn 65.39 亜鉛	₃₁Ga 69.72 ガリウム	₃₂Ge 72.61 ゲルマニウム	₃₃As 74.92 ヒ素	₃₄Se 78.96 セレン	₃₅Br 79.90 ★ 臭素	₃₆Kr 83.80 クリプトン
5	₄₆Pd 106.4 パラジウム	₄₇Ag 107.9 銀	₄₈Cd 112.4 カドミウム	₄₉In 114.8 インジウム	₅₀Sn 118.7 スズ	₅₁Sb 121.8 アンチモン	₅₂Te 127.6 テルル	₅₃I 126.9 ヨウ素	₅₄Xe 131.3 キセノン
6	₇₈Pt 195.1 白金	₇₉Au 197.0 金	₈₀Hg 200.6 ★ 水銀	₈₁Tl 204.4 タリウム	₈₂Pb 207.2 鉛	₈₃Bi 209.0 ビスマス	₈₄Po (210) ポロニウム	₈₅At (210) アスタチン	₈₆Rn (222) ラドン
7								ハロゲン	希ガス

₆₄Gd 157.3 ガドリニウム	₆₅Tb 158.9 テルビウム	₆₆Dy 162.5 ジスプロシウム	₆₇Ho 164.9 ホルミウム	₆₈Er 167.3 エルビウム	₆₉Tm 168.9 ツリウム	₇₀Yb 173.0 イッテルビウム	₇₁Lu 175.0 ルテチウム
₉₆Cm (247) キュリウム	₉₇Bk (247) バークリウム	₉₈Cf (252) カリホルニウム	₉₉Es (252) アインスタイニウム	₁₀₀Fm (257) フェルミウム	₁₀₁Md (258) メンデレビウム	₁₀₂No (259) ノーベリウム	₁₀₃Lr (262) ローレンシウム

索 引

●英字●
n-プロピルアルコール ･･････････････ 231
pH ･･････････････････････････････ 159

●あ●
●あ●
アース ･･････････････････････････ 213
アセトアルデヒド ･･････････････････ 227
アセトン ･･･････････････････････ 15, 229
圧力 ････････････････････････････ 135
圧力容器試験 ･･････････････････ 204, 214
アニリン ････････････････････････ 235
アボガドロの法則 ･････････････････ 145
アルカリ金属 ････････････････････ 162
アルカリ土類金属 ･････････････････ 162
アルコール ･･････････････････････ 219
アルコール類 ･････････････ 15, 218, 230
アルデヒド ･･････････････････････ 219
泡消火剤 ････････････････････････ 190
泡消火設備 ･･････････････････････ 194

●い●
硫黄 ･･････････････････････････ 205, 209
イオン ･･････････････････････････ 143
イオン化傾向 ････････････････････ 164
イオン（化）列 ････････････････････ 164
異性体 ･･････････････････････････ 140
移送取扱所 ････････････････････ 30, 90
移送の基準 ･･････････････････････ 108
一般取扱所 ････････････････････ 31, 91
移動タンク貯蔵所 ･･･････････ 28, 82, 106
引火性液体 ･･････････････ 14, 202, 205, 212
引火性固体 ･･････････････････････ 209
引火性をもつ液体 ･････････････････ 212
引火点 ･･････････････････････ 174, 175
引火点測定試験 ･･････････････ 204, 208, 212

●う●
運搬の基準 ･･････････････････････ 109
運搬方法 ････････････････････････ 111
運搬容器 ････････････････････････ 109

●え●
液体 ････････････････････ 120, 121, 202
エチルアルコール ･････････････････ 231
塩基 ････････････････････････････ 158

●お●
応急措置命令 ････････････････････ 113
黄リン ･･････････････････････････ 210
オームの法則 ････････････････････ 136
屋外タンク貯蔵所 ･･･････････････ 28, 74
屋外貯蔵所 ･･････････････････････ 27, 72
屋内給油取扱所 ･･･････････････････ 88
屋内タンク貯蔵所 ･･･････････････ 27, 78
屋内貯蔵所 ････････････････････ 27, 70
乙種危険物取扱者 ･･････････････････ 40

●か●
●か●
解任命令 ･･･････････････ 50, 52, 53, 112
化学の基本法則 ･･････････････････ 146
化学反応式 ･･････････････････････ 150
化学平衡 ････････････････････････ 155
化学平衡の法則 ･･････････････････ 155
化学変化 ････････････････････ 138, 139
火気 ･･････････････････････････ 215, 217
可逆反応 ････････････････････････ 155
各種申請手続き ･･･････････････････ 32
各種届出手続き ･･･････････････････ 38
火災の区別 ･･････････････････････ 197
火災の種類 ･･････････････････････ 224
火災予防 ････････････････････････ 222
過酸化ナトリウム ･････････････････ 207
ガス系消火剤 ････････････････････ 190
ガソリン ･･････････････････････ 15, 228
活性化エネルギー ･････････････････ 154
可燃性ガス ･･････････････････････ 210
可燃性固体 ･････････････ 13, 202, 205, 208
可燃性蒸気の爆発 ･････････････････ 186
可燃物 ････････････････････････ 207, 217
火薬の爆発 ･･････････････････････ 187
仮使用の承認申請 ･･････････････ 36, 37
仮貯蔵・仮取扱い承認申請 ･･････････ 23
仮取扱い ･････････････････････････ 23
カルボン酸 ･･････････････････････ 219
簡易タンク貯蔵所 ･･････････････ 28, 84
換気 ･･･････････････････････････ 213
還元 ････････････････････････････ 160
還元剤 ･･････････････････････････ 160
還元性物質 ･･････････････････････ 207
環式化合物 ･･････････････････････ 166
完成検査申請 ･････････････････････ 33
完成検査前検査 ･･････････････････ 33, 35
完成検査前検査の申請 ･･･････････････ 33
乾性油 ･･････････････････････････ 238
乾燥砂 ･･････････････････ 207, 209, 216
官能基 ･･････････････････････････ 167

●き●
危険物 ･･･････････････････････････ 12
危険物施設保安員 ･･････････････ 50, 51
危険物取扱者 ･･･････････････････ 12, 40
危険物取扱者の責務 ････････････････ 44
危険物取扱者免状返納命令 ･･････････ 116
危険物の規制 ･･････････････ 17, 22, 24
危険物の貯蔵 ･･･････････････････ 22, 23
危険物の定義 ･････････････････････ 12
危険物の取扱い ････････････････ 22, 40
危険物の物性 ････････････････････ 178
危険物の分類 ････････････････････ 202
危険物の類ごとのまとめ ･･･････････ 205
危険物保安監督者 ･･････････ 38, 48, 50
危険物保安統括管理者 ･･････ 38, 52, 53
希釈消火法 ･･････････････････････ 188

基準遵守命令・・・・・・・・・・・・・・・・・・・・・112
基準適合命令・・・・・・・・・・・・・・・・・・・・・112
気体・・・・・・・・・・・・・・・・・・・・・・・120, 121
気体の状態方程式・・・・・・・・・・・・・・・・147
気体の爆発・・・・・・・・・・・・・・・・・・・・・186
規定度・・・・・・・・・・・・・・・・・・・・・・・・・157
ギヤー油・・・・・・・・・・・・・・・・・・・・・・・・15
逆反応・・・・・・・・・・・・・・・・・・・・・・・・・155
給油取扱所・・・・・・・・・・・・・・・29, 86, 104
強化液・・・・・・・・・・・・・・・・・・・・・・・・・190
凝固・・・・・・・・・・・・・・・・・・・・・・・・・・・121
強酸・・・・・・・・・・・・・・・・・・・・・・・・・・・183
強酸化剤・・・・・・・・・・・・・・・・・・・206, 216
強酸類・・・・・・・・・・・・・・・・・・・・・・・・・207
凝縮・・・・・・・・・・・・・・・・・・・・・・・・・・・122
行政命令・・・・・・・・・・・・・・・・・・・・・・・112
緊急使用停止命令・・・・・・・・・・・・・・・・116
禁水性物質・・・・・・・・・・・13, 202, 205, 210
金属・・・・・・・・・・・・・・・・・・・・・・・・・・・163
金属の腐食・・・・・・・・・・・・・・・・・・・・・165
金属粉・・・・・・・・・・・・・・・・・・・・・・・・・209

● く ●
空気の組成と性質・・・・・・・・・・・・・・・・126
空気の平均分子量・・・・・・・・・・・・・・・・127
グリセリン・・・・・・・・・・・・・・・・・・・・・235
クレオソート油・・・・・・・・・・・・・・15, 235
クロロベンゼン・・・・・・・・・・・・・・・・・233

● け ●
軽金属・・・・・・・・・・・・・・・・・・・・・・・・・164
掲示板・・・・・・・・・・・・・・・・・・・・・・・・・・96
警報設備・・・・・・・・・・・・・・・・・・・・・・・・98
軽油・・・・・・・・・・・・・・・・・・・・15, 29, 233
結合エネルギー・・・・・・・・・・・・・・・・・153
ケトン・・・・・・・・・・・・・・・・・・・・・・・・・219
原子・・・・・・・・・・・・・・・・・・・・・・・・・・・142
原子量・・・・・・・・・・・・・・・・・・・・・・・・・144
元素・・・・・・・・・・・・・・・・・・・・・・・・・・・142

● こ ●
高温体・・・・・・・・・・・・・・・・・211, 213, 215
甲種危険物取扱者・・・・・・・・・・・・・・・・・40
構造異性体・・・・・・・・・・・・・・・・・・・・・141
固体・・・・・・・・・・・・・・・・・・・・・・・・・・・120
混合危険・・・・・・・・・・・・・・・・・・・・・・・182
混合気体・・・・・・・・・・・・・・・・・・・・・・・148

● さ ●
酢酸・・・・・・・・・・・・・・・・・・・・・・・・・・・233
鎖式化合物・・・・・・・・・・・・・・・・・・・・・166
酸・・・・・・・・・・・・・・・・・・・・・・・・158, 209
酸化・・・・・・・・・・・・・・・・・・・・・・160, 216
酸化還元反応・・・・・・・・・・・・・・・・・・・160
酸化剤・・・・・・・・・・・・・・・・・・・・160, 209
酸化数・・・・・・・・・・・・・・・・・・・・・・・・・161
酸化性液体・・・・・・・・・・・14, 202, 205, 216
酸化性塩類・・・・・・・・・・・・・・・・・・・・・183
酸化性固体・・・・・・・・・・・13, 202, 205, 206
酸化プロピレン・・・・・・・・・・・・・・・・・227
酸素供給体・・・・・・・・・・・・・・・・・・・・・206

三態の変化・・・・・・・・・・・・・・・・・・・・・120

● し ●
自衛消防組織・・・・・・・・・・・・・・・・・・・・60
ジエチルエーテル・・・・・・・・・・・・14, 226
脂環式化合物・・・・・・・・・・・・・・・・・・・166
式量・・・・・・・・・・・・・・・・・・・・・・・・・・・144
事故事例・・・・・・・・・・・・・・・・・・・・・・・239
自己燃焼・・・・・・・・・・・・・・・・・・・・・・・214
自己反応性物質・・・・・・・・14, 202, 205, 214
自然発火・・・・・・・・・・・・・・・・・・・180, 214
自然発火性試験・・・・・・・・・・・・・204, 210
自然発火性物質・・・・・・・・13, 202, 205, 210
市町村長等・・・・・・・・・・・・・・・・・・・・・・32
湿度・・・・・・・・・・・・・・・・・・・・・・・132, 133
質量保存の法則・・・・・・・・・・・・・・・・・148
質量モル濃度・・・・・・・・・・・・・・・・・・・157
指定数量・・・・・・16, 17, 18, 19, 20, 21, 22, 23
指定数量の倍数・・・・・・・・・・・・・・・・・・20
シャルルの法則・・・・・・・・・・・・・・・・・146
重金属・・・・・・・・・・・・・・・・・・・・・・・・・164
重油・・・・・・・・・・・・・・・・・・・・・・・15, 234
重量百分率・・・・・・・・・・・・・・・・・・・・・157
潤滑油・・・・・・・・・・・・・・・・・・・・・・・・・236
昇華・・・・・・・・・・・・・・・・・・・・・・・・・・・122
消火器具の設置基準・・・・・・・・・・・・・198
消火器の種類・・・・・・・・・・・・・・・・・・・200
消火（薬）剤・・・・・・・・・・・・・・・・・・・190
消火剤としての水利用・・・・・・・・・・・126
小ガス炎着火試験・・・・・・・・・・・204, 208
消火設備・・・・・・・・・・・・・・・92, 93, 192
消火設備の設置方法・・・・・・・・・・・・・・94
消火の困難性・・・・・・・・・・・・・・・・・・・・93
消火の三要素・・・・・・・・・・・・・・・・・・・188
消火の方法・・・・・・・・・・・・・・・・・・・・・224
消火の四要素・・・・・・・・・・・・・・・・・・・188
消火理論・・・・・・・・・・・・・・・・・・・・・・・188
蒸気・・・・・・・・・・・・・・・・・・・・・・・209, 216
衝撃・・・・・・・・・・・・・・・・・・・・・・・・・・・215
使用停止命令・・・・・・・・・・・114, 115, 116
蒸発・・・・・・・・・・・・・・・・・・・・・・・・・・・122
蒸発燃焼・・・・・・・・・・・・・・・・・・・172, 176
消防法・・・・・・・・・・・・・・・・・・・・・・12, 22
消防法別表第一・・・・・・・・・・・・・・・12, 13
除去消火法・・・・・・・・・・・・・・・・・・・・・188
所要単位・・・・・・・・・・・・・・・・・・・・94, 95
資料提出命令・・・・・・・・・・・・・・・・・・・118
シリンダー油・・・・・・・・・・・・・・・・・・・・15

● す ●
水素イオン指数・・・・・・・・・・・・・・・・・159
水分との接触による発火・・・・・・・・・184
水溶性・・・・・・・・・・・・・・・・・・・・・18, 219

● せ ●
製造所・・・・・・・・・・・・・・・・・・・・・・・・・・26
製造所等・・・・・・・・・・・・・・・・・・・・・・・・26
製造所等の基準・・・・・・・・・・・・・・・・・・66
製造所等の譲渡又は引渡し・・・・・・・・38
静電気・・・・・・・・・・・・・・・・・137, 212, 213

索引

269

静電気の蓄積	209
正反応	155
積載方法	109
赤リン	205, 209
接地	213
設置許可の申請	32
設置又は変更の許可申請	32
遷移元素	162
潜熱	121

● そ ●

措置命令	112

● た ●

第1種消火設備	192
第1石油類	15, 27, 218, 228
第1類危険物	13, 206
第2種消火設備	194
第2石油類	15, 27, 218, 232
第2類危険物	13, 208
第3種消火設備	194
第3石油類	15, 27, 218, 234
第3類危険物	13, 210
第4種消火設備	94, 196
第4石油類	15, 27, 218, 236
第4類危険物	14, 17, 18, 19, 212
第4類危険物の火災予防	222
第4類危険物の消火設備	225
第4類危険物の特性	218
第4類危険物の分類法	218
第5種消火設備	196
第5種消火設備の場合	94
第5類危険物	14, 214
第6類危険物	14, 216
耐アルコール泡消火薬剤	213
耐酸性	217
体積百分率	157
大量燃焼試験	204
多価アルコール	219
立入検査	60, 61, 118
炭化水素	166
炭酸水素塩類等	207, 211

● ち ●

地下タンク貯蔵所	28, 80
窒息消火	205
窒息消火法	188
中和	158
中和剤	216
潮解	123
直射日光	217
貯蔵及び取扱い	100, 101
貯蔵所	26
貯蔵所の区分	26
貯蔵タンクの容量	85
貯蔵の基準	102

● つ ●

通気管	75, 77

● て ●

定期点検	54, 55, 56
定比例の法則	149
適用除外	25
鉄管試験	204
鉄粉	209
電気	136
電気設備	136
電気火花	136
典型元素	162
電離度	158
電流と電圧	136

● と ●

同位体	143
動植物油類	15, 27, 218, 237
同素体	140
導体（良導体）	136
灯油	15, 232
特殊引火物	14, 218, 226
取扱所	26, 29
取扱いの基準	104
トリチェリーの実験	135
ドルトンの法則	148

● な ●

内部点検	57

● に ●

二酸化炭素	191, 209
二酸化炭素消火設備	195
二硫化炭素	226

● ね ●

熱化学	152
熱化学方程式	152
熱の移動	130
熱分析試験	204, 214
熱膨張	131
熱量	128
燃焼	170
燃焼下限界	177, 220
燃焼試験	204, 206, 216
燃焼上限界	177, 220
燃焼の三要素	170, 171
燃焼の四要素	170, 171
燃焼範囲	172, 209
燃焼理論	170

● の ●

濃度	156, 157
能力単位	94, 95, 196

● は ●

配管に関する基準	68
倍数計算	16
倍数比例の法則	148
爆発	176, 186, 214
爆発性の金属塩	214
パスカルの原理	135
発火	210
発火点	174, 175

罰則規定	117
ハロゲン	163
ハロゲン化物	191, 209
ハロゲン化物消火設備	195
半乾性油	238
判定試験	12
反応速度	154
反応熱	152
販売取扱所	30, 90, 107

●ひ●

非金属	163
比重	134
非水溶性	18, 219
避難設備	99
比熱	128, 129
火花	213
標識	96
避雷設備（避雷針）	65

●ふ●

風解	123
不可逆反応	155
不乾性油	238
腐食性	216
物質の三態	120
物質の種類	140
物質の比熱	128, 129
物質の変化	138
物質量	145
物理変化	138
不導体（不良導体）	136
不燃性液体	216
不飽和化合物	166
分子	143
分子量	144
粉じん爆発	186, 208, 209
粉末	209
粉末消火剤	191
粉末消火設備	195
粉末消火薬剤	211

●へ●

丙種危険物取扱者	41
ヘスの法則	153
変更許可の申請	32
ベンゼン	229
ヘンリーの法則	156

●ほ●

保安距離	63, 64
保安検査	60
保安講習	46
保安対象物	63, 64
ボイル・シャルルの法則	147
ボイルの法則	146
芳香族化合物	166
防湿	209
放電エネルギー	137
防爆構造	209
防油堤の基準	76

飽和1価アルコール	15
飽和化合物	166
保有空地	62, 63

●ま●

マグネシウム	209
摩擦	215

●み●

水系消火剤	190
水系の消火薬剤	211
水との接触	207, 209, 211, 217
水との反応性試験	204, 210
水の三態	125
水の性質	124
水噴霧消火設備	194
密度	134

●む●

無機化合物	169, 216

●め●

メチルアルコール	230
免状の書換え	42
免状の交付	42, 44
免状の再交付	43
免状の返納と不交付	44
免状の様式	42

●も●

モル濃度	157
漏れの点検	56

●ゆ●

融解	121
融解熱	122
有機化合物	166, 168, 169
有機物	207, 216, 217
融点（融解点）	121, 122
有毒ガス	208

●よ●

溶液	156
溶解度	156
ヨウ素価	237
予防規程	58, 59

●ら●

落球式打撃感度試験	204, 206

●り●

理想気体	147
リチウム	210
立体異性体	141

●る●

類別の試験	204
ル・シャトリエの法則	155

●れ●

冷却消火	205
冷却消火法	189

著者

坂井美穂　さかい みほ

日本文理大学教授。博士（工学）、甲種危険物取扱者、技術士（生物工学部門　登録No.38550）。生物化学全般に造詣が深く、遺伝子や微生物利用技術の研究・発表にも精力的に取り組む。効率的な学習方法による資格取得ゼミで、危険物取扱者を目指す学生たちを熱心に指導している。

【所属学会】
㈳日本技術士会／日本防菌防黴学会／㈳日本生物工学会／㈳日本農芸化学会／日本食品微生物学会／環境バイオテクノロジー学会／日本食品保全研究会 ほか

編集協力・DTP　㈲清流書房

乙種第4類危険物取扱者 合格テキスト&問題集

著　者　坂井美穂
発行者　高橋秀雄
編集者　和田奈美子
発行所　株式会社 高橋書店
　　　　〒170-6014 東京都豊島区東池袋3-1-1 サンシャイン60 14階
　　　　電話　03-5957-7103

ISBN978-4-471-21056-4　©TAKAHASHI SHOTEN　Printed in Japan

定価はカバーに表示してあります。
本書および本書の付属物の内容を許可なく転載することを禁じます。また、本書および付属物の無断複写（コピー、スキャン、デジタル化等）、複製物の譲渡および配信は著作権法上での例外を除き禁止されています。

本書の内容についてのご質問は「書名、質問事項（ページ、内容）、お客様のご連絡先」を明記のうえ、郵送、FAX、ホームページお問い合わせフォームから小社へお送りください。
回答にはお時間をいただく場合がございます。また、電話によるお問い合わせ、本書の内容を超えたご質問にはお答えできませんので、ご了承ください。本書に関する正誤等の情報は、小社ホームページもご参照ください。

【内容についての問い合わせ先】
　書　面　〒170-6014 東京都豊島区東池袋3-1-1 サンシャイン60 14階　高橋書店編集部
　ＦＡＸ　03-5957-7079
　メール　小社ホームページお問い合わせフォームから　（https://www.takahashishoten.co.jp/）

【不良品についての問い合わせ先】
　ページの順序間違い・抜けなど物理的欠陥がございましたら、電話03-5957-7076へお問い合わせください。
　ただし、古書店等で購入・入手された商品の交換には一切応じられません。